Boundaries
Updated and Expanded

重塑边界感
掌握心理主动权

过犹不及

（升级增订版）

［美］亨利·克劳德（Henry Cloud） —— 著
［美］约翰·汤森德（John Townsend）

林思语 —— 译

中信出版集团｜北京

图书在版编目（CIP）数据

过犹不及：升级增订版/（美）亨利·克劳德，
（美）约翰·汤森德著；林思语译. -- 北京：中信出版
社, 2025. 9. -- ISBN 978-7-5217-7568-6
Ⅰ. C912.11-49
中国国家版本馆 CIP 数据核字第 2025EH8304 号

Boundaries (Updated and Expanded) by Henry Cloud and John Townsend
Copyright © 1992, 2017 by Dr. Henry Cloud and Dr. John Townsend
Published by arrangement with HarperCollins Christian Publishing, Inc. through the Artemis Agency
Simplified Chinese translation copyright © 2025 by CITIC Press Corporation
ALL RIGHTS RESERVED
本书仅限中国大陆地区发行销售

过犹不及（升级增订版）
著者：　　［美］亨利·克劳德（Henry Cloud）　［美］约翰·汤森德（John Townsend）
译者：　　林思语
出版发行：中信出版集团股份有限公司
　　　　　（北京市朝阳区东三环北路 27 号嘉铭中心　邮编　100020）
承印者：　三河市中晟雅豪印务有限公司

开本：880mm×1230mm 1/32　印张：11　字数：227 千字
版次：2025 年 9 月第 1 版　　　印次：2025 年 9 月第 1 次印刷
京权图字：01-2025-1797　　　　书号：ISBN 978-7-5217-7568-6
　　　　　　　　　　　　　　　定价：59.00 元

版权所有·侵权必究
如有印刷、装订问题，本公司负责调换。
服务热线：400-600-8099
投稿邮箱：author@citicpub.com

致亨利和路易丝·克劳德

以及

约翰和丽贝卡·汤森德

他们的边界训练

改变了我们的生活

目录

第一部分
边界是什么?

第1章　无边界的一日　　　　　　　　　　003

任何模糊了责任范围的问题都是边界的问题。我们需要为生活设置心理和身体上的边界,以帮助我们明确划分责任范围。

第2章　边界是什么　　　　　　　　　　　020

我们栖居在自己的心灵中,对构成"自我"的东西负责。我们必须面对存在于我们心灵之中的东西,而边界可以帮助我们定义那是什么。

第3章　边界问题　　　　　　　　　　　　043

我们的边界应该是有"门"的,我们有享受安全关系以及避开破坏性关系的自由。突破边界建立关系会损害信任。

第4章　边界是如何形成的　　　　　　　　057

是什么样的关系和力量导致你如今设置边界的困难?过去,是修复当下和确保美好未来的盟友。

第 5 章　边界十大定律　　　　　　　　082

（1）播种与收获定律；（2）责任定律；（3）力量定律；（4）尊重定律；（5）动机定律；（6）评估定律；（7）主动定律；（8）嫉妒定律；（9）积极定律；（10）曝光定律。

第 6 章　常见的边界迷思　　　　　　　105

你要对自己的边界负责，而不是让边界对你负责。给自己信心，相信好的边界能够令你成为更好的自己。

第二部分
边界冲突

第 7 章　边界与家庭　　　　　　　　　127

主动回应和被动反应之间的区别在于选择。当你处于被动反应中时，他人掌控了你；而当你主动回应时，你掌控着自己。

第 8 章　边界与朋友　　　　　　　　　142

在我们能够抚慰他人之前，我们需要被抚慰，这可能意味着需要设置边界，这样我们才可以得到朋友的滋养。

第 9 章　边界与婚姻　　　　　　　　　158

设置边界是放弃控制，开始去爱。

第 10 章　边界与孩子　　　　　　　　176

明智的父母允许他们的孩子经历"安全的痛苦"。只有当爱和限制真正成为孩子性格的一部分时，他们才是真的成熟了。否则，我们养育的只是听话的鹦鹉。

第 11 章　边界与工作　　　　　　　　205

你必须确保你的边界足够坚固，这样才能避免被操控，防止心理空间被侵犯，摆脱他人的情感勒索。

第 12 章　边界与数字时代　　　　　　220

要让技术为你服务，而不是任由它控制你的生活，这就需要你设置合理的边界。请记住，你是自由的，去做对自己和身边的人真正重要的事吧。

第 13 章　边界与你　　　　　　　　　254

当你正视你真正的需求——允许自己失败——倾听他人的共情反馈——承担后果重新恢复时，每一次循环都会帮你建立更强大的内部边界。

第三部分
建立健康的边界

第 14 章　建立边界的常见障碍　　279

做正确的事困难重重，需要极大的勇气，付出大量的努力，还要进行许多斗争。那些全新的、令人恐惧的边界成长步骤为你开辟了更大、更美好的世界。

第 15 章　建立边界的 11 个步骤　　310

拥有成熟边界的人，可以自由地说"不"。拒绝不是攻击，也不是要惩罚他人，而是为了保护和开发我们这一生的时间、天赋与我们拥有的"财富"。

第 16 章　有边界的一日　　330

生活与关系中的边界将为我们带来巨大的回报。

致谢　　341

Boundaries
Updated
and Expanded

第一部分

边界是什么?

第1章

无边界的一日

谢莉的一日

上午6：00

铃声大作。谢莉睡眼惺忪地关掉刺耳的闹钟，显然没有睡够。她从床上坐起来，一脸茫然地盯着墙壁，试图让自己清醒过来。"为什么我如此恐惧这一天？我难道不应该一生喜乐吗？"

随着困意逐渐消散，谢莉记起了是什么令她感到恐惧：下午4：30，她要与托德的三年级老师会面。她的脑海中回响起老师打给她的那通电话："谢莉，我是琼·拉塞尔。我想问问你，我们能不能见面谈谈托德的表现，以及他……行为问题。"

托德无法保持安静，也听不进老师讲课，他甚至不听谢莉和沃尔特的话。托德是个意志坚定的孩子，谢莉不想泯灭他的天性。这种品质难道不比学习更重要吗？

"好吧，没有时间担心这些了，"谢莉自言自语着，努力将自己35岁的身体从床上挪下来,朝浴室走去,"今天的麻烦事已经够我忙一整天了。"

淋浴时,谢莉的思绪开始游走。她在心中默念今天的日程安排。9岁的托德,6岁的埃米,她就算是一名全职妈妈,这两个孩子也足以让她焦头烂额,而事实上,她还需要工作。

"让我想想……准备早餐,打包两份午餐,缝制埃米参加学校演出的服装。在上午7:45,拼车司机来接埃米之前把她的演出服装做好——那也许是天方夜谭。"

想起昨晚的事,谢莉懊悔不已。她原本计划昨晚就缝制好埃米的演出服装,利用她的缝纫天赋为小女儿创造一次特别的体验。但她的母亲突然造访,她的良好教养要求她好好招待客人,因此浪费了一晚的时间。她试图挽回一些时间,然而进展并不顺利。

昨晚,谢莉试图委婉地告诉母亲:"你想象不到我对你的突然到访感到多么开心,妈妈!但我想说,你介不介意我在咱们聊天的时候给埃米缝衣服?"说这话时谢莉有些畏缩,她准确地预料到了母亲的反应。

"谢莉,你知道,我最不乐意的就是打扰你和你的家人共处。"谢莉的母亲守寡12年了,她已然将守寡提升到了殉道的地步。"我是说,自从你父亲去世后,我的生活就变得非常空虚。我仍然很想念我们的家庭。我怎么能剥夺你和家人在一起的权利呢?"

"我打赌我能想到办法。"谢莉暗自思忖。

"所以我能理解你为什么不再经常带沃尔特和孩子们来看我了。你们见到我怎么会开心呢？我就是个为孩子奉献一生的孤独老太太。有谁会愿意和我待在一起？"

"不，不，妈妈，不是这样的！"谢莉迅速加入与母亲共舞多年的"情感小步舞"。"我根本不是这个意思！我是说，你能到我家来真是太令我开心了。天知道在我们的计划里，我们有多希望更多地去拜访你，我们只是一直没能做到。所以你主动过来我别提有多高兴了！"

"请原谅我这个小小的谎言吧！"她心中默念。

"事实上，我随时都可以做这套衣服。"谢莉说。（"也请原谅我的这个谎言吧。"）"现在我来给咱们煮点咖啡吧！"

母亲叹了口气："好吧，如果你坚持这样说。我只是不希望打扰你。"

母亲一直待到了深夜。在母亲离开时，谢莉觉得自己一定是疯了，但她给自己找了一个正当理由："至少，我给她孤独的生活带来了一丝光明。"但紧接着一个讨厌的声音在她心中响起："如果你真的给了她那么多帮助，为什么她离开时还在抱怨孤独？"谢莉努力无视这个想法，走回床边。

上午 6：45

谢莉将思绪拉回当下。"我想，为逝去的时间难过是没有用的。"她一边喃喃自语，一边竭力拉上黑色亚麻裙的拉链。她最喜欢的衣服如今也和大部分衣服一样，变得非常紧身。"中年来得这么快吗？"她心想。"这周我真的要开始节食和锻炼了。"

接下来的一小时，同往常一样，犹如一场灾难。孩子们哭哭啼啼，不愿意起床，沃尔特抱怨道："为什么让孩子们按时坐上餐桌就这么难？"

上午 7：45

孩子们奇迹般地赶上了车，沃尔特也去上班了，谢莉跟着走出家门，并随手锁上前门。她做了一个深呼吸，在心里默默祈祷："我并不期待这一天，请给我一些希望吧。"她在车里用等红灯的时间化完了妆。"感谢这个红灯。"

上午 8：45

谢莉冲进麦卡利斯特公司——她是这家公司的人力资源总监。她瞥了一眼手表，只迟到了几分钟。或许同事们早已对她的迟到习以为常，不会指望她能准时到达。

然而她错了，同事们已经在她缺席的情况下开始了每周的高管例会。谢莉试图蹑手蹑脚地走进去，尽量不引起他人注意，但是当她艰难地坐到座位上时，房间里的每一双眼睛都盯着她。她环顾四周，尴尬一笑，嘴里嘟囔着"路况太糟糕了"。

上午 11：59

上午接下来的时间过得相当顺利。作为一名为员工谋利益、积极解决问题的管理者，谢莉深受员工喜爱，颇得公司重视。唯一的麻烦发生在午餐前。

她桌上的电话响了。"谢莉·菲利普斯。"

"谢莉,谢天谢地你在!如果你在吃午饭,我真不知道我该怎么办!"这声音是洛伊丝·汤普森,谢莉绝不会弄错,她们从小学就认识。洛伊丝脸皮薄,永远都很焦虑,而且似乎总会陷入危机。谢莉试着让洛伊丝知道自己会在她身边,会一直支持她,但洛伊丝从不报以同等的回应。当谢莉偶尔提及自己面临的麻烦事时,洛伊丝不是把话题转回自己身上,就是找借口离开。

谢莉珍爱洛伊丝,也关心她遇到的问题,但同时对她们之间友谊的不平衡心生不满。同往常一样,谢莉一想到她对洛伊丝的不满就感到内疚。"我又开始了,"她对自己说,"我又把自己置于他人之上了。请帮帮我,让我对洛伊丝无私奉献,不要这么以自我为中心。"

谢莉问:"发生什么了,洛伊丝?"

"太可怕了!真是太可怕了!"洛伊丝说,"安妮今天被学校打发回家了,汤姆没得到晋升,我的车还在高速公路上抛锚了!"

"这只是我每天的生活!"谢莉心想。她心中的怨气越来越重,然而,她只是说:"洛伊丝,你太惨了!你是如何应付这一切的?"

洛伊丝极其愿意事无巨细地回答谢莉的问题,以至谢莉为了安慰朋友错过了一半的午休时间。"好吧,"谢莉想,"吃点快餐总好过什么都没吃。"

在汽车餐厅等鸡肉汉堡时，谢莉想起了洛伊丝。"如果这些年来我的倾听、安慰和建议能起到一点作用，也许这样做就是值得的。但现在洛伊丝还在犯同20年前一样的错误，我又为什么要这样对待自己？"

下午4:00

下午过得平平淡淡。谢莉正准备离开办公室去和托德的老师见面，她的上司杰夫·莫兰示意她等一下。

"追上你真是太好了，谢莉。"他说。作为麦卡利斯特公司的成功人士，杰夫取得了很多成就。但问题是，杰夫常常利用他人来达成目标。谢莉已经嗅到了阴谋的味道。"听着，我现在时间紧迫，"他说，"我刚刚给你的邮箱发了一份下周董事会会议报告的草稿。它只需要一点点修改和编辑。我明天就要把它发给执行团队初审，不过我相信你肯定能很快搞定。"他的脸上满是谄笑。

谢莉惊慌失措。杰夫所谓的"一点点编辑"可谓众所周知地艰巨。谢莉估计自己至少需要5小时来完成这项工作。"我3周前就给了他演讲所需的所有资料！"她怒火中烧，"这家伙凭什么让我帮他在他的最后期限前保住面子？"

她很快镇定下来。"当然没问题，杰夫。很高兴我能帮上忙。你什么时候需要？"

"9点前就可以。还有……谢谢，谢莉。我有麻烦的时候总是第一个想到你，你真是可靠。"杰夫踱步而去。

"可靠……忠诚……值得信赖,"谢莉心想,"那些对我有所求的人总是这么说我。听起来就像是描述一头好骡子。"突然,她的内疚感再次袭来:"我又开始感到怨恨了,天哪,我希望无论我身处何方,都能发光发热。"但她又发现自己暗自希望自己的处境能有所改变。

下午4:30

在教师行业中,有许多人想要了解孩子的问题行为背后的复杂因素,琼·拉塞尔便是这样一位称职的教师。与托德老师的会面,像以往很多次一样开始了,只是这次托德的父亲无法从工作中脱身,只剩两位女士单独交流。

"他不是个坏孩子,谢莉,"拉塞尔安慰道,"托德是一个聪明、精力充沛的男孩。只要他愿意,他就是班上最讨人喜欢的孩子。"

谢莉静候着那句"但是……"心想:"直奔重点吧,琼。我有个'问题孩子',不是吗?这有什么新鲜的?我的'问题人生'也随之而来。"

察觉到谢莉的不适,老师继续说:"问题在于,托德很难遵守纪律。比如在测试时,其他孩子都在做自己的卷子,但托德就很难完成。他会站起来,缠着其他孩子,不停地说话。如果我指出他的行为是不恰当的,他就会暴怒顶撞。"

听到对自己孩子的这番描述,谢莉不免有些防备:"或许托德有注意力缺陷的问题,又或许他有点多动?"

拉塞尔老师摇了摇头："托德的二年级老师就这么怀疑过，但是心理测试排除了这个可能性。当托德对某一话题感兴趣时，他就能很好地完成测试。我不是心理治疗师，但在我看来，他只是不习惯遵守规则。"

这番话让谢莉的防御从托德转向了自己："你是说，这是某种家庭问题？"

拉塞尔老师看起来有些不太自在："就像我说的，我不是心理治疗师。我只知道大多数孩子到了三年级会抵制规则，但托德的反应有些过激了。每次我让他做他不想做的事情时，那感觉就像第三次世界大战。而且他的所有智力和认知测试结果都正常，我只是想了解一下他在家里的表现怎么样。"

谢莉不再强忍泪水，她双手抱头，失声痛哭，对这一切感到不知所措。

最后，她的哭声渐渐平息。"很抱歉……也许今天这场谈话的时机不太合适。"拉塞尔说。谢莉一边在包里翻找纸巾，一边说："不，不是的。琼，我得和你说实话。我和他之间也有同样的问题。为了让托德听话，我和沃尔特真是付出了很多努力。我们在玩或者聊天的时候，托德就是世界上最可爱的儿子。但只要我想管教他，他就会大发脾气，我根本无法承受。所以我真的没有任何办法。"

拉塞尔老师慢慢点了点头，说："这对我真的很有帮助，谢莉，我了解了托德在家里也有行为问题。至少现在我们能一起想办法。"

下午 5∶15

谢莉对晚高峰拥堵的交通感到莫名的感激。"至少在这里没有人会打扰我。"她心想。她利用这段时间为接下来的危机事件做打算：孩子、晚餐、杰夫的报告……还有沃尔特。

下午 6∶30

"我再说第四遍也是最后一遍，晚饭好了！"谢莉讨厌吼叫，但还有什么有效的办法呢？孩子们和沃尔特似乎总是要到自己乐意的时候才拖拖拉拉地走进餐厅。通常情况下，等所有人都到餐厅时，饭菜已经凉了。

谢莉不知道问题出在哪里。她清楚不是食物的问题，因为她厨艺高超。况且，他们一坐下来就会狼吞虎咽地把晚饭吃完。

除了埃米。看着 6 岁的小女儿安静地坐着，心不在焉地嚼着食物，谢莉又感到不安了。埃米是一个惹人喜爱、敏感细腻的孩子。她为什么这么少言寡语？埃米向来很内向。她更喜欢读书、画画，或坐在自己的房间里"想事情"。

"宝贝，你在想什么？"谢莉会询问埃米。

"就是那些事呗。"埃米通常都这么回答。谢莉感到被自己的女儿拒之门外。她曾幻想和女儿进行属于她俩的促膝长谈，或者像闺蜜一样一起逛街购物。但在埃米的内心深处，似乎有一处无人能及的隐秘之地。谢莉渴望触碰到女儿心中这个遥不可及的部分。

晚上 7∶00

晚餐吃到一半时，谢莉的手机响了。"我还是转接到语音信箱吧。"谢莉想，"今天我们一家人在一起的时间已经不多了。"紧接着，一个熟悉的念头闪过她的脑海："也许有人需要我。"

像往常一样，谢莉听从了脑海里的第二个声音，她离开餐桌去接听电话。当看到来电显示上的名字时，她心里一沉。"好吧，我已经起身了，"她劝自己，"那还是把这件事了结了吧。"

"希望我没有打扰你。"电话那端的菲莉丝·伦弗罗说。她是教会的妇女事工领袖。

"当然没有。"谢莉撒了个谎。

"谢莉，我遇到了点麻烦，"菲莉丝说，"玛吉原本计划当我们静修会的活动协调员，但是现在她说她来不了了，因为她'家里有一些要紧事'。不管怎样，你愿意帮忙吗？"

静修会。谢莉几乎忘了这周末是一年一度的妇女静修会。她一直期待着这周末离开沃尔特和孩子们，独自到美丽的山间散心。事实上，与计划好的团体活动相比，谢莉更喜欢独处。接替玛吉成为活动协调员意味着她要放弃宝贵的独处时间。不，这可不行。谢莉只能说……

此时，不由自主地，第二种思维模式又介入了："能为这些女性服务是多么荣幸啊，谢莉！放弃你生活中的一小部分，放弃你的自私自利，你就能为一些人的生活带来很大的改变。好好想想。"

谢莉不需要仔细考虑。她已学会毫不犹豫地回应这个熟悉的声音，就像她回应母亲和洛伊丝一样。不论这是谁的声音，它都太强烈了，让谢莉无法忽略。习惯最终胜出。

"我很愿意帮忙，"谢莉告诉菲莉丝，"你只要把玛吉的任务发给我就行，我会尽力而为的。"

菲莉丝发出一声叹息，明显松了一口气。"谢莉，我知道这是一种牺牲。我自己每天都要做出几次牺牲。但这就是丰富多彩的生活，不是吗？奉献自己。"

"你说什么就是什么吧。"谢莉心想。但她禁不住想，"丰富多彩"的部分什么时候才会出现？

晚上 7：45

晚餐终于吃完了，谢莉看着沃尔特坐在电视机前看足球比赛；托德拿起游戏机，戴上耳机，沉迷在电子游戏中；埃米则悄悄溜回了自己的房间。

餐具还留在桌子上。家人们还没有学会在饭后帮忙收拾碗碟。"也许孩子们还太小。"谢莉自己清洗了桌上的餐具。

晚上 11：30

几年前，谢莉可以轻松地做到在晚饭后洗碗，让孩子们按时睡觉，并完成杰夫的报告。餐后一杯咖啡，以及伴随危机和最后期限而飙升的肾上腺素，就能激发谢莉超人般的效率。她被称为"超级谢莉"是有原因的！

但最近，这种状态明显越来越难以维持了。压力不再像从前那样起效了。她越来越难以集中注意力，时常忘记日期和最后期限，甚至不太关心这一切。

不论如何，她终究靠意志力完成了大部分任务。也许她在编辑杰夫的报告时没有那么认真，但由于她深感不满，因此没有对这个问题感到不适。"但我确实答应了杰夫，"谢莉想，"这不是他的错，而是我的问题。为什么我不能告诉他，他把这事强加给我是多么不公平！"

现在没时间想这些，谢莉必须完成今晚真正的任务：与沃尔特谈话。

谢莉和沃尔特很早就结婚了，他们曾经拥有美满的恋爱与婚姻生活。他们深爱彼此，是一对完美的伴侣。谢莉犹豫不决，而沃尔特坚决果断；沃尔特悲观消极，而谢莉乐观积极。当她注意到沃尔特缺乏情感联结时，她自然而然地承担起责任，努力为这段关系提供温暖与爱。"我们是一支优秀的团队，"她告诉自己，"我们为我们的婚姻带来了不同的力量。沃尔特充满智慧，而我满怀着爱。"当沃尔特似乎无法理解她受伤的感受时，这种想法帮助她度过了许多孤独时光。

但这些年来，谢莉注意到他们的关系发生了转变。一开始这种转变很微妙，但之后越来越明显。当她抱怨时，她能从沃尔特讽刺的语气中听出来；当她试图告诉沃尔特，她需要他更多的支持时，她能从他不屑一顾的眼神中看出来；她还能渐渐感觉到，沃尔特越来越强硬地要求她以他的方式行事。

沃尔特的脾气也越来越差，或许是因为工作压力，或许是因为孩子，不论什么原因，谢莉做梦都没有想到，她会从她嫁的这个男人嘴里听到如此尖酸刻薄、怒气冲天的话语。她似乎无须激怒他就要无端承受他的愤怒：桌子上摆放的杂物，透支的支票账户，或忘记给汽车加油——这些琐事似乎就足以点燃他的怒火。

这一切都指向了一个结论：他们已不再是伴侣了，即使曾经是。他们之间更像一种亲子关系，而谢莉在这一关系中正扮演着孩子的角色。

一开始她以为自己在胡思乱想。她对自己说："我又开始了，明明过得很好却总是自找麻烦。"这种自我安慰能帮助她度过一段时间，直到沃尔特下一次发脾气。接着，她所受的伤害与悲伤，就会让她意识到她不愿接受的真相。

最终意识到沃尔特是一个控制欲很强的人时，谢莉把责任都揽到了自己身上。"和我这样无可救药的人生活在一起，我也会变成那样的。"她心想，"他之所以变得如此挑剔易怒，都是因为我。"

由于这种想法，谢莉多年来一直践行"用爱来化解沃尔特的怒火"这一策略。首先，谢莉学会了通过观察沃尔特的心境、肢体语言和语调，来解读他的情绪。她逐渐能敏锐地觉察到沃尔特的情绪，并且对可能激怒他的事情格外敏感：迟到，意见不合，以及她表现出愤怒。只要她安静且随和，一切就都很顺利。但是，一旦她显露出一点点自己的偏好，她就可能会被骂得狗血淋头。

谢莉学会了又快又准地解读沃尔特。当意识到自己就要跨越引起沃尔特愤怒的阈限时，她便会采取"用爱来化解沃尔特的怒火"的第二步：立即撤回。接受他的观点（但不是真心接受），闭口不言，甚至为"难以相处"而道歉，这些方法都有帮助。

"用爱来化解沃尔特的怒火"的第三步是，为沃尔特做一些特别之事来表明她的真诚。比如穿得更有吸引力，或烹制他喜欢吃的食物。

"用爱来化解沃尔特的怒火"三部曲奏效了一段时间，但和平的生活还是被打破了。这一策略的问题在于，谢莉厌倦了尝试安抚沃尔特。因此，他越发频繁地发怒，他们之间的距离越发遥远。

她对丈夫的爱消耗殆尽。她一度认为，不论境况多么糟糕，既然他们走到了一起，爱都将帮助他们渡过难关。但在过去的几年里，维系他们的更多是承诺，而不是爱。当她愿意诚实地面对自己时，她承认很多时候她对沃尔特只有怨恨和恐惧。

这就是今晚谢莉想要谈的话题。情况需要改变，他们得想办法重燃初恋之火。

谢莉走进家庭活动室。电视屏幕上，深夜脱口秀主持人刚刚结束他的长篇大论。"亲爱的，我们能谈谈吗？"她试探地问。

无人应答。谢莉走近一看，沃尔特已经靠在沙发上睡着了。她本想叫醒沃尔特，但想到上次她如此"不识相"时沃尔特说的那些尖酸刻薄的话，谢莉又改变了主意。她关掉电视和灯，走向空荡荡的卧室。

晚上11∶50

谢莉躺在床上，分不清自己是更孤独寂寞，还是更精疲力竭。她拿起床头柜上的《圣经》。她的目光落在一段话上："虚心^①的人有福了,因为天国是他们的。哀恸的人有福了,因为他们必得安慰。温柔的人有福了,因为他们必承受地土。"(《马太福音》5:3-5)

"但是我已经有这些感受了!"谢莉在内心中抗议,"我感到精神贫乏,我为我的生活、婚姻和子女而哀恸,我尽量保持温柔,但我总感到身心交瘁。你所谓的承诺呢?你所谓的希望呢?"

谢莉在黑暗的房间中等候上帝的回答,但她没有得到任何回应。房间里唯有眼泪从脸颊上滑过,轻轻滴落在《圣经》上的声音。

问题出在哪里?

谢莉试图以正确的方式生活。她努力地经营婚姻、养育子女、做好工作、维护关系,但是很明显,有些地方不对劲。生活并不顺利,谢莉正处于深深的精神和情感痛苦之中。

我们也许都认同谢莉的困境——她的孤立、她的无助、她的困惑、她的内疚,以及最重要的是,她对生活的失控感。

让我们仔细看看谢莉所处的境况。或许谢莉生活的某些方面与你十分相似,了解她的痛苦能对你有所启发。你会立即发现,一些答案对谢莉并不管用。

首先,加倍努力并不管用。谢莉耗费了大量精力,试图过上

---

① 《圣经》原文为 poor in spirit,有"虚心"之意,也有"精神贫乏"之意。——译者注

成功且充满意义的生活。她并不懒惰。其次，出于恐惧而友善待人并不管用。谢莉努力取悦他人，但这似乎并没有带来她所需要的亲密感。最后，为他人承担责任并不管用。作为一名照顾他人感受、为他人解决问题的"大师"，谢莉感到自己失败的生活十分可悲。谢莉无效的付出、由于恐惧表现出的讨好，以及过度负责，都指向一个核心问题：谢莉在掌控自身生活方面遇到了极大的困难。

我们所有人生来都需要承担某些责任。承担责任或主动担当的一部分要求是明白什么是我们的工作，什么不是。不断承担不属于自己责任的员工最终会精疲力竭。知晓我们应该做什么、不应该做什么需要智慧，我们无法承担所有的事情。

然而，谢莉在搞清楚"什么是她的责任，什么不是"这方面，有很大困难。因为渴望做正确的事或避免冲突，她承担了自己不应承担的问题：母亲的长期孤独、上司的不负责任、朋友无休无止的危机事件、教会妇女事工领袖令人充满内疚的宣扬自我牺牲的训诫，以及丈夫的不成熟。

她的问题并未就此结束。她对于拒绝的无能，严重影响了她儿子的延迟满足能力以及在学校的表现，并且在某种程度上，这种无能可能导致了她女儿的退缩。

任何对我们生活中责任及所有权的混淆都是边界的问题。就像房屋所有者在土地周围设置有形的边界一样，我们需要为我们的生活设置心理和身体上的边界，以帮助我们区分什么是我们的责任，什么不是。正如谢莉经历的许多困难一样，无法在适当的时间对适当的人设置适当的边界，是非常具有破坏性的。

这正是当今许多人面临的严重问题之一。许多人都深陷于如何设置合适边界的困惑中。当面对自己缺乏边界的问题时，他们通常会提出如下问题：

1. 我能在设置边界的同时做一个有爱心的人吗？
2. 什么是合情合理的边界？
3. 如果有人因为我设置的边界而感到难过或受伤怎么办？
4. 我该如何回应那些想要我的时间、爱、精力或钱财的人？
5. 为什么当我想设置边界时，我会感到内疚或恐惧？
6. 在婚姻里，边界是如何与互相服从联系在一起的？
7. 设置边界难道不自私吗？

许多有关边界问题的错误信息误导了人们。不仅如此，许多临床精神障碍症状，比如抑郁症、焦虑障碍、进食障碍、成瘾、冲动障碍、内疚问题、羞耻问题、惊恐障碍，以及婚姻和关系问题，都源于边界冲突。

这本书呈现了关于边界的观点：边界是什么，边界保护着什么，边界是如何形成的，边界是如何受损的，如何修复边界，以及如何使用边界。在本书接下来的内容中，我们不仅将回答以上问题，还会回答更多关于边界的问题。我们的目标是帮助你恰当地运用边界来建立良好的关系，并追寻你的目标。

第 2 章

边界是什么

一名 25 岁男子的父母来找我（亨利），他们有一个共同的诉求：希望我能"治愈"他们的儿子乔舒亚。当我问乔舒亚在哪儿时，他们说："嗯，他不想来。"

"为什么？"我问道。

"唉，他不认为自己有问题。"他们回答。

"也许他是对的，"我的回答令他们感到惊讶，"请详细说说。"

他们描述了乔舒亚很小的时候就出现的一系列问题。在他们眼中，乔舒亚从来就不是一个"合格的人"。近年来，他开始吸毒，无法继续学业，也找不到工作。

很明显，他们非常爱他们的儿子，为他的生活方式感到心碎。他们想尽办法让他改变，让他过上负责任的生活，但都失败了。他仍在吸毒，逃避责任，结交狐朋狗友。

他们告诉我，他们总是给乔舒亚他所需要的一切。他们资助他上学，这样"他就不用工作，有足够的时间学习和社交"。

当他因成绩不合格被一所学校开除,或者不愿意去上课时,他们非常乐意尽一切努力把他送到另一所学校。"那里可能对他更好。"

他们说了一会儿之后,我回应道:"我认为他说的是对的,他没有问题。"

听到我的话,这对父母难以置信地盯着我看了整整1分钟,他们的表情仿佛凝固了。最后乔舒亚的父亲说:"我没听错吧?你不认为他有问题吗?"

"你没有听错,"我说,"他没有问题。有问题的是你们。他可以做任何他想做的事,这没问题。你们付出,你们发愁,你们担心,你们规划,你们努力地让他继续这样下去。他没有问题,是因为你们把问题从他那里夺走了。那些事情应该是他的问题,但就目前看来,它们成了你们的问题。你们是否希望我帮你们帮他获得一些问题?"

他们震惊地看着我,仿佛我疯了一样,但他们的脑中开始闪现一丝光芒。"你说'帮他获得一些问题'是什么意思?"乔舒亚的母亲问道。

"嗯,"我解释道,"我认为解决这个问题的办法是划清一些边界,这样他的行为就会给他带来问题,而不是给你们带来问题。"

"你说的'边界'是什么意思?"乔舒亚的父亲问。

"你可以这样想。假设他是你的邻居,他从来不给自己的草坪浇水。但是只要你打开你家的洒水装置,水就会洒在他的草坪上。你院子里的草已经枯黄了,但乔舒亚看着他院子里绿油油的草坪,心想,我院子里的草长得真好。这便是你儿子的生活。他不学习，不做规划，也不工作，但他仍然可以住在一个不错的地方，不缺钱花，还拥有本应尽到自身责任的家庭成员才能拥有的一切权利。

"如果你能把地界划分得更清楚，如果你能修好洒水装置，让水只洒在自己的草坪上，那么，如果不给他的草坪浇水，他就不得不住在一片干涸的土地上。一段时间之后他可能就受不了这样的状况了。

"然而现在的情况是，他不用负责，却很快乐，你承担了责任，却很痛苦。要解决这个问题，只需要稍微划清一下边界就可以了。你需要搭建一些栅栏，把他的问题挡在你的院子之外，让它们留在他自己的院子里——这些问题本来就属于那里。"

"就这样不再帮助他，难道不残忍吗？"乔舒亚的父亲问道。

"可之前的帮助，真心帮到他了吗？"我反问道。

他的表情告诉我他开始明白了。

无形的边界和责任

在现实的物理世界中，边界一目了然。栅栏、指示牌、墙壁、有钝吻鳄出没的护城河、修剪整齐的草坪和树篱，这些都是实体边界。虽然它们的模样不尽相同，但传达的信息是一致的：从这里开始是我的土地。该土地的所有者对边界之内的事情负有法律责任，非所有者对该土地不负有责任。

物理边界为某人持有的土地标记出了一条有形的边界。你可以去县法院查明准确的边界，以及有相关事务时，你可以联系谁。

在精神世界里，边界同样真实，但通常很难看见。本章的目标，就是帮助你明确你无形的边界，将它们视为永恒的现实。它们可以增强你的爱，拯救你的生活。事实上，这些边界定义了你的心灵，它们帮助你守护它、维护它。

什么是我，什么不是我

边界定义了我们。它们定义了什么是我，什么不是我。边界向我展示了我与其他人的区别，让我拥有一种主人翁意识。

知道自己拥有什么、该为什么承担责任，这给了我自由。如果我知道我院子的边界，我便能随心所欲地改造它。为我的生活负责，给我带来许多不同的选项。然而，如果我不能让我的生活完全"属于"我自己，我的选择就非常有限。

想一想，如果有人告诉你"好好守护这块地，因为我将让你对在这里发生的一切负责"，但是他没有告诉你这块地的边界在哪里，或者他没有为你提供任何守护这块地的手段，这样不仅会令你深感困惑，还存在潜在的危险。

然而，这正是我们的情感与精神上面临的事情。这个世界上的我们都活在"自己的内心世界里"；也就是说，我们栖居在自己的心灵中，对构成"自我"的东西负责。我们必须面对存在于我们心灵之中的东西，而边界可以帮助我们定义那是什么。如果没有人向我们展示边界在哪里，或者我们被灌输了错误的边界观念，我们便会遭受巨大的痛苦。我们的家庭或其他过去的关系，也常常会让我们对自己的边界感到困惑。

除了向我们展示我们应负的责任，边界还能帮助我们明确哪些东西不属于我们，以及我们不必负责哪些东西。例如，我们不必为他人负责。我们并不需要拥有"他人的控制权"，尽管我们总是花费大量时间和精力试图得到它！

"对他人负责"与"为自己负责"

我们既需要对他人负责，也需要为自己负责。很多时候，他人的"负担"太重了，他们没有足够的力量、资源或知识来承受这些重担，他们需要帮助。为他人做他人无法自己做的事，这便是"对他人负责"。

同时，每个人都有自己必须承担的责任。这些是我们自身特殊的"负担"，我们每天都需要承担这些责任并且找到解决问题的办法。没有人能够为我们做这些事。生活中的某些方面是我们自身的"负担"，我们应"为自己负责"。

希腊语的"负担"（burden）和"负载"（load）能让我们对其含义有更深刻的理解。在希腊语中，"负担"一词意味着"过重的负担"或那些沉重到足以把我们压垮的负担。这些负担就像巨石，能将我们碾碎。我们不能指望只靠自己背负这些巨石，这会让我们筋疲力尽。对于这些巨石——那些发生在我们生活中的危机和悲剧，我们需要帮助。

相比之下，希腊语中"负载"一词的意思是"货物"或"日常负担"。这个词描述了我们每天都要处理的日常事务。这些事务就像一个我们能够背起的背包。我们应该扛起自身的负载。我们需要处理自己的感受、态度和行为，尽管这需要我们付出努力。

当人们表现得好像"巨石"是他们的日常负担而拒绝接受帮助，或者将他们的日常负担表现得好像是"巨石"而不愿意自己承担时，问题就会出现。这两种情况要么带来永久的痛苦，要么便是不负责任。

为了避免让我们陷入痛苦或变得不负责任，确定什么是"自我"、我的责任边界在哪里，以及他人的责任边界在哪里非常重要。在本章的后半部分，我们将明确我们为什么要负责。现在，让我们更加仔细地探究边界的本质。

"好的"进，"坏的"出

边界可以帮助我们辨别我们的所有物，这样我们才能管理好它们。边界帮助我们竭尽全力守护我们的内心。我们需要把那些对我们有益之物纳入边界，而将有害之物挡在边界之外。简而言之，边界帮助我们将"好的"留在里面，把"坏的"挡在外面。

有时，我们将"坏的"留在内心，而将"好的"挡在外界。在这些情况下，我们需要打开边界的大门，让"好的"进来，让"坏的"出去。换句话说，我们的围栏需要有门。例如，如果我发现自己的内心中有一些痛苦或内疚，我就需要敞开心扉，与他人交流，这样我才能得到疗愈。而当"好的"在我们的内心之外时，我们需要打开边界的"大门"，让它们"进来"。他人也可能会给我们有益之物，我们需要对这些有益之物"敞开心扉"，如果我们常常对来自他人的有益之物关闭自己的"大门"，我们将处于一种匮乏的状态。

总之，边界不是高墙，我们不应与他人隔绝，事实上，我们应该"融入"他人。我们应与他人共同生活。但在每一个社群中，所有成员都拥有自己的空间与财物。重要的是，所有物的边界既要能够让人通过，又要坚固到足以抵御危险。

通常，如果人们在成长过程中遭受过虐待，他们的边界往往会本末倒置，将"坏的"留在里面，而将"好的"挡在外面。玛丽在成长过程中，受到了父亲的虐待，她没能培养出健康的边界意识。因此，她将自己封闭起来，把痛苦深埋心中。她不愿敞开心扉表达伤痛，也不愿把它从心灵中释放出来；她不愿敞开心扉接纳来自外界的支持，以此疗愈自己。此外，她不断地允许其他人将更多的痛苦"倒入"她的心灵。因此，当她来寻求帮助时，她背负了许多伤痛，依旧经受着虐待，并且隔绝了外界的支持。

她需要扭转她的边界运作方式。她需要构筑起足够坚固的"栅栏"，把"坏的"挡在外面；她还需要修建"大门"，把内心中的"坏的"释放出去，并且接纳她迫切需要的有益之物。

边界示例

边界有助于区分你和其他人,或者向你展现"你"的起止之处。以下是一些边界的例子。

皮肤

界定你最基础边界的就是你的皮肤。当人们想要表达自己的个人边界被侵犯时,他们往往会用皮肤边界作为隐喻:"他真的让我很恼火①。"你的肉体是你区别他人与自己的第一种方式。在婴儿时期你就会慢慢地发现,你和抱着你的母亲或父亲是不同的。

皮肤将"好的"留在身体里,将"坏的"挡在身体之外。皮肤能保护你的血液和骨骼,将它们包裹在身体里。皮肤也能把细菌挡在身体之外,保护你免受感染。与此同时,皮肤上还有一些开口,可以让"好的"进入身体,比如食物;让"坏的"排出身体,比如排泄物。

身体虐待和性虐待的受害者往往边界感比较差。在很小的时候,他们就被这样教导:他们的自我并非从他们的皮肤开始,其他人也可以侵犯他们,对他们为所欲为。因此,他们在以后的生活中很难建立边界。

---

① 英文原为为"gets under my skin",字面意思为"进入我的皮肤之下",所表达的含义为"激怒""惹恼"。——译者注

语言

在现实世界中，栅栏或其他一些物体通常可以标示边界；在精神世界中，栅栏是无形的。尽管如此，你仍可以用语言构筑起坚固的保护性栅栏。

最基本的设置边界的词汇是"不"。这个词能让其他人知道，你和他们是不同的个体，你才是你自己的主宰。清楚地对一些事说"不"，对另一些事说"是"，贯穿我们的生活。"不"是一个对抗性词语。这个词在遏制虐待行为、设置边界方面也很重要。

不善于设置边界的人往往很难对他人的控制、压力和要求说"不"，有时也很难拒绝他人的真正需求。你觉得如果你对某人说"不"，就会破坏自己和那个人之间的关系，因此你被动地顺从了，内心却充满怨恨。有时是其他人强迫你做一些事，但有时压力源于你认为自己"应该"做什么。如果你不能对这种外在或内在的压力说"不"，你就失去了对自身的控制，也就无法享受"自我控制"的果实。

当你在表达自己的感受、意图或反感时，你的语言也为他人定义了你的"所有物"。如果你不用语言来界定你的"所有物"，人们很难知道你的立场。你的语言能让人们知晓你的立场，从而让他们察觉到你的边界，帮助他们界定你。"我不喜欢你对我大喊大叫！"这句话能让其他人清楚地明白你是如何处理关系的，并且让他们知道你的"规则"。

物理距离

有时候，离开一个情境有助于维持边界。当你已经到达极限，你可以离开此处，让自己的身体、情绪和精神得到恢复。你可以远离危险，远离那些继续伤害你的人，为自己创建一个安全的地方。让自己远离，被抛下的那个人便会经历一段情感的丧失，这或许能令其改变。

当一段关系具有虐待性质时，很多时候，能让对方知道你的边界真实存在的唯一方式就是拉开距离，直到对方准备好处理这个问题。

时间

在与某个人的相处中，或在某个项目中抽出一些时间休息一下，对你生活中一些需要设置边界的失控部分来说，是一种重获主导权的方式。

在精神和情感上从未与自己的父母分离的成年子女通常需要一段时间离开父母。他们一生都纠缠在一起，对于避免纠缠以及抛弃一些他们之间早已过时的相处方式感到恐惧。他们需要花一些时间，建立抵御旧的相处方式的边界，创造和父母的新的联结方式。这种新方式可能在一段时间内会让他们感到和父母疏远了，但这段时间的分离通常会改善他们与父母的关系。

情感距离

情感距离是一种暂时的边界，能给你的心灵一个可以休息的安全空间,但这绝对不是一种永久的生活方式。处于虐待关系中的人需要找到一个安全空间,让情感得以"解冻"。有时,在虐待性婚姻关系中,受虐的一方需要与施虐的一方保持情感距离,直到施虐的一方开始直面自身问题,变得值得信赖。

你不应该继续让自己受伤,继续让自己失望。如果你曾处于一段虐待关系中,你应该等到关系变得安全,并且关系模式真正发生变化后再回去。许多人太容易以宽恕的名义信任施虐的一方,即使没有等到对方做出悔改的行为。在没有看到真正的改变之前,继续向施虐者或成瘾者敞开心扉是愚蠢的举动。你可以宽恕他人,但要保护自己的内心,直到你看到持续的改变。

他人

你需要依靠他人来帮助你设置和维持边界。那些受他人成瘾行为、控制或虐待影响的人会发现,经过年复一年的"爱得太深"之后,他们只能通过互助团体找到设置边界的能力。这种支持系统会给他们生命中第一次对虐待和控制说"不"的力量。

需要他人来帮助你设置边界有两个原因。第一,你的生活中最基本的需求是人际关系。人们为了建立关系承受了许多痛苦,许多人忍受虐待是因为他们担心自己的反抗会让他们的伴侣离开他们,而他们会变得孤独。对孤独的恐惧使许多人多年来一直处于受伤害的相处模式中。他们害怕自己设置边界后,会无法在生活中得到任何爱。

然而,当敞开心扉接受他人的支持时,他们就会发现施虐者并不是世界上唯一能让他们获得爱的人，他们也可以通过支持系统找到设置他们所需要的边界的力量。他们不再孤单。

第二，我们需要新信息的输入和他人的教导。许多人曾受到家庭或周围环境的熏陶，认为设置边界是吝啬的或自私的。这些人需要良好的支持系统，来帮助他们对抗源自内心深处的"旧声音"的内疚感，这些并非真相的"旧声音"一直束缚着他们。他们需要他人的支持来抵制旧信息以及伴随改变而产生的内疚感。在本书第二部分中，我们将更详细地讨论如何在你生活中的所有主要关系中设置边界。现在我想强调的是，边界并不是凭空建立起来的，设置边界是需要支持网络的。

后果

擅闯他人领地是需要承担后果的。"非请勿入"的标语通常意味着，如果你越界可能会被起诉。我们常常被教导，走不同的路可能会产生不同的结果。

我们需要用后果来支持我们的边界。如果夫妻中的一方坚持贯彻："如果你还是不愿意停止酗酒（或半夜回家、打我、对孩子大吼大叫），我就会离开你，除非你愿意接受治疗！"这样可以挽救多少婚姻？抑或，如果年轻人的父母坚持他们的警告："如果你辞掉现在的工作又不去找新工作，你就别指望我会给你钱。""如果你继续在家里使用违禁药品，你就别在家住了。"有多少年轻人的生活将发生改变？

正如饥饿是懒惰的后果一样，后果是边界"栅栏"上的"倒刺"，它让人们知道侵犯行为的严重性，以及我们对受尊重的重视。这可以告诉他人，我们对于按照有益的价值观生活非常珍视，并将努力保护和捍卫它。

我的边界中有什么

下面这个故事是关于边界的绝佳示例——什么时候应该遵守边界，什么时候应该违反边界。

一个人在旅行途中遭遇了抢劫。强盗剥光他的衣服，把他打得半死不活。另外两个人从另一边路过，但没有理睬他。之后，一个善良的路人同情他，为他包扎伤口，并将他带到一家旅馆照顾他。第二天，这个路人给了旅馆主人一些钱，并告诉他："你只管照顾他，如果花销超支了，等我回来后，我会补偿你多花的钱。"

现在，让我们假设，这个伤者此时突然醒了过来，说："什么？你要离开？"

"是的，我有一些生意要谈。"路人回答说。

"你不觉得你很自私吗？我现在的情况还很糟糕，我需要有一个说话的人。但你居然在我需要的时候抛弃我！"

"哦，我想你是对的，"路人说，"如果我把你一个人留在这里，我就太冷漠了。我应该多为你付出一些。我会把我的事情推迟几天再处理。"

因此路人留下来陪了这个伤者三天,和他聊天,让他感到开心和满足。第三天下午,一个信使敲门走了进来,递给路人一封来自生意伙伴的信:"你让我们等太久了,我们决定把骆驼卖给另一方。下一批骆驼会在六个月后到达这里。"

"你怎么能这样对我?"路人挥着手中的信对伤者大喊道,"你看看你都做了什么!你让我失去了我做生意需要的骆驼。现在我没法送货了,这会让我失业的!你怎么能这样对我?"

在某种程度上,我们可能都对这个故事很熟悉。我们可能出于同情而帮助了某个有需要的人,但之后这个人会操纵我们,让我们付出比我们所愿意的更多的帮助。我们最终会感到怨恨和愤怒,因为我们错过了生活中自己所需的东西。又或许,我们想从其他人那里获得更多,我们会不断施加压力直至他们屈服。因为他们的付出并非出于真心和自由意志,而是屈从的结果,他们就会对自己的付出心怀怨恨。哪一方都得不到好处。

为了避免这些情况,让我们来看一看,哪些事物在我们的边界之内,我们又需要对哪些事物负责。

感受

我们的感受在我们的动机和行为中发挥着重大作用。你曾多少次见过人们因感到受伤而对彼此做出荒唐的事?你又曾多少次听说有些人年复一年地忽视自己的感受直到产生自杀倾向,不得不因抑郁症住院治疗？

感受既不应该被忽视，也不应该被控制。我们要"拥有"并察觉自己的情感，它们往往能激励你做出许多善行。

感受来自你的内心，它们可以告诉你当下的关系状态——一切顺利或存在问题。如果你感到亲近而充满爱意，那么事情可能进展得很顺利；如果你感到愤怒，就说明有问题需要解决。但关键在于，你的感受是你的责任，你必须对它们负责，将其视为自己的问题，这样你便能开始寻找它们所指向的问题的答案。

态度和信念

态度即你对待某事物的倾向，你对他人、生活、工作和关系所采取的立场。信念即你认为是事实的事物。通常，我们不会将一种态度或信念视为令生活不适的根源，而去责怪他人。我们需要为我们的态度和信念负责，因为它们在我们的边界之内。我们深受其影响，也只有我们才能改变它们。

转变态度的棘手之处在于，我们早在幼年时期就习得了这些态度，它们在我们是谁以及我们如何为人处世上扮演着重要角色。那些从未质疑过自身态度和信念的人，往往容易被蒙蔽双眼。

有边界问题的人，通常对责任持有扭曲的态度。他们认为，让人们为自己的感情、选择和行为负责是刻薄的。然而，设置边界和承担责任在人类生活中扮演着重要角色。

行为

行为伴随着后果。"种瓜得瓜，种豆得豆。"如果我们努力学习，便会取得优异的成绩；如果我们辛勤工作，便能获取一定的报酬；如果我们认真锻炼，便能获得健康的体魄；如果我们为他人付出爱的行动，便能得到亲密的关系。反之，如果我们懒惰、不负责任、行为失控，我们最终会"收获"贫穷、失败，并且受到放纵生活的影响。这些都是我们行为的自然后果。

而当某人干扰了他人生活中的播种与收获定律时，问题便产生了。饮酒或虐待的行为，应该为饮酒者和施虐者带来后果。将人们从他们行为的自然后果中解救出来，便是将他们置于无能为力的境地。

这种情况常常发生在父母和孩子之间。父母经常大吼大叫、唠叨不休，而不是让孩子承受他们行为的自然后果。包含爱、限制、温暖和后果的教养方式可以培养出对自己的生活拥有掌控感的自信的孩子。

选择

为我们的选择负责，会增强我们的自我掌控感。一种常见的边界问题是，否认我们自身的选择，试图把责任推给别人。回想一下，我们在解释我们为什么做（或不做）某事时，有多频繁地使用"她（他）让我这样做"的说法？这种说法暴露了我们的一个基本错觉：在众多活动中，我们并不拥有主动权。我们认为别人在控制我们，因此免除了自己要承担的基本责任。

我们需要意识到，无论感受如何，我们都掌控着自己的选择，这样做可以防止我们做出"不情愿或被迫"的选择。保罗甚至不愿接受一份他觉得是赠予者"不得不"赠予的礼物。他曾退回一份礼物，"叫你的善行不是出于勉强，乃是出于甘心"（《腓利门书》1：14）。

在耶稣关于葡萄园工人的比喻中，那位地主也对那个对自己同意的工资感到愤怒的工人说了类似的话："朋友，我不亏负你，你与我讲定的，不是一钱银子吗？"（《马太福音》20：13）那人曾自由选择以一定的报酬工作，却因别人工作的时间更短却得到同样的工资而感到愤怒。

另一个例子是浪子回头故事中的哥哥，他选择留在家里劳作，后来却心生怨恨。他对自己的选择感到不满，但需要被提醒的是，他是自己选择了留在家里。

人们需要被提醒他们的选择，并要求他们为自己的选择负责。基于他人的认可或内疚感而做出决定，会使我们怨恨，这是我们罪恶本性的产物。我们被他人教导、告诉我们应该做什么，以至于当我们出于无奈而做事时，还认为自己是在表达爱。

当设置边界时，你必然要为自己的选择负责。你是那个做出决定的人，是那个必须承担其后果的人，而你也可能是那个阻止自己做出让自己快乐的选择的人。

价值观

价值观是我们对自己热爱和重视之物的看法。我们往往不是对自己所珍视的事物负责，而是更看重他人的认可，这种错位的价值观会使我们错过体验生活的种种机会。我们认为，权力、财富和愉悦能够满足我们内心深处的渴望，而实际上我们真正渴望的是爱。

当我们为因爱着错误事物或珍视那些没有持久价值的东西而引发的失控行为承担责任时，当我们承认我们的内心没有珍视那些能令我们得到满足的事物时，我们便能获取帮助，从而在我们的内心"创造一颗新心"。边界能够帮助我们不再否认，而是承认我们那些曾带来伤害的旧价值观，这样我们才能改变它们。

限制

当我们设置更好的边界时，有两个方面的限制显得尤为重要。第一，对他人设置边界。在我们谈论边界时，这是我们最常听到的一个部分。事实上，"对他人设置边界"这种说法有些用词不当。我们无法那样做，我们能做的，是限制自己与行为不端的人的接触。我们无法改变他人，也无法改善他人的言行。

人并不是真正为了"迫使"他人守规矩而"设置边界"。设置边界的人允许他人做自己，而当他人行为不端时，他就会与他人保持距离，这实际上是在说："如果你愿意，你可以那样做，但你不能进我的家。"

但人们应限制自己与邪恶、不知悔改之人的接触。我们这样做并不是不爱他们。保持距离是为了保护爱，因为我们正在对那些破坏爱的事物表明立场。

第二，设置我们的内在边界。在我们的内心中需要有一些空间，在这里可以容纳那些不表现出来的感受、冲动或欲望。我们需要不受压抑的自我控制。

我们需要能够对自己说"不"。这既包括拒绝那些破坏性欲望，也包括在特定时间放弃一些虽好却并非明智之举的追求。内在的自我控制机制对边界、身份认同、所有权、责任和自我控制来说，是一个非常重要的组成部分。

资源和天赋

在一则《圣经》故事中，主人将他的一部分钱财分别交给三名仆人管理，我们来对比一下主人对仆人的两种回应。

> 主人对两个精心管理，令其所管理的钱财翻倍的仆人说："干得好，良善又忠心的仆人！你们在很多事情上都忠贞可信，我会将更多事务交由你们管理。来分享主人的快乐吧！"
>
> 主人对另一个把钱财埋在地里，其所管理的钱财丝毫没有增加的仆人说："你这个又恶又懒的仆人！你知道我是一个要求回报的人，即使没有付出努力或投入资源，也期望有所回报。就算你把我的钱存进银行，到我回来时也可以连本带利地取出来了。我要把你这些钱收回来，给那两个令财富翻倍的仆人。"

没有什么能比这则故事更能说明我们对拥有和管理我们的资源所负有的责任了。虽然这个例子是关于金钱的，但同样适用于内在的才能和天赋。我们的天赋显然在我们的边界范围内，是我们的责任。然而，对这些天赋负责，通常令人感到恐惧和充满风险。

这则故事告诉我们，当我们充分运用天赋且富有成效时，我们便是负责任的——更不用说我们会感到更加开心了。我们需要通过工作、练习和学习来克服对失败的恐惧——"又恶又懒"的仆人就是向恐惧屈服了。这个仆人不是因为感到害怕而受到责备——我们在尝试新鲜且困难的事物时都会感到害怕——而是因为没有直面自己的恐惧，也没有尽自己最大的努力而受到训斥。不愿直面自身的恐惧，便是对自己天赋的辜负。

思想

我们的心智和思想是对事物的重要反映。地球上的其他生物都没有我们这样的思考能力。设置思想边界包含以下三个方面。

第一，我们必须对自己的思想负责。许多人并没有真正拥有自己的思维过程。他们机械地思考他人的想法，却从不加以审视。他们对他人的观点和推论全盘接受，从不质疑，也从不"思考自己的想法"。当然，我们应当倾听他人的想法并进行权衡，但是我们绝不应该把自己思想的控制权交给任何人。我们应在人际关系中自己权衡事物，像磨铁一样打磨彼此，但是要保持独立思考。

第二，我们必须增长知识，拓展思想。我们必须了解这个世界，成为自己明智的"主管"。不论是做脑部手术、平衡收支还是养育子女，我们都应该利用自己的头脑更好地生活。

第三，我们必须澄清扭曲的想法。我们都有不明辨事实，而以扭曲的方式去思考和感知的倾向。最容易注意到的扭曲发生在人际关系中。我们很少能够看到他人真实的模样；我们的认知被过去的关系和我们对他人先入为主的看法所扭曲，即使是我们最了解的人。

在人际关系中掌控我们自己的思想，需要积极主动地检视我们有可能出错的地方。当我们吸收新信息时，我们的思想就会越来越适应现实，也会越来越接近现实。

此外，我们还需要与他人沟通我们的想法。许多人想当然地认为，他人应该能够明白他们的想法，明白他们想要什么。事实使人失望。除了自己，谁又能对另一个人的内心想法了如指掌呢？这真是一句对边界的绝妙陈述！我们有自己的想法，如果我们想让其他人知道，我们就必须告诉他们。

欲望

我们的欲望位于我们的边界之内。我们每个人都有不同的欲望和需求，梦想和愿望，目标和计划，渴求和渴望。我们都希望满足"自己"。但是为什么我们周围能满足"自己"的人那么少呢？

部分原因在于，我们的人格中缺少结构化的边界。我们无法定义真正的"我"是谁，也无从得知我们真正的欲望是什么。许多欲望伪装成了真实的事物。它们是源自我们无法掌控自身真正欲望的贪欲。例如，许多性成瘾者不断追寻性体验，但是他们真正渴望的是爱与关怀。

我们的欲望与我们真正所需的事物混杂在一起，很难辨别。一对明智的父母会确保他们送出的礼物适合孩子。同样，我们必须了解自己真实的内心和真正的动机。如果某样东西是为了滋养我们的骄傲或增强我们的自我，那么我们很可能不是真正对此感兴趣，但如果某样东西对我们有益，那它作为礼物应非常合适。我们需要正视自己的欲望，并去追求它们，以在生活中找到满足感，但这确实需要付出很多努力。

我们通常并不积极寻求欲望，而这些欲望与我们并不真正需要的东西混在一起。要想知道该寻求什么，我们必须探寻真实的自己和真正的动机。我们需要积极主动地寻求自身欲望，需要对自己的欲望负责，找到生活中的满足感。但这确实是一项艰巨的任务！

爱

给予和回应爱的能力是我们最大的天赋。对爱敞开心扉，以及让爱流向外界的能力，对我们的生活至关重要。

许多人因为受伤和恐惧而难以给予和接受爱。他们对他人关上心门，同时也感到空虚和无意义。《圣经》中对于心的两种功能有着明确的描述：一是内心接纳恩典与爱，二是将爱向外流露。我们的爱之心也像身体一样，需要血液的流入和流出。就像肉体的心脏一样，我们的心灵也是一块肌肉，一块信任肌肉。这块信任肌肉需要得到使用和训练；如果受伤了，它就会变得无力。

我们需要为自己的这种爱的功能负责，并使用它。被藏匿的爱以及被拒绝的爱都会让我们痛不欲生。很多人并没有意识到自己是如何抗拒爱的。他们的身边围绕着爱，却意识不到，他们的孤单是他们不对这些爱做出回应的结果。他们通常会说："别人的爱没法'进入我的心'。"这一说法否定了他们对爱做出回应的责任。我们巧妙地回避爱的责任，但我们需要做的是将自己的内心划入边界内，并且努力改进这方面的弱点。这将为我们打开生活的大门。

———————

我们需要对我们内心的上述所有领域负起责任。但是，要照管好我们边界内的东西并不容易；同样，让他人照管好他们边界内的东西也不是一件易事。设置并且维持边界是一项艰难的工作。然而，正如你将在下一章读到的，边界问题有一些很容易识别的模式。

第 3 章

边界问题

在我们主持的为期一天的关于边界的研讨会上,一位女士举手发言:"我明白我有边界问题。但是我那个分居了的丈夫有外遇,还拿走了我们所有的钱,难道他没有边界问题吗?"

我们很容易误解边界。乍看之下,似乎难以设置边界的个体是有边界问题的人;然而,不尊重他人边界的人同样有边界问题。上文中的这位女士也许在设置边界上有困难,但她的丈夫也不尊重她的边界。

在本章中,我们将对边界问题的主要类型进行区分,为你提供一些思考的依据。你会发现,边界冲突绝不仅限于那些"不会说不"的人。

顺从者:无法拒绝"坏的"事

"我可以告诉你一件尴尬的事吗?"罗伯特问我(约翰)。

罗伯特是我的一位新来访者，他正在试图理解为什么他很难拒绝妻子源源不断的要求。为了满足妻子的攀比欲望，他就快破产了。

"我是家里唯一的男孩，也是4个孩子中最小的那个。我家里有一种奇怪的双重标准，包括打架。"罗伯特清了清喉咙，挣扎着继续说，"我的姐姐们比我大3~7岁。直到我上六年级，她们都比我高大强壮得多。她们会利用体型和力量上的优势打我，直到我伤痕累累。我的意思是，她们真的伤害了我。"

"最奇怪的是我父母的态度。他们会告诉我们，'罗伯特是男孩。男孩不能打女孩，这是不礼貌的。'不礼貌！我被三人夹击，然而反击是不礼貌的？"罗伯特停了下来。羞愧感使他无法继续说下去，但他已经说得够多了。他发现了他和妻子发生冲突的部分原因。

当父母教导孩子，设置边界或拒绝是不好的，他们就是在教导孩子其他人可以随心所欲地对待他们。他们把毫无防备的孩子送到一个充满恶的世界——那里的恶以控制、操纵和剥削人的形式表现出来，以诱惑的形式表现出来。

要在这样一个世界里感到安全，孩子需要有能力说出这样的话：

- "不。"
- "我不同意。"
- "我不会的。"

- "我选择不做。"
- "快停下。"
- "好疼。"
- "这是不对的。"
- "这样不好。"
- "我不喜欢你碰我那里。"

这种阻碍孩子说"不"的能力会给孩子的生活带来障碍。像罗伯特这样有心理障碍的成年人，遭受的第一种边界损伤就是：他们无法拒绝"坏的"事。

这种类型的边界冲突被称为顺从。顺从者的边界模糊不清，他人的要求和需要会"融入"他们的边界之内。他们无法独立，无法同想从他们身上获得某物的人区分开。举个例子，顺从者假装和朋友喜欢同样的餐馆和电影，"只是为了合得来"。他们尽量减少与他人的分歧，以免惹是生非。顺从者就像变色龙，一段时间之后，就很难将他们与周围环境区分开。

无法对"坏的"事说"不"很常见。它不仅让我们无法拒绝生活中的恶，还常常让我们无法认清恶。对许多顺从者来说，当他们意识到自己处于一段危险或虐待的关系中时，一切都已经晚了——他们的精神和情感"雷达"已经损坏，他们没有能力保卫自己的心。

这种类型的边界问题会麻痹人们说"不"的肌肉。每当他们需要通过拒绝来保护自己时，"不"字就如鲠在喉。这有很多原因：

- 害怕伤害对方的情感。
- 害怕分离和被抛弃。
- 完全依赖他人的愿望。
- 害怕某人的怒火。
- 害怕惩罚。
- 害怕被羞辱。
- 害怕被视为坏人或自私的人。
- 害怕自己过分严格、挑剔的良知。

最后一种恐惧实际上是内疚感。那些拥有过分严格、挑剔的良知的人，会因为很多事责备自己。因为害怕他们挑剔的内在良知，他们将边界缩小了。

当我们屈服于内疚感时，我们便是在顺从严厉的良知。这种对违背严厉良知的恐惧会转化为面对他人的无能——无法拒绝"坏的"事——因为这会引发更多内疚。

我们应从内而外地顺从（充满怜悯），而不是外表顺从而内心怨恨（只是做表面功夫）。顺从者承担了太多的责任，设置了太少的边界，这不是出于选择，而是出于他们的恐惧。

回避者：拒绝"好的"事

客厅里突然变得鸦雀无声。6个月来一直在克雷格家聚会的团体突然变得更加亲密了。今晚，这5对夫妇开始分享他们生活中的真实困难。这些人流下了泪水,为彼此提供了真诚的支持,而不只是善意的建议。除了女主人蕾切尔·亨德森,大家都依次发言。

蕾切尔一直是这个团体的组织者。她和丈夫乔开创了这种模式,他们邀请了几对夫妇,并提供他们的房子作为团体聚会的场地。然而,蕾切尔受缚于团体组织者的角色,从未表达过自身的痛苦。她多次避开敞开心扉的机会,更愿意帮助其他人吐露心声。今晚,其他人都在等待。

蕾切尔清了清嗓子。她环顾四周,终于开口了:"在听了你们所有人的问题之后,我感觉我的问题与你们相比不值一提,如果在我面临的小困难上花时间,那真有点儿自私。所以……谁想要来点甜品?"

没有人说话,但每个人的脸上都流露出了明显的失望。蕾切尔又一次回避了让其他人爱她的机会——就像她爱其他人那样。

这个边界问题被称为回避:拒绝"好的"事。它表现为:无法寻求帮助,无法认识到自己的需求,无法让他人进入自己的内心。回避者会在有需要的时候退缩,他们无法请求他人的支持。

为什么回避属于边界问题?这一问题的核心在于对边界功能的混淆——边界不等同于"墙"。边界应该是可以"呼吸"的,像有门的栅栏一样,让"好的"进来,让"坏的"出去。而边界像墙一般封闭的个体,虽然阻挡了"坏的",但也无法让"好的"进来。没有人敢接近他们。

我们的边界应该是有"门"的,我们有享受安全关系以及避开破坏性关系的自由。突破边界建立关系会损害信任。我们可以敞开心扉倾诉需求和悔悟，而对回避者来说，向他人敞开心扉几乎是不可能的。

回避者那种密不透风的边界使他们对自己与生俱来的需求变得僵化。他们将自己的问题和正当需求视为"坏的"、具有破坏性的或可耻的。

有些人既是顺从者，又是回避者，比如马蒂。在最近的一次咨询中，马蒂自嘲地笑了笑，说："我发现了一种模式。当有人需要我花4小时陪他时，我无法拒绝；当我需要某个人10分钟的时间时，我却无法开口。我的脑袋里难道就没有一块可以替换的芯片吗？"

许多成年人都面临着马蒂的困境。她无法拒绝"坏的"事（顺从），同时又拒绝"好的"事（回避）。有这种边界冲突的人不仅无法拒绝伤害，而且无法接受自己本应获得的支持，尽管他们总是在慷慨地给予他人帮助。他们陷入了精疲力竭的恶性循环中，但没有任何方式可以为他们补充失去的能量。

顺从的回避者遭受着被称为"反向边界"的折磨。在他们的内心中，他们需要的地方没有设置边界，不应设置边界的地方却有着密不透风的边界。

控制者：不尊重他人的边界

"你什么意思，你要辞职？你现在不能走！"史蒂夫隔着桌子怒视着他的行政助理弗兰克。弗兰克已经为史蒂夫工作好几年了，他受够了。他为这份工作付出了一切，但史蒂夫就是不明白何时该给他留一些空间。

史蒂夫一次又一次地让弗兰克在办公室里为所谓的重要项目无薪加班。在史蒂夫的坚持下，弗兰克甚至两次修改了假期计划。令弗兰克下定决心辞职的最后一根稻草，是史蒂夫开始在下班时间给在家的弗兰克打电话和发信息。下班后偶尔发信息弗兰克还能够理解，但是最近史蒂夫几乎每天都发，而且主要是在弗兰克吃晚饭的时候。弗兰克常常在晚餐时离席，和老板打20分钟的电话或发信息，最后弗兰克的家人只好在他缺席的情况下吃完晚饭。

弗兰克好几次都试图和史蒂夫谈论这个问题，但是史蒂夫从未真正理解为什么这是个问题，也从未明白弗兰克有多精疲力竭。毕竟，他需要弗兰克。弗兰克让他显得很成功，而且让弗兰克更加努力地工作似乎很容易。

史蒂夫在理解和接受他人的边界方面有问题。对史蒂夫来说，他人的拒绝只不过是他改变对方想法的一个挑战。这种类型的边界问题被称为"控制"。控制者无法尊重他人的边界。他们拒绝为自己的生活负责，因此他们需要控制他人。

控制者总爱拿培训顶级销售人员的那些老笑话当信条："不"意味着"也许"，而"也许"意味着"好的"。虽然这句话对学习产品销售来说可能很有效，但这么做会严重破坏一段关系。控制者常被视为是恃强凌弱、善于操控、挑衅好斗的人。

听不到他人说"不"，与无法说"不"不同，前者的主要问题在于，他们倾向于把自己的生活责任推给他人。他们使用各种各样的控制手段，激励他人承担本应由他们肩负的重担。

还记得第 2 章中提到的巨石和背包的例子吗？除了"巨石"（危机和沉重的负担），控制者会找人来帮他们背"背包"（个人责任）。如果史蒂夫能够肩负起他自己工作的重担，弗兰克也会乐意时不时地加班。但是，史蒂夫为了掩饰自己的不负责任而施加在弗兰克身上的压力，令这位颇具才能的专业人员决定另谋出路。

控制者分为两种类型

1. 侵略型控制者。这类人显然看不到他人的边界。他们就像坦克一样，毫不留情地碾压他人的"栅栏"。他们有时对他人进行言语虐待，有时进行身体虐待，但是大多数时候，他们根本意识不到他人有边界。他们就像生活在一个只有"同意"的世界里，容不得他人的拒绝。他们总是试图让他人改变，让这个世界去适应他们对于应该如何生活的看法。他们完全无视了接受他人本来模样的自身责任。

2. 操纵型控制者。这类人不如侵略型控制者坦诚，他们试图说服他人跳出自己的边界，他们会软磨硬泡说服他人同意。他们间接地操纵环境以达到自己的目的，引诱他人来替自己背负重担，还会利用他人的内疚感。

还记得汤姆·索亚^①是如何欺骗他的玩伴，以让玩伴帮他粉刷篱笆的吗？他让粉刷篱笆看起来像是一种特权，结果其他孩子都争先恐后地来帮他干活。

操纵型控制者也会否认他们控制他人的欲望，他们无视自身的自我中心主义。

虽然难以置信，但顺从者和回避者都可能是控制者。但是，他们更像是操纵型控制者，而不是侵略型控制者。比如，当顺从型回避者需要情感支持时，他们可能会帮朋友的忙。他们希望通过付出爱达到收获爱的目的。于是他们等待着，期待朋友能够回报他们。有时，他们会等上好几年，尤其是他们帮了一个不会"读心术"的朋友时。

这有什么问题吗？这不是爱，爱是不求回报的。关心他人，这样他人也会关心我们，这只是控制他人的一种间接手段。如果你曾经接受过这种类型的操纵，你就会明白。前一分钟你还在接收他人的恭维或帮助，后一分钟你就会因为没有弄清这些帮助附加的代价而伤害他人的感情。

边界受损

此时，你可能会对自己说："等一下，控制者怎么能叫'受伤'？他们是制造伤害的人，而不是受伤的人！"确实，控制者对他人造成了很多伤害，但他们也有边界问题。让我们看看控制

---

① 美国小说家马克·吐温代表作《汤姆·索亚历险记》中的主人公。——译者注

者的内心发生了什么。

首先，控制者无法约束自己，他们几乎没有能力控制自己的冲动或欲望。虽然看起来他们得到了他们在生活中想要的东西，但他们依旧是欲望的奴隶。延迟满足对他们来说很困难。这就是为什么他们讨厌别人说"不"。他们急需倾听他人的边界，以帮助他们审视自己的边界。

其次，控制者为自己的生活负责的能力也很有限。由于一直依赖于欺凌和间接操纵，他们很难在世间独立生存。唯一的补救办法是让控制者体验他们不负责任的后果。

最后，控制者是孤独的。和他们在一起的人是出于恐惧、内疚或依赖。如果控制者对自己坦诚一些，他们很少能感受到被爱。为什么？因为在他们的内心深处，他们知道他人和他们待在一起是他们在幕后操纵得来的。如果他们停止威胁或操纵，他们就会被抛弃。并且在内心深处，他们能意识到他们的孤独。我们无法在恐吓他人或者让他人感到内疚的同时，被他人爱着。

无回应者：听不到他人的需求

布伦达说话时手一直在颤抖："在迈克面前我通常都很厚脸皮。但我想，过去几周里孩子的问题和工作压力让我感到自己非常脆弱。这次他的回答没有让我生气，只是让我受伤，非常受伤。"

布伦达在讲述她最近的婚姻问题。总的来说，她认为她和迈克的婚姻是美满的。他是这个家当之无愧的经济支柱，也是一位称职的父亲。然而，这段关系容不下她的伤痛和需求。

布伦达正在谈论的这次冲突最开始只是一件小事：把孩子哄睡着后，她和迈克在卧室里聊天。布伦达开始吐露她对抚养孩子的担忧，以及她在工作中的不胜任感。

迈克毫无征兆地转向她说："如果你不喜欢自己的感受，那就改变你的感受。生活本来就是艰难的，因此只能……去解决问题，布伦达。"

布伦达崩溃了。她觉得她早该料到会遭到迈克的拒绝。首先，她想要表达需求并不容易，尤其是在迈克的冷漠之下。现在，她感觉迈克将她的感情击得粉碎，他似乎一点儿都不理解她的挣扎——也不想理解。

这怎么能算边界问题呢？这不就是不敏感吗？部分是。但事情并没有那么简单。记住，边界是描述我们责任范围的一种方式：我们为什么负责，不为什么负责。虽然我们不应该为他人的感受、态度和行为负责，但我们确实对彼此负有一定的责任。

迈克确实有责任与布伦达保持联结，这不仅因为他是家庭的经济支柱和布伦达的育儿伙伴，还因为他是一位深情的丈夫。与布伦达保持情感联结，也是爱她如爱自己的一种表现。他不需要为布伦达的情绪健康负责，但他要对布伦达负责。他无法回应布伦达的需求，就是对他自身责任的忽视。

这类人被称为"无回应者"，他们缺乏对爱的责任的关注。我们有责任在一定范围内关心和帮助生命中的其他人，当我们有适当的资源和能力时，拒绝这样做可能就会引发边界冲突。

无回应者分为两种类型

  1. 批判他人需求的人（将对自身需求的憎恶投射到他人身上）。他们憎恶自己的不完善，因此会忽视他人的需求。

  2. 沉迷于自身欲望和需求而排斥他人的人（自恋的一种形式）。不要把这种自我陶醉和我们常说的"为自己的需求负责才能爱别人"混淆。我们应该先照顾好自己，才能在不陷入危机的情况下帮助他人。

控制型无回应者

  控制型无回应者很难回首往事。他们认为其他人要为他们的痛苦负责，一直在寻找能照顾他们的人。他们会被边界模糊的人所吸引，这些人自然会在关系中承担过多的责任，而且不会抱怨。就像一则关于关系的老笑话：当一个拯救欲很强、喜欢逞能的人遇见一个控制欲很强、麻木不仁的人的时候，会发生什么？答案是：他们结婚了！

  实际上，这是有道理的。顺从型回避者会寻找互补的对象，让他们不停地说"好的"，使他们与自己的需求脱节。有谁能比控制型无回应者更合适？控制型无回应者会找一个人来让自己远离责任，而谁又能比顺从型回避者更合适？

  下表罗列了四种边界问题。[1] 它将帮助你迅速发现你可能面临的某种边界问题。

表 3-1 边界问题小结

	无法说	无法听
拒绝	顺从者：感到内疚和/或受他人控制，无法设置边界	控制者：侵略性地或操纵性地侵犯他人的边界
同意	无回应者：为爱的责任设置边界	回避者：为接受他人的照顾设置边界

功能边界和关系边界

最后一种边界问题需要区分功能边界和关系边界。功能边界是指个体完成任务、项目或工作的能力，它与绩效、纪律、主动性和计划有关。关系边界是指对与我们建立了关系的人说真话的能力。

许多人有着良好的功能边界，关系边界却很糟糕，也就是说，他们可以以相当高的水平完成任务，却无法告诉朋友，他们不喜欢朋友总是迟到；反之亦然，有些人可以绝对真诚地对他人袒露他们的抱怨和厌恶，早上却无法起床去上班！

我们已经了解了不同类型的边界。那么你的边界是如何形成的呢？为什么有些人似乎有天然的边界，而有些人却毫无边界

呢？同很多事情一样，这与你的原生家庭有很大的关系。

注释

1. 关于这四种边界问题类型的介绍可见 Secrets of Your Family Tree, by Dave Carder, Earl Henslin, John Townsend, Henry Cloud, and Alice Brawand (Chicago: Moody, 1991), 176–79。

第 4 章

边界是如何形成的

吉姆从来都无法拒绝任何人,尤其是上司。他已升任一家大公司的业务经理,他的稳重可靠为他赢得了"能干先生"的美誉。

但他的孩子给他起了另一个昵称:"幻影侠"。吉姆很少在家。成为"能干先生"意味着要在办公室待到深夜,也意味着每周有几个晚上要参加商务晚宴,还意味着周末总是在出差的路上,即使他答应了周末陪孩子去钓鱼和逛动物园。

吉姆并不喜欢频繁地缺席孩子们的生活,但他为自己辩护说:这是我对孩子们做出的贡献,这是我给予他们美好生活的方式。他的妻子贝卡为"爸爸缺席的晚餐"所找的借口是:"这是爸爸爱我们的方式。"她这么告诉孩子(也告诉自己),而且她几乎相信了这种说法。

然而,贝卡的容忍最终到了极限。一天晚上,她让吉姆坐在客厅的沙发上,说道:"我觉得我像个单亲妈妈,吉姆。有段时间我很想你,但现在我什么都感觉不到了。"

吉姆避开她的目光。"亲爱的，我知道，我知道，"他回答，"我真的很想拒绝别人，但这太难了——"

"我发现了你能够拒绝的人，"贝卡打断他，"我和孩子们！"

这句话击中了吉姆，他的内心深处似乎有什么破裂了。他感受到了痛苦、内疚，以及羞耻、绝望和愤怒。

一些话从吉姆嘴里脱口而出："你以为我喜欢总是向别人让步吗？你以为我喜欢让家人失望吗？"吉姆停顿了一下，竭力保持镇静，"我这辈子都是这样，贝卡。我一直害怕让别人失望。我讨厌这样的自己，我讨厌我的生活。我是怎么变成这样的？"

———————

吉姆是"怎么变成这样的"？他爱他的家人。他最不希望的就是忽视他最宝贵的人：他的妻子和孩子。吉姆的问题不是从他结婚那天开始的，而是在他的早期重要关系中形成的。它们已经成了他性格结构的一部分。

边界是如何形成的？这就是本章的主题。通过阅读本章，我们希望你能够对以下事情有所了解：你的边界是从哪里开始崩塌的，或者它是如何固化成一道铜墙铁壁的——以及如何修复这些问题。

你需要知道自己在哪里受了伤，在哪里有缺陷，不论是自己引发的还是他人引发的。你需要看到，是什么重要的关系和力量导致你如今设置边界的困难。过去，是修复当下和确保美好未来的盟友。

边界发展

还记得那句笑话吗?"疯狂可以遗传,你能从你的孩子那里获得。"但边界不是遗传的,它是被构建的。要成为一个诚实、负责、自由、有爱心的人,我们需要从小就学习设置边界。边界的发展是一个持续的过程,但最关键的发展阶段是我们性格形成的早期。

有一句劝诫父母的话是:"引导孩子走他们应走的路,即使他们老了也不会偏离。"但很多父母误解了这句话。他们认为"孩子应走的路"是"父母认为其孩子应走的路"。你能看到边界冲突已经出现了吗?

这句话实际的含义是,好的养育不是在情感上迫使孩子成为完美孩子的复制品,而是成为孩子的伙伴,帮助这些年轻人发现他们想成为什么样的人,并帮助他们达到这个目标。

边界的发展呈现出明确、可辨的阶段,你可以清晰地感知到。事实上,通过观察婴幼儿与父母的早期互动,发展心理专家已经能够记录边界发展的具体阶段了。[1]

联结:边界构建的基础

温迪弄不明白,也许有些事情她就是学不会。她已经读了那么多关于共生依赖的书，在网上看了那么多如何自信表达的教程，反复演练了那么多遍勇于面对冲突的自我对话，但是每一次她和母亲打电话时，所有的建议、所有的自助技巧都消失在模糊不清的记忆中。

每次聊到温迪的孩子，她的母亲总要以温迪不完美的教育方式的分析结束。"我做母亲的时间比你长，"她母亲会说，"你就照我说的做。"

温迪厌恶母亲的这些建议。并不是温迪不乐意接受指导，只是因为她母亲认为，只有自己的育儿方式才是正确的。温迪想和母亲建立新的关系。她希望能够坦诚地和母亲谈谈她对自己的控制、贬低，以及固执己见。温迪希望和母亲建立成年人之间的友谊。

但这些话就是说不出口。她会写下她想说的话，解释她的感受，也会在打电话前演练。但是，当她真正和母亲通话时，她就会惊慌失措，闭口不言。她很清楚如何在母亲面前保持顺从、感激和孩子气。总要等到挂掉电话后怒火中烧时，她才发现自己又被指责了。她开始对改变关系不抱希望了。

温迪的挣扎说明了一种我们在设置边界时都有的基本需求：无论你怎么劝说自己，无论你读了多少书，多么努力地学习或练习，在没有与他人的支持性关系的情况下，你都无法发展或设置边界。在与那些无论如何都会爱你的人建立深厚而持久的依恋关系之前，你不要试图设置边界。

我们最深切的需求是归属感，是处在一段关系中，是拥有一个精神上和情感上的"家"。爱意味着关系——一个人与另一个人充满关心和承诺的联结。我们最核心的需求是建立联结——与自己以外的人搭建纽带、建立信任和寻求支持。

我们为关系而生。依恋是心灵存在的基础。当这个基础破裂或有缺陷时，边界就不可能发展。为什么？因为当缺乏关系时，我们在冲突中无处可去。当我们不确定自己被爱时，我们被迫在两个糟糕的选项中做出选择：

1. 冒着失去关系的风险设置边界。这就是温迪害怕的事。她担心母亲拒绝她，因为这会让她孤立无援，而她依旧需要与母亲的联结来获得安全感。

2. 不设置边界，继续做他人愿望的囚徒。由于没有对母亲设置边界，温迪成了母亲愿望的囚徒。

因此，婴儿发展的第一个任务就是与父母建立联结。他们需要知道他们在这个世界上是受欢迎和安全的。为了与宝宝建立联结，父母需要为他（她）提供一致、温暖、有爱和可预测的情感环境。在这个阶段，母亲的任务是吸引孩子与世界建立关系——通过孩子对母亲的依恋。（这通常是母亲的任务，但父亲或其他照顾者也可以做这件事。）

当母亲对孩子的需要——对亲密的需要、对被拥抱的需要、对食物的需要以及对换尿布的需要——做出回应时，依恋就产生了。当婴儿发出需求信号以及母亲对这些需求做出积极回应时，婴儿会开始内化或接受一幅慈爱、始终如一的母亲的情感画面。

在这个阶段,婴儿没有与母亲分离的自我意识。他们认为,"妈妈和我是一样的"。这有时被称为"共生",与母亲"畅游在亲密的海洋中"。这种共生联盟是母亲不在身边时婴儿会感到恐慌的原因。除了婴儿的母亲,没有人能安抚他们。

婴儿形成的情感画面是由生命最初几个月里成千上万次互动经验编织而成的。母亲"就在那里"的终极目标,是一种被称为"情感客体恒常性"的状态。客体恒常性是指,即使远离母亲,孩子也有一种内在的归属感和安全感。所有这些持续的爱的经历,终将令孩子收获内在安全感。它嵌入了孩子的内心。

联结是序幕。当孩子学会在他们的主要关系中感到安全和自在时,他们就是在建立良好的根基,以承受边界发展带来的分离和冲突。

分离-个体化:心灵的构建

"就像开关被打开了一样。"珍对妈咪小组的朋友们说。这个妈咪小组为婴幼儿的母亲提供活动和交谈的场所。"从她1岁起——直到今天——她成了我见过的最难相处的孩子。前一天,她还在狼吞虎咽地吃菠菜,好像那是她的最后一顿饭;后一天,她就把菠菜全部倒在了地上!"

珍的分享获得了众人的点头和微笑。小组里的母亲们都认同珍的观点——她们的宝宝似乎都在同一时间转变了个性。那个讨人喜欢的可爱婴儿不见了,取而代之的是一个脾气暴躁、难以满足的幼儿。

这个过程中发生了什么？任何一位专业的儿科医生或儿童心理治疗师都会表示，这种转变从宝宝1岁开始，会一直持续到大约3岁。这种转变虽然有时会造成混乱，却是完全正常的。

当婴儿获得内在的安全感和依恋感后，第二种需要便开始显现——对自主或独立的需要。儿童专家称之为"分离－个体化"："分离"是指孩子需要将自己与母亲区分开来，这是一种"非我"的体验；"个体化"是指孩子在与母亲分离时形成的同一性，这是一种"我"的体验。

拥有第一个"非我"体验后，你才能拥有"我"的体验。这就像在一片长满树木和野生灌木的土地上盖房子一样，你必须先开拓出一些空间，才能开始建房子。在你发现自己真正的身份之前，你必须先确定你不是谁。

分离－个体化的过程并不是一个平稳顺畅地转变为一个个体的过程。在儿童期发展健康边界的三个重要阶段是：孵化期、实践期与和解期。

孵化期："妈妈和我不一样"

"这不公平，"一位有着5个月大的男宝宝的母亲告诉我，"我们拥有4个月幸福亲密的时光。我爱埃里克的无助和依赖。他需要我，对他来说有我就足够了。"

"但是，突然间一切都变了。他变得——我不知道该怎么说——焦躁不安了，总是扭来扭去的。他并不总是想让我抱着他。他变得对别人，甚至是色彩鲜艳的玩具，都比对我感兴趣！"

"我开始明白了，"这位母亲总结道，"他只需要我 4 个月的时间，作为母亲的我却要花接下来 17 年半的时间让他离开我！"

在很多方面，这位母亲的理解都是正确的。在生命开始后的 5~10 个月，婴儿会产生重大转变：从"妈妈和我一样"到"妈妈和我不一样"。其间，婴儿开始走出与母亲的被动联结，对外部世界产生积极的兴趣。他们意识到外面存在一个巨大的、令人兴奋的世界——他们也想参与其中！

这一时期被儿童研究者称为"孵化"或"分化"时期。这是一个探索、触摸、品尝和感受新事物的阶段。虽然这个阶段的孩子仍然依赖母亲，但他们并没有完全陷在与母亲的亲密之中。对孩子几个月的养育得到了回报——孩子感到足够安全，开始冒险。这个时期的小家伙全速向前爬行，他们不想错过任何事。这是一种动态的地域边界——逐渐远离母亲。

看着处于孵化期的孩子的眼睛，你可以看到他们对探索的渴望，对学习的渴望。我们生来就要去发现、去体验、去认识这个世界。

对新手妈妈来说，这是一个艰难的时期。正如本节开头那个母亲所描述的那样，这可能令人失望。对那些从未真正完成"心理孵化"的女性来说，这尤其困难。她们只渴望来自宝宝的亲密、需要和依赖。这样的女性通常会生育很多孩子，或者寻找各种机会和很小的婴儿待在一起。她们通常难以享受育儿过程中

"分离"的那部分，也不喜欢自己与宝宝之间产生距离。这对母亲来说是痛苦的，对孩子来说却至关重要。

实践期："我能做任何事！"

"但是想要快乐又有什么错呢？生活不应该过得无趣。"德里克抗议道。德里克是个快50岁的单身男人，他的穿着打扮像个大学生。德里克的脸晒得黝黑，也没有皱纹，在这个中年男子身上显得很不自然。

有些地方不太对劲。德里克正在和朋友谈论他刚刚在一个约会网站上填写完个人资料，并抱怨说他不想和同龄的女人约会。"她们跟不上我的节奏，"他说，"我精力旺盛。我喜欢熬夜和干疯狂的事，只是为了好玩。这能让我保持年轻，你明白吗？"

像德里克这样的人仍然停留在分离 – 个体化的第二个阶段：实践期。在这个时期——通常发生在孩子10~18个月大时（之后孩子还会以不同形式复现这个阶段）——孩子开始学走路和说话。

孵化期和实践期之间有根本性的区别。孵化期的孩子对这个新世界感到应接不暇，仍然非常依赖母亲，而实践期的孩子正试图把母亲甩在身后。新学会的行走能力让孩子体会到一种全能感。他们总是兴奋不已、精力充沛，什么都想尝试，包括下陡峭的楼梯，把叉子插进电源插座，追逐猫尾巴，等等。

像德里克这样固着在这一阶段的人，他们的生活通常充满乐趣，但前提是你别戳破他们不切实际的狂妄和不负责任，否则你会立刻成为一个"扫兴的家伙"。当"实践期孩子"与"扫兴的家伙"结为伴侣时，与后者交谈你会很有启发，他们会说：没有比这更令人心力交瘁的婚姻了。

这个阶段的人有活力，但缺乏自制力，对自己的激情没有边界。固着在实践期的人认为他们永远可以寻欢作乐，但生活会让他们最终尝到苦果。

实践期的幼儿（对他们来说体会到全能感是适宜的！）最需要父母对他们的喜悦给予喜悦的回应，为他们的兴奋而兴奋，并为他们的探索设置安全的边界。好的父母会与他们在床上蹦来蹦去的孩子玩得很开心；不好的父母要么不允许孩子蹦跳，压制孩子的欲望，要么不设置任何边界，仍由他们打翻妈妈的橙汁和爸爸的咖啡（德里克的父母就属于后者）。

在实践期，孩子会认识到有进取心和主动性是好事。在这个时期，父母应坚定且一致地为孩子设置现实的边界，但不能浇灭他们的热情，要帮助孩子顺利度过这一转变阶段。

你见过描绘"宝宝的第一步"的海报吗？有些这样的海报刻画了一种错误观念。在这些海报中，孩子伸出双臂，犹豫地走向等待着的母亲。事实并非如此。大多数母亲说："我是在宝宝身后看着他迈出第一步的！"实践期的幼儿从安全和温暖转向兴奋和探索。物理和空间边界能帮助孩子在没有危险的情况下探索世界。

实践期为孩子提供了能量和动力，让他们迈出成为独立个体的最后一步,但精力充沛的兴奋感不可能永远持续下去。汽车不可能总是全速行驶,短跑运动员也不可能在持续奔跑几千米后还保持速度。任何实践期的孩子都必须迈入下一个阶段:和解期。

和解期:"我不是什么事都做得到"

英文单词"rapprochement"(和解)源自一个法语单词,意思是"和谐关系的恢复",这一时期从孩子 18 个月左右持续到 3 岁。换句话说就是,孩子回归了现实。过去几个月"我能为所欲为"的膨胀感慢慢让位于"我并非无所不能"的认知觉醒。孩子会变得焦虑,意识到世界是一个可怕的地方,他们仍然需要母亲的庇护。

在和解期,孩子会重回和母亲的联结,但这一次和之前不太一样。这一次,孩子会将更加独立的自我带入这段关系。现在,在这段关系中有两个人,他们有各自的想法和感受。孩子已经准备好与外部世界建立联结,同时也不会失去对自我的感知。

通常,这对孩子和父母来说都是一个艰难的时期。和解期的孩子粗鲁无礼、叛逆反抗、喜怒无常、满腔怒火,他们会让你想起患有慢性牙痛的人。

让我们来看看幼儿在这个阶段用来设置边界的一些工具。

愤怒

愤怒是我们的朋友,它能告诉我们有问题需要去面对。愤怒是让孩子知道他们的体验与其他人不同的一种方式。用愤怒来区分自己和他人的能力是一种边界。能够恰当表达愤怒的孩子，在以后的生活中会意识到有人试图控制或伤害他们。

所有权

有时和解期会被人们误解为是一个"自私"的阶段，和解期的孩子能学会使用"我的""我"这样的词。苏茜不想让任何人抱她的娃娃，比利不想和来他家玩的小朋友分享他的玩具卡车。一些父母常常很难理解这个自我意识形成的重要环节。"我们努力帮助她与他人分享、爱他人，但她还是陷入了我们都有的自私里。"这些父母会对他们的朋友抱怨，这些朋友则频频点头。

但是这并不准确。孩子新出现的对"我的"的喜爱确实源于我们天生的以自我为中心——这是我们所有人内心的一部分。但是，这种对我们性格过于简化的理解并没有考虑我们的全部。我们每个人都拥有所有权，也可以称为"管理权"。我们都有管理我们的时间、精力、天赋、价值观、情感、行为、金钱，以及第 2 章中提到的其他事物的权利。没有"我的"，我们就没有开发、培育和保护这些资源的责任感。

孩子急需知晓"我的""我"这样的词并非脏话。在正确的教养之下，他将培养出一颗愿意付出和充满爱的心灵，但需要在他得到足以让他付出爱的爱之后。

"不"：单个字的边界

学步期的孩子常常使用人类语言中最重要的一个词：不。虽然孩子可能在孵化期就开始说"不"，但直到和解期这个词的使用才得到完善。这是孩子学会的第一种语言边界。

"不"这个词可以帮助孩子远离他们不喜欢的东西。它给了他们做出选择的权力。它可以保护他们。父母学会处理孩子的拒绝对孩子的成长至关重要。比如，有一对父母没有注意到他们的孩子拒绝吃某种类型的食物，之后才发现孩子对其中一种食物过敏。

通常，这个阶段的孩子会对说"不"上瘾。他们不仅拒绝吃蔬菜，拒绝睡午觉，还会拒绝冰棒和最喜欢的玩具。对他们来说，拒绝是有价值的，这能让他们远离无助感和无力感。

对于孩子的说"不"，父母有两个使命。第一，他们需要帮助孩子获得足够的安全感来让他们说"不"，从而鼓励孩子设置边界。虽然不是所有孩子的选择都是父母想要的，但孩子的一些拒绝应该得到倾听。明智的父母不会因孩子的反抗而感到被冒犯或被激怒。父母会帮助孩子感受到，他拒绝时和他同意时一样可爱。父母不会和拒绝他们的孩子在情感上保持距离，而是会保持联结。如果父母中的一方因为遭到孩子的拒绝而感到沮丧，另一方则需要经常给予支持。这个过程确实需要一些努力。

举个例子，有一个女孩，在她的姑姑每次来家里拜访时都拒绝亲吻和拥抱姑姑，姑姑感觉自己的感情受到了伤害。有时这个女孩希望亲近，有时她又只想站在背后看着。女孩的父母这样回应了姑姑的抱怨："我们不希望凯茜觉得，她给出关爱是因为她亏欠别人，我们希望她能掌控自己的生活。"这对父母希望他们女儿的同意就是同意，拒绝就是拒绝。他们希望她能够说"不"，这样未来她就能拥有对不好的事物说"不"的能力。

第二，帮助孩子尊重他人的边界。孩子不仅要学会拒绝，也要学会接受拒绝。

父母需要能够设置并维持与孩子年龄相适应的边界。这意味着，不要向在玩具店里乱发脾气的孩子屈服，尽管买下店里一半的玩具来让孩子安静下来不会那么丢脸；也意味着可以设置计时隔离①，可以与孩子适当地对抗，以及在需要时打孩子的屁股。换句话说，要在为时已晚前帮助孩子学会接受边界。

边界构建在3岁孩子身上最为明显。到这个时候，他们应该拥有以下能力：

- 拥有情感上与他人形成依恋的能力，但是依旧有自我意识和与他人分离的自由。
- 拥有适当拒绝他人的能力，而不害怕会失去爱。
- 拥有接受他人适当拒绝的能力，而不会情感退缩。

提到这些能力时一个朋友半开玩笑地说："他们需要在3岁之前学会这些？43岁能掌握就不错了吧？"是的，这些都是很苛刻的要求，但是边界发展在生命的早期阶段是必不可少的。

---

① 一种管教孩子的方法，指出现不良行为时，孩子被要求暂停一切活动，回到自己房间或者待在某个角落，独自冷静一段时间。——译者注

生命中还有两个有关边界发展的重要时期。第一个是青少年期。青少年期是对生命最初几年的重演。它涉及更成熟的问题，比如性、性别认同、竞争和成人身份。但在这个令人困惑的时期，知道什么时候说"是"、什么时候说"不"，以及对谁说，同样是至关重要的。

第二个是青年期，即孩子离开家或大学，开展事业或结婚的时期。年轻人在这一时期会失去原有的结构：没有上课铃，没有强制要求的时间表，拥有一大堆令人惶恐的自由和责任，以及亲密关系和承诺带来的种种要求。这通常会成为一个年轻人学习如何设置良好边界的关键时期。

孩子越早学会设置良好的边界，他（她）在以后的生活中经历的混乱就越少。生命前3年的成功意味着孩子能更加顺利（并非完全顺利）地度过青少年期，以及青少年能更好地过渡到成年期。儿童期出现问题的孩子，其家人在孩子青少年期付出的大量努力，可以令他得到极大的帮助。但是在这两个时期出现严重的边界问题，到了成年期可能会造成毁灭性的影响。

"这让我明白我的人生本该是什么样的，"一位参加儿童发展讲座的女士说，"但是真正能提供帮助的是知道我哪里出了问题。"接下来，让我们来看看，我们的边界发展哪里出了问题。

边界受损：哪里出了问题？

边界问题根植于我们与他人成千上万次的接触，也根植于我们的天性和个性。然而，最重要的边界冲突发生在生命中至关重要的头几年。它们可能发生在分离－个体化的三个阶段中的任何一个或所有阶段：孵化期、实践期或和解期。一般情况下，冲突发生得越早、越严重，边界问题就越深刻。

边界导致疏离

"我不知道为什么会这样，但事实就是这样，"英格丽德和她的朋友阿曼达边喝咖啡边若有所思地说，"每次我和妈妈意见不一致，哪怕是在小事上，我都有一种可怕的感觉，觉得她突然不在了。就像她受伤躲起来一样，我怎么都找不到她。想到失去自己所爱的人真是一种可怕的感觉。"

说实话，没有人喜欢被拒绝。我们很难接受另一个人拒绝给予支持，拒绝亲近，或拒绝原谅。但良好的关系是建立在拒绝和对抗的自由之上的。

不仅是良好的关系，成熟的性格也建立在适当的拒绝之上。成长中的孩子需要知道他们的边界会被尊重。至关重要的是，他们的不赞同、他们的实践、他们的尝试不会导致爱的消失。

请不要误解这一点。父母的限制至关重要。孩子需要知道不应该越过的行为边界，也需要为自己的行为承受相应的后果。（事实上，如果父母不为孩子设置和保持良好的边界，孩子会遭受另一种类型的边界受损，我们将很快讨论这一点。）此处所说的不是让孩子放任自流，而是说父母需要与孩子保持依恋和联结，即使彼此间有分歧。这并不意味着他们不应该生气，相反，这意味着他们不应该退缩。

当父母对行为不端的小孩放任自流，而不是与孩子保持联结并解决问题时；当父母因受伤、失望或盛怒而与孩子拉开距离时，就是在向他们的孩子传达这样的信息：你表现好的时候很可爱，表现不好的时候就不可爱。

孩子会把这样的信息理解为：我乖的时候，我就被爱着；我不乖的时候，就没有人爱我。

站在孩子的角度上想想，你会如何做？这个问题并不难回答。人们都有对依恋和联结的需要。从本质上讲，父母远离孩子就是进行精神和情感上的勒索。孩子要么假装顺从父母，维持与父母的关系；要么继续与父母分离，失去他在这个世界上最重要的关系。他很可能会选择保持沉默。

那些在设置边界时遭遇父母情感疏离的孩子，往往会过度强化自己顺从、乖巧、敏感的特质。与此同时，他们也会恐惧、怀疑和憎恶他们身上好强、真实和独立的部分。如果他们爱的人在他们发怒、发脾气或进行新的探索时远离他们，孩子就会学会隐藏自己身上的这些部分。

父母如果告诉孩子："你生气的时候会伤害我们。"这就是让孩子为父母的情绪健康负责。实际上，这么做就是让两三岁的孩子承担了父母的角色——这种情感倒置后患无穷。更恰当的做法是对孩子说："我知道你很生气，但你还是不能拥有那个玩具。"然后和你的伴侣或朋友分享你受伤的感觉，这样做要好得多。

天性使孩子们有一种全能感。在他们的世界里，阳光灿烂是因为他们乖巧，大雨倾盆是因为他们淘气。随着时间的推移，孩子会逐渐放弃这种全能感，因为他们了解到，除了他们自己的需求和行为，其他事情也很重要。但在生命的最初几年里，全能感正巧会造成边界受损。当孩子感受到父母的情感疏离时，他们很容易相信他们要对父母的情绪负责。这便是全能感的含义："我的力量足以让妈妈和爸爸远离我，我最好小心点。"

父母的情感疏离有可能表现得很隐晦，例如受伤的语气，长时间没有理由的沉默；也可能表现得很明显，例如哭泣、生病、喊叫。拥有这样的父母的孩子长大后，会害怕设置边界导致严重的被孤立和被抛弃。

对边界的敌意

"问我为什么不敢说'不'？"拉里轻声笑道，"为什么不问我个难点的问题？我在军人家庭里长大，父亲的话就是铁律。不赞同就等于大逆不道。我9岁的时候反驳过他一次。我只记得我醒来时在房间的另一头，头痛欲裂，充满了受伤的感觉。"

第二种边界受损比第一种更容易被注意到，即父母对边界的敌意。如果孩子试图与父母分离，父母会感到愤怒。敌意可以以愤怒的言语、体罚或对孩子的行为施加不恰当反馈的形式表现出来。

有些父母会对孩子说："你要照我说的做。"这很公平，因为父母应该对孩子负责。但是接着父母会说："你会喜欢这样做的。"这会把孩子逼疯,因为这是对孩子独立灵魂的否认。"让孩子喜欢"就是强迫孩子成为一个"讨人喜欢的人"。

一些父母会这样批评孩子的边界:

- "如果你不赞同我的观点,我就……"
- "你只能按我说的做,别无选择。"
- "不要质疑你的母亲。"
- "你需要端正态度。"
- "你没有理由感到难过。"

孩子需要生活在父母的权威和控制之下,但是当父母因孩子越来越独立而惩罚他时,孩子通常会陷入受伤和怨恨之中。

这种充满敌意的管教方式实际上是学习遵守纪律的扭曲。纪律是用后果来教会孩子自我控制的艺术。不负责任的行为会引发不适,从而促使我们变得更负责任。

这种"你只能按我说的做"的方法会教孩子假装顺从,至少在父母面前是如此;而"你可以选择"的方法会教孩子对自身行为负责。父母不要说"要么收拾好你的床,要么禁足一个月",而应该说"你可以选择:把你的床收拾好,我就会让你玩游戏机;不收拾好,你今天不能玩游戏机"。让孩子来决定愿意为不服从承受多大的痛苦。

当父母简单地用敌意来回应孩子的不同意、不服从或探索时,孩子就被剥夺了训练自我控制能力的机会。他们无法知道延迟满足和负责任是有好处的，他们只能学会如何避免他人的愤怒。

你很难看到这种敌意带来的后果，因为孩子很快就学会了用顺从的微笑来遮掩自己真实的想法。当这些孩子长大后，他们会遇到抑郁、焦虑、关系冲突和药物滥用的问题，此时许多边界受损的个体才意识到他们有问题。

这种敌意会对拒绝他人以及接受他人的拒绝造成问题。有些孩子会变得极易受他人影响，与他人形成纠缠的关系；但有些孩子会表现出来，变得喜欢控制他人——就像充满敌意的父母一样。

过度控制

当慈爱的父母试图以过于严格的规矩和边界来保护孩子，以免他们犯错的时候，就会发生过度控制。例如，他们为了避免孩子受到伤害或者染上恶习，可能会阻止孩子和其他孩子一起玩；他们可能非常担心孩子感冒，因此让孩子在阴天也穿雨靴。

过度控制的问题在于：好父母的主要责任当然是管教和保护孩子，但他们必须为孩子犯错留出空间。记住，我们通过不断地练习方能成熟。受到过度控制的孩子容易产生依赖，卷入冲突，难以设置和维持坚定的边界。他们在冒险精神和创新能力方面也有问题。

缺乏边界

艾琳叹了口气。只要她出了差错，丈夫布鲁斯就会大发雷霆，这种情况通常每周会发生两次。这次他嚷嚷着要重新安排他们和比林家的聚会，因为直到他们两家聚会这天的下午 4 点，艾琳才记起要给孩子的保姆打电话。

她不明白为什么布鲁斯会为这些小事如此紧张。也许他只是需要休息一下。"对，就是这样！"艾琳又高兴起来，"我们需要去度假！"她忘了他们一个月之前刚刚休过假。

艾琳的父母很爱她，但也很纵容她。他们不强迫她做任何事，也不会用计时隔离、设置行为后果或打屁股来管教她。她的父母认为，大量的爱和宽容能够帮助她成为应该成为的人。

因此，当艾琳不愿意收拾自己的东西时，她的妈妈都会替她收拾；当她把家里的车撞坏 3 次后，她的爸爸给她买了一辆属于她自己的新车；当她透支了自己的账户后，她的父母悄悄往她的账户里存了很多钱。"毕竟，爱不就是有耐心吗？"她的父母这样想。

艾琳的父母对她毫无限制，这损害了她的性格发展。虽然她是一个富有爱心的妻子、母亲和职员，但其他人总是对她散漫、粗心的生活方式感到沮丧。和她交往让别人付出了很大的代价。但是，她是如此可爱，她的大多数朋友都不想因为与她争执而伤害她的感情。因此这个问题一直没有得到解决。

缺乏父母的限制与父母对边界有敌意的情况相反。边界能够提供必要的规则，以帮助艾琳塑造她的性格。

有时，缺乏父母的限制，再加上与父母缺乏联结，会导致孩子成为侵略型控制者。我们也许都在超市里见过这样的场景：

一个4岁的孩子完全掌控他的母亲：母亲哀求、乞求并威胁她的儿子不要发脾气；接着，在无计可施的情况下，她给了儿子他强烈要求的棒棒糖。她说："但这是最后一根了。"她努力想要获得一些控制感，但这种控制感只是一种幻觉。

现在想象一下，这个4岁的小男孩成长为一个40岁的男人。场景切换了，但脚本是一样的。当他被激怒，或有人给他设置边界时，他也会发脾气。而到那时，这个世界已经迎合他整整36年了。只有强度极大和始终如一的手段才能帮助他恢复，有时可能是住院，有时可能是离婚，有时可能是坐牢，有时可能是生病。没有人能够真正逃脱生活的管束，生活总是更胜一筹。种瓜得瓜，种豆得豆，这是亘古不变的定律。而后果来得越晚就越可悲，因为需要他们付出的代价会更大。

显然，上面描述的是这样一类人：他们既难以接受他人的边界，也无法体察他人的需求。这些人因缺乏边界而受到伤害，就像其他人因太过严苛的边界而受到伤害一样。

不一致的限制

因为抚养孩子的困惑或自身受到的伤害，一些父母对孩子的限制有时过于严格，有时又过于宽松，这给孩子传递了一种矛盾的信息。此时孩子弄不清家庭和生活的规则到底是什么。

有酗酒问题的家庭常常展现出不一致的限制。一个家长明明昨天还很慈爱，今天就变得不可理喻地苛刻。饮酒带来的行为改变，在这一点上表现得尤其明显。

酗酒者会使孩子的边界严重混乱。酗酒者的成年子女在人际关系中永远不会感到安全，他们总是提防着他人的失信或出其不意的伤害。他们时刻保持着警惕。

对酗酒者的成年子女来说，设置边界令人痛苦。拒绝也许会带来尊重，也许会招致怒火。他们好似大海的波浪，随着风摇摆。他们不确定自己是谁，也不确定自己该为何事负责。

创伤

到目前为止，我们已经讨论了一些家庭关系的特征。父母对待孩子的方式包括疏离、敌意和设置不恰当的边界。随着时间的推移，这些都会在孩子的心灵中根深蒂固。

此外，特殊创伤也会损害边界的发展。创伤是一种极度痛苦的情感体验，而不是一种性格模式。情感虐待、身体虐待和性虐待，以及事故和令人衰弱的疾病都是创伤性体验；父母去世、离婚或极度经济困难也属于创伤性体验。

区分与性格相关的模式（比如疏离和敌意）和创伤的一种好方法，是看看森林里的一棵树是如何受到伤害的。也许它吸收了土壤中的某些不良成分，也许它接受的光照和水太多或太少，这便如同性格模式的问题；而创伤就类似于闪电击中了这棵树。

创伤会影响边界发展，因为它动摇了儿童成长中的两个必要基础，即世界相当安全和他们可以掌控自己的生活。

经历过创伤的孩子会觉得这些基础被撼动了。他们不确定自己在这个世界上是否安全、是否会受到保护，而且害怕自己在任何接近自己的危险面前都没有发言权。

杰里多年来一直受到父母的身体虐待。他很早就离开家，加入了海军陆战队，有过几次失败的恋情和一段糟糕的婚姻。在年近40岁开始接受心理咨询时，他才开始意识到，在他强硬的外表之下，为什么总是渴望控制欲强的女人。他疯狂迷恋她们对他的"操纵"。之后他就会陷入一种对女人完全顺从的模式，最后他总是失败的一方。

在一次咨询中，杰里想起他的母亲因为他的一点小过错狠狠扇他耳光。他清楚地记得他徒劳的哀求："求你了，妈妈——我很抱歉。我会照你说的做。求你了，妈妈。"只有他保证绝对服从时，母亲的殴打才会停止。这段记忆完美解释了他为何总是在妻子和女朋友面前丧失底线：每当她们发怒时，他都会条件反射般地立刻服从。母亲的虐待严重损害了杰里的边界发展。

家庭创伤的受害者几乎都受到不良性格相关模式的影响。因情感疏离而回避我们的边界，或因敌意而攻击我们的边界，都会产生心理创伤。

自身性格特质

你是否听过"娘胎里带的"这样的描述？也许你总是积极主动，勇于面对矛盾，也许你总是喜欢探索新鲜事物，又或者你总是喜欢安静和反思。

造成边界问题的原因也包括我们自身的性格特点。例如，一些人天生就攻击性更强，他们会以更具对抗性的方式处理边界问题，而攻击性较弱的人则会避免面对边界问题。

到目前为止，你应该对边界问题和边界发展有了更清晰的了解。现在，是时候来看看边界是如何在我们的生活中发挥作用的，以及我们在一生中应该如何设置边界。

注释

1. 下面的结构由玛格丽特·马勒提出，可参见 The Psychological Birth of the Human Infant by Margaret Mahler, Fred Pine, and Anni Bergman (New York: Basic Books, 1975)。

第 5 章
边界十大定律

试想一下，如果你生活在另一个星球上，这个星球与地球有着完全不同的运作规律。假设在这个星球上没有重力，也不需要货币这样的交换媒介。你无须进食，而是通过渗透获得精力和能量。突然之间，毫无预兆地，你发现自己被传送到了地球。

你回过神来，踏出悬停在空中的飞船，却猛然摔倒在地。"哎哟！"你不禁喊出声来，不明白自己为什么跌倒。恢复镇静后，你决定四处转转，但由于这种称作"重力"的新现象，你没办法飞行，因此你开始行走。

过了一会儿，你奇怪地发现，自己又饿又渴。你好奇这是为什么。在你之前生活的地方，银河系会自动让你的身体恢复活力。幸运的是，你遇到了一个地球人，他发现了你的症结所在，并告诉你，你需要食物。他推荐了一个可以让你进食的地方——杰克餐厅。

你听从他的指示，走进餐厅，设法点了一些包含你所需的营养的地球食物。吃完饭，你立刻感觉好多了。但是，给你食物的那个人向你索要 15 美元，来换取他为你提供的东西。你完全不明白他在说什么。一番争吵之后，一些身着制服的人过来带走了你，并把你关在一个带栏杆的小房间里。"这个世界到底是怎么回事？"你深感困惑。

你无意伤害任何人，却进了"监狱"——不管那是哪里。你再也无法随心所欲地活动了，你感到十分不满。你只是想管好自己的事，可现在，因为长时间的行走，你感到精疲力竭、腿脚酸痛，还因为吃太多而胃疼。地球，可真是个好地方啊。

―――― ――――

上面的故事听起来是不是有些牵强附会？在功能失调，或没有边界的家庭中长大的人，就与外星人有着相似的经历。他们发现自己被传送到了成年人的世界，在这个世界里，从未有人向他们解释过的精神原则支配着他们的关系和幸福。他们身处困境，饥肠辘辘，最后可能会进监狱，但他们永远无从得知可以帮助他们顺应现实，而非违抗现实的原则。因此，他们是对自身无知的囚徒。

这个世界建立在定律与原则之上。精神世界的定律如同地心引力一样真实，如果不了解这些定律，你便会受到影响。没有人教给我们这些生活和关系的原则，并不意味着它们不起作用。

我们需要了解生活中的原则，并据其行事。接下来我将介绍边界十大定律，你可以通过学习它们来体验不一样的人生。

定律1：播种与收获定律

播种与收获定律，又称因果律，是生命的基本法则。

如果你吸烟，你就很有可能患上吸烟者常见的疾病，甚至患上肺癌；如果你过度消费，你就很有可能接到债主的催债电话，甚至因买不起食物而挨饿。而从另一个角度来说，如果你饮食健康、定期锻炼，你就会较少受到健康问题的困扰；如果你在生活中精打细算，你就有钱付账单、买食物。

然而，有些时候人们并不会收获他们种下的恶果，那是因为有人介入并为他们承担了后果。如果每一次你超额消费时，你的母亲都给你用于支付透支的支票或高昂的信用卡账单的钱，你便不会为挥霍无度的生活方式付出代价。你的母亲保护了你免受自然后果的侵扰——被债主纠缠或挨饿。

正如案例中的母亲所展现的，播种与收获定律会受到干扰，而干扰者往往是那些没有边界的人。我们可以通过接住从桌上滚落的玻璃杯来干扰万有引力定律，与此类似的是，我们也可以出手援助那些没有责任心的人，从而干扰播种与收获定律。如果你使一个人免受其行为带来的自然后果，这会使他继续这种不负责任的行为。在这种情况下，播种与收获定律并非被废除，它依旧生效，只不过行为人没有承担后果，有人为其承担了后果。

今天，我们将不断援助另一个人的人称为"共存者"。事实上，共存者、毫无边界的人与他们生活中不负责任的人"共谋"了如今的局面。最终共存者支付了账单——包括身体、情感和精神上的，而挥霍无度的人则无须承担任何后果，继续过着毫无节制的生活。他们继续被爱、被骄纵、被善待。

设置边界，可以帮助共存者停止对他们所爱之人生活中播种与收获定律的干扰。边界能迫使不负责任者自食其果。

仅仅面质[①]不负责任者是没有用的。来访者会说："我确实面质杰克了。我尝试过很多次，想让他知道我对他行为的看法，也想让他明白他需要改变。"事实上，该来访者只是唠叨了杰克几句而已，杰克并不会认为自己需要改变，因为他的行为没有给他带来任何痛苦。面质对不负责任者来说并不会带来痛苦，只有行为后果才会。

如果杰克是一个明智的人，面质也许能改变他的行为。但是，陷入破坏性行为模式的人通常是不明智的。在改变自身行为之前，他们通常需要先承担行为的后果。当共存者面质不负责任者时，他们也会让自己感到羞辱和痛苦。事实上，他们需要做的只是不再干扰他人生活中的播种与收获定律。

---

① 面质是一种心理咨询技术，指咨询师通过指出来访者言行或认知中的矛盾点，引导其正视自身冲突，促进自我觉察和改变，在这里指来访者指出自己对不负责任者行为的看法。——编辑注

定律 2：责任定律

很多人听到关于边界和为自己的人生负责的言论时都会说："那也太以自我为中心了。我们应该彼此相爱，舍己为人。"有些人真的会变得自私自利，以自我为中心；有些人在帮了他人的忙后会感到"内疚"。

责任定律包括爱他人。当你不爱他人时，你便没有承担起自身的全部责任，而是背弃了自己的心。

当责任的边界混乱不清时，问题便产生了。我们应当彼此相爱，而不是成为对方。我无法替你感受，无法替你思考，无法替你行动，也无法替你疏解限制带给你的失望。简而言之，我无法替你成长，只有你自己才能让自己成长。同样，你也无法替我成长。你对你自己负责，我对我自己负责。

我们希望他人如何对待我们，就应该如何对待他人。如果我们穷困潦倒，无助且无望，我们当然需要帮助和给予。这是负责任的非常重要的一个方面。

负责任的另一个方面是，不仅要给予，还应对他人的破坏性及不负责任的行为设置边界。将某人从自身罪责的后果中解救出来不是一件好事，因为这只会让你再次援助他。你是在强化这种模式。这与养育孩子的原则相同：对他人不设边界是有害的，这会导致他人走向毁灭。

你应当对他人的需要给予帮助，但对自己的责任设置边界。边界可以帮助你达成这一点。

定律3：力量定律

随着"十二步骤法"①的兴起，很多人在治疗与康复中表达了一个普遍的困惑：我对自己的行为无能为力吗？如果是，我如何能对自己负责？我有能力做什么？

十二步骤法教导人们，必须承认道德上的失败。酗酒者必须承认他们对酒精无能为力：他们没有自我控制的能力，他们对自己的成瘾行为无能为力。

虽然你没有能力自己克服这些无能为力的困难，但你拥有做一些事情的力量，这些事情最终会为你带来胜利。

1. 你有能力承认你的问题。这里的"承认"即"认同"。你至少有能力说"那就是我"。也许你目前还没有能力改变，但你可以承认。

2. 你有能力将你的无能呈现给自己和他人。你总是有能力寻求帮助。也许你无法让自己好转，但你可以求助医生。

3. 你有能力寻找或请求他人的帮助，逐渐认清你的边界。

4. 你有能力摆脱自己内心的恶念。这并不意味着你会变得完美，而是意味着你能将自己不好的部分视作想要改变的方面。

---

① "十二步骤法"是源于匿名戒酒会的一套结构化康复方法，现已成为应对成瘾行为和心理创伤的经典框架。其核心在于通过灵性成长与团体支持，帮助个体实现行为改变与人格重塑。——编者注

5.你有能力让自己谦卑,并请求他人帮助你解决发展性创伤,满足你残存的童年需求。你的许多问题源自空虚的内心,你可以请求他人的帮助来满足你的那些需求。

6.你有能力寻找那些被你伤害过的人,并做出补偿。这样做是为了对你自己及你的罪过负责,也是对那些被你伤害过的人负责。

从另一方面来说,边界能帮助你定义你没有能力掌控的东西:在边界之外的一切!你可以顺应这一过程以改变自己。你无法改变其他事情:天气、过去、经济——尤其是其他人。与其他疾病相比,因试图改变他人而痛苦不堪的人更多,而改变他人是不可能的。

你能做的是影响他人。这里有一个小技巧:既然你无法改变他人,那就必须改变自己,这样他人的破坏性模式对你就不再起效。当你调整了应对方式,他们或许会因旧方式不再有用而主动改变。

另一个可能起作用的动力是,当你放弃改变他人后,你会开始变得更健康,他人也许会注意到这一点,并对你健康的状态感到羡慕。此时他人也许会想要你所拥有的东西。

还有一件事:你需要有能力来分辨什么是你的责任、什么不是你的责任;分辨你有能力改变的,以及你没有能力改变的。

定律 4：尊重定律

在人们描述边界问题时，有一个词会反反复复地出现——他们。比如，"但是如果我拒绝了，他们就不会接纳我。""但是如果我设置了边界，他们就会生气。""但是如果我告诉他们我的真实感受，他们一个星期都不会和我说话。"

我们担忧他人不尊重我们的边界。我们专注于他人的看法，而忽视了对自己的清晰认知。有时候，问题在于我们对他人边界的评判。我们会说如下的话，或有如下想法：

- "他怎么能拒绝来接我？他正好顺路呀！他可以另找一些时间'独处'。"
- "她不来参加聚会真是太自私了，毕竟我们其他人都牺牲了自己的时间。"
- "'不'是什么意思？我只是暂时需要这笔钱。"
- "看在我为你付出了这么多的分儿上，你至少可以帮我这个小忙吧。"

我们对他人边界的评判，认为自己最明白他们"应当"如何给予，通常意味着"他们应当按我所希望的方式为我付出"。

当我们评判他人的边界时，我们的边界也会遭到同样的评判。如果我们谴责他人的边界，我们便会预期他人将谴责我们的边界。这会让我们陷入恐惧的循环，让我们害怕设置我们所需的边界。结果，我们顺从他人，接着心生怨恨，我们"给予"的"爱"就变了味。

这便是尊重定律的用武之地。我们需要尊重他人的边界，爱他人的边界，这样才能赢得他人对我们的边界的尊重。我们希望他人如何对待我们的边界，就要用这种方式去对待他人的边界。

如果我们爱并尊重那些对我们说"不"的人，他们也会爱并尊重我们的拒绝。自由催生自由。我们对他人真正的关心不应该是"他们在做我会做的事或者我希望他们做的事吗？"，而是"这真的是他们的自由选择吗？"。当我们接纳他人的自由时，我们便不会生气，不会感到内疚，也不会在他人对我们设置边界时收回我们的爱。当我们接纳他人的自由时，我们也会对自己的自由感觉更佳。

定律5：动机定律

斯坦感到很困惑，他被教导应该更多地给予而不是接受，但是他发现，事实往往并非如此。他经常感到他"所做的一切"没有得到赏识。他希望人们能多考虑一下他的时间和精力。但是，每当有人向他索求什么时，他都会去做。他认为这是爱，他希望成为一个充满爱的人。

最终，当日积月累的疲乏演化为抑郁时，他来找我（亨利）。

当我问他有什么问题时，斯坦说他"爱得太多了"。

"你怎么能'爱得太多'呢？"我问，"我从来没听说过这种事。"

"哦，很简单，"斯坦回答，"我为人们做的远远超出了我应该做的。这让我非常沮丧。"

"我不确定你做了什么，"我说，"但这肯定不是爱。爱能带来快乐，而不是沮丧。如果你的爱让你沮丧，那可能不是爱。"

"我不明白你怎么能这么说。我为大家做了这么多。我不断地付出，付出，再付出。你怎么能说这不是爱呢？"

"我这么说是因为你的行为带来的结果。你应该感到快乐，而不是沮丧。跟我说说你为别人做的事吧？"

随着谈话的深入，斯坦了解到他的许多付出都不是由爱驱动的，而是出于恐惧。斯坦在幼年时便知道，如果他不按母亲的要求去做，她就会收回对他的爱。因此，斯坦学会了违背本意的付出。他为他人付出的动机并不是爱，而是害怕失去爱。

斯坦也害怕他人的愤怒。因为他的父亲在他儿时经常对他大吼大叫，因此他变得恐惧充满怒火的对质。这种恐惧使得他不敢拒绝他人。以自我为中心的人经常会在别人拒绝他们的时候生气。

斯坦答应他人的要求，是出于对失去爱的恐惧，以及对惹怒他人的恐惧。类似这样的错误动机会使得我们无法设置边界。

1. 害怕失去爱，害怕被抛弃。答应他人但是又心怀不满的人实则是恐惧失去他人的爱。他们为得到爱而付出，如果他们没有得到爱，就会感到被抛弃。

2. 害怕他人生气。由于过往所受的伤害和不良边界，一些人无法忍受任何人对他们生气。

3. 害怕孤独。有些人对他人屈服，是因为他们认为这样能赢得他人的爱，从而结束孤独。

4. 害怕失去内在的"善良"。爱是我们的天性。如果不爱他人，我们就会感到痛苦。"我爱你，但我不想做那件事。"许多人无法将这句话说出口，因为他们认为这句话不合理。他们认为爱就意味着总是赞同。

5. 内疚。许多人的付出是出于内疚。他们试图做足够多的好事来克服内心的内疚感，让自己感觉好一点。当他们拒绝时，他们感觉很糟糕。因此他们一直在努力获取善良感。

6. 回报。例如，他们的父母会说，"我从来没有像你这样过得那么好""你应该为你得到的一切感到羞耻"，他们认为自己应该去偿还得到的一切。

7. 认可。许多人觉得自己还是不断寻求父母认可的孩子。因此，当某人希望从他们那里获得什么时，他们就应该给予，这样，象征性的"父母"就会"感到满意"。

8. 对他人的损失过度认同。很多时候人们没有处理好自身的失望和损失，因此每当拒绝别人的时候，他们就会"感觉"对方极度悲伤。他们无法忍受对其他人造成如此严重的伤害，因此他们会答应对方的要求。

———

重点是，我们应追寻自由，而这种自由带来的是感恩、对他人的爱以及充满爱的心。慷慨付出，应当获得幸福和快乐。如果你的付出没有带来快乐，那就应该检查这条动机定律。

动机定律是，自由第一，服务第二。如果你试图摆脱恐惧，你注定要失败。面对恐惧，解决恐惧，然后设置健康的边界来捍卫你的自由。

定律 6：评估定律

"但如果我告诉他我想这么做，他会不会感到受伤？"詹森问。当詹森告诉我（亨利），他打算接手商业伙伴做得很糟糕的任务时，我鼓励他和他的伙伴聊一聊。

"他当然可能会感到受伤，"我回答说，"那你认为有什么问题？"

"好吧，我不想让他感到受伤。"詹森边说边看着我，好像我早该知道似的。

"我相信你不会想让他感到受伤，"我说，"但这和你要做的决定有什么关系呢？"

"嗯，我不能不考虑他的感受就做决定。这太残忍了。"

"我同意你的看法，那太残忍了。但你打算什么时候告诉他？"

"你刚才还说告诉他会让他感到受伤，那很残忍。"詹森困惑地说。

"不，我不是这个意思，"我回答，"我说的是，不考虑他的感受就告诉他确实很残忍，但这与不做你需要做的事情大不相同。"

"我看不出有什么区别。这仍然会让他感到受伤。"

"但这不会伤害他，这就是最大的区别。如果有伤害，这种伤害反而对他有帮助。"

"你真的把我搞糊涂了。伤害怎么可能对他有帮助呢？"

"你看过牙医吗？"我问。

"当然。"

"牙医在治疗龋齿时拿牙钻钻你的牙，你觉得疼吗？"

"疼。"

"那他伤害你了吗？"

"没有，他让我感觉好多了。"

"受伤和伤害是不同的。"我指出，"你在吃那些导致龋齿的糖时，觉得疼吗？"

"不疼，味道很好。"他说，并露出一个心领神会的微笑。

"这些糖是否伤害了你呢？"

"是的。"

"这就是我想说的。有些事情可能会让我们受伤，但并不会伤害我们，事实上，它们甚至可能对我们有好处。而让我们感觉很棒的东西也许对我们有害。"

———————

你需要评估设置边界的作用并对他人负责，但这并不意味着如果有人会因你的边界而感到受伤或愤怒，你就应该避免设置边界。设置边界——在上述例子中，指的是詹森对他的商业伙伴说"不"——是为了过上有意义的生活。

在需要设置边界的地方不设置边界通常更容易，但往往会导致消极结果。只有真诚直率、目标明确的生活才会导向好的结果。决定设置边界是很困难的，因为这需要决策，而且可能会与他人起冲突，会给你爱的人带来痛苦。

我们需要评估我们所做的选择带来的痛苦，并与之共情。以桑迪为例。桑迪在圣诞假期选择和朋友去滑雪，而不是回家过节。她的母亲既伤心又失望，但她并没有真的受到物理伤害。桑迪的决定引发了母亲的悲伤，但母亲的悲伤不应该使桑迪改变主意。一种对母亲受伤的感受做出充满爱的回应应该是："哦，妈妈，我很难过这个假期我们无法待在一起。我期待明年夏天我们的见面。"

如果桑迪的母亲尊重桑迪选择的自由，她就会说："你不回家过圣诞节我很失望，但我希望你们玩得开心。"她承认自己的失望，并尊重桑迪与朋友共度时光的选择。

我们会因为做出他人不喜欢的选择而痛苦，也会因为面对他人的错误而痛苦。但是，如果我们不与他人分享我们的愤怒，就会产生痛苦和仇恨。我们需要坦诚地告诉对方，我们如何受到了伤害。

我们需要与他人对质，需要来自他人的真相来成长。没有人喜欢听到关于自己的负面消息，但从长远来看，这可能对我们有好处。如果我们有智慧，我们就会从中学习。朋友的忠告虽然会伤人，但也有帮助。

我们需要评估我们与他人的对抗给他人带来的痛苦。我们需要看到这种伤害如何对他人有帮助，而且有时这是我们能为他人和我们的关系做的最好的事。我们需要从积极的角度来评估这种痛苦。

定律 7：主动定律

对于每一个作用力，都有一个大小相等、方向相反的反作用力。

也许我们都认识这样的人：在处于被动和顺从地位多年后，他们突然大发雷霆。我们都想知道到底发生了什么。我们可能会将其归咎于他们一直在看的心理咨询师，或者与他们保持来往的伙伴。

事实上，多年来他们一直循规蹈矩、百依百顺，他们压抑的愤怒终于爆发了。这种有关设置边界的被动反应是有帮助的，尤其是对受害者来说。他们需要摆脱无能为力、饱受不公平对待的境地，他们可能遭受了身体虐待和性虐待，或者情感勒索和操纵。我们应该为他们的解脱喝彩。

但是，到什么程度才会爆发呢？情绪宣泄虽是设置边界的必经阶段，但远非终点。对 2 岁孩子来说，向妈妈扔豌豆是成长所需，但如果他 43 岁时还在扔就太过分了。对受害者来说，对无能为力感到暴怒和憎恨十分重要，但如果余生都在呼吁"受害者的权利"，那便困在了"受害者心态"中。

就情绪而言，被动反应的边际效用是递减的。你必须通过被动反应找到自己的边界，但一旦找到边界，就不能总是为了满足自己而与他人对抗。你终究需要与他人建立平等的关系，像爱自己一样爱他人。

这是设置主动型边界，而非被动反应型边界的开始。你终于能把因被爱而获得的自由，用来彼此相爱、彼此享受和照顾彼此。主动者会展示他们的所爱所愿，以及他们的目标和立场。这些人与那些只能靠讨厌什么、不喜欢什么、抵制什么以及绝不会做什么来定义自己的人完全不同。

被动者主要因他们的"反对"立场而为人所知，但主动者并不要求自己的权利，而是践行这些权利。权利并非你要求或应得的东西，而是你表达的东西。权利的终极表达是爱；它不是表达权利的能力，而是约束权利的能力。主动者能够"像爱自己一样爱他人"，他们相互尊重，能够"舍己"而不去"以恶报恶"，能够超越法律规定的被动立场，能够去爱而不是被动反应。

不要试图跳跃你的被动反应阶段以及随之而来的感受就直奔自由。你不一定要用行动表达这种感受，但确实需要用某种方式表达。你需要练习并获得自信。你需要离虐待者足够远，以防他们进一步入侵你的边界；你需要珍视你心灵深处寻获的宝藏。

但是不要一直停留在那里。精神上的成年人有比"找到自己"更高的目标。被动反应阶段只是一个阶段，而不是一种身份。这是必要条件,而非充分条件。

定律 8:嫉妒定律

　　嫉妒和边界有什么关系呢?嫉妒有可能是我们最低劣的情感。嫉妒者不满足于他们现在的样子和他们理应成为的样子,他们想要他们没有的东西,而这摧毁了他们。

　　嫉妒使人把"美好"定义为"我没有的东西",并憎恶自己已拥有的美好。你是否多次听说,某人巧妙地贬低他人的成就,以某种方式剥夺了他人已获得的美好?我们每个人的人格中都有嫉妒的部分,但其破坏性在于,它令我们得不到我们想要的,使我们永远无法满足。

　　这并不是说,想要拥有我们没有的东西是不对的。嫉妒的问题在于,它关注的是我们边界之外、他人边界之内的东西。如果总是关注他人的成就,我们便会忽视自身责任,内心终将变得空虚。每个人都应该检验自己的行为,这样他们就可以为自身感到骄傲,而不用拿自己和他人比较。

　　嫉妒是一个自我延续的循环。没有边界的人会感到空虚和不满足。他们对他人丰盈的内心感到嫉妒。他们应该把时间和精力用于为自身的匮乏感负起责任上,并采取行动。行动是唯一的出路。得不到是因为你不求取。他人拥有的物品和成就并非我们唯一嫉妒的东西,我们也会嫉妒一个人的品格和个性,而不是培养自己的天赋。

想想如下情境：

一个孤独的人总是与世隔绝，嫉妒他人拥有的亲密关系。

一位单身女性远离社交生活，嫉妒朋友所拥有的婚姻和家庭。

一位中年女性感到自己的事业停滞不前，她想要追求自己喜欢的东西，但总是能找到她无法去追求的借口（"可以，但是……"），而在心里怨恨和嫉妒那些努力争取的人。

一个男人选择过健康规律的生活，却嫉妒和怨恨那些看起来尽情享受生活的人。

上述这些人都在否定自己的行为，把自己和他人比较，停滞不前，充满怨恨。请思考上述情境和以下情境的区别：

一个孤独的人承认自己的生命中缺乏关系，他问自己："我不知道为什么我总是远离人群。我至少可以去找心理咨询师谈谈。即使我害怕社交场合，我也可以寻求一些帮助。没有人应该这样生活。我来打电话预约一下。"

一名单身女性问自己："我想知道为什么从来没人约我出去？为什么我提出的约会邀请总是被拒绝？我正在做的事、我的沟通方式或我与其他人结识的地方，这些方面出了什么问题？我怎样才能成为一个更有趣的人？也许我可以加入一个治疗团体来探究原因，或者利用约会网站来寻找和我有相同兴趣的人。"

一位中年女性问自己:"我为什么不愿意追求我感兴趣的事?为什么当我想辞去工作去做喜欢的事情时,我会觉得自己很自私?我在害怕什么?如果我坦诚地面对自己,我会发现那些正在做自己喜欢的事情的人不得不冒一些风险,为了做他们喜欢的工作,他们有时需要边工作边上学。这可能超出了我的意愿。"

一个正直的男人问自己:"如果我真的选择过健康规律的生活,为什么我觉得自己像个奴隶?我的精神生活出了什么问题?我为什么会嫉妒那些在社会底层的人?"

这些人质疑自己,而非嫉妒他人。你应将嫉妒当作你在某方面有所欠缺的迹象。与此同时,你应探寻你所憎恶的是什么,你为什么得不到你所嫉妒的东西,以及你是否真的渴望它。你应弄清楚你需要怎么做才能获得它,或者如何放弃这份欲望。

定律 9:积极定律

人类有回应和发起邀请的能力。很多时候我们有边界问题是因为我们缺乏积极性——推动自己进入生活的能力。我们回应邀请,并将自己推进生活里。

最好的边界形成于孩子自然地与外界互动、试探时,外部世界给孩子设置边界的时刻。通过这种方式,积极进取的孩子学会了限制，但没有丢弃自己的精神。我们的精神和情感健康取决于我们是否拥有这种精神。

想一想在第 2 章中仆人为主人打理钱财的故事。获得成功的两名仆人积极又自信，他们主动行动并积极推进，而失败的那名仆人被动又不作为。

可悲的是，许多被动的人本质上并不是恶人、坏人。被动永远不会有好结果。我们需要积极努力，因为永远不会有人替我们完成工作，就算有人替我们完成了，这也是对我们边界的侵犯。我们应该坚定自信，积极主动，寻找并敲开生命之门。

努力尝试而失败了并不可怕，可怕的是不去尝试。尝试，失败，再尝试，这叫作"学习"。不去尝试永远不会带来好的结果，退缩会破坏我们完整的心灵，如果我们要保全心灵，就要设置边界。

我曾听说，当雏鸟准备破壳而出时，如果你为它敲破蛋壳，它就会死去。鸟儿必须依靠自己的力量啄破蛋壳，打通来到这个世界的路。这种积极主动的"锻炼"加强了鸟儿的力量，让它能够在外部世界生存下去。剥夺了它的这份责任，它就会死去。

这同样适用于人类。如果有人替我们工作，侵犯了我们的边界，我们同样无法生存。我们不能被动地退缩。我们的边界只能通过积极进取，主动"敲门"、寻求和要求来设置。

定律 10：曝光定律

边界就像地域的界线，它定义了你从哪里开始，到哪里结束。我们已经讨论了为什么你需要设置这样一条边界线。最重要的一个原因是：你并非存在于真空中，而是存在于与他人的关系中。你的边界界定了你与他人的关系。

边界的整个概念与我们拥有的关系有关。因此，边界实际上是关乎关系的，而最终，边界是关乎爱的。这便是曝光定律如此重要的原因。

曝光定律的意思是，你的边界需要被他人看到，并且能在关系中与他人沟通。由于对关系的恐惧，我们有很多边界问题。我们被内疚、不受喜欢、失去爱、失去联结、失去认可、承受他人怒火、秘密被泄露等恐惧情绪所困扰。这些都是爱的失败，我们应学习如何去爱。这些关系问题只能在关系中解决，因为问题本身的背景就是关系，精神存在的背景也是关系。

出于恐惧，我们试图设置隐形的边界。我们被动、安静地退缩，而不是诚实地对我们所爱之人说"不"。我们暗自怨恨，而不是告诉他人我们对他们如何伤害了我们感到愤怒。我们常常默默地忍受某人不负责任的行为所带来的痛苦，而不是告诉他其行为如何影响了我们和其他所爱的人，而这些信息对他的心灵是有益的。

比如，妻子20年来一直隐忍，从不说出自己的感受或见解，却在某日突然提出离婚来"宣示"她的边界。再比如，父母多年来通过一次又一次的让步来"爱"孩子，从不设置限制，实际上却因他们表现出来的爱而对孩子充满怨恨。由于父母的不诚实，孩子在成长过程中从未感受到爱，而父母深感困惑，心想，"毕竟我们做了这么多"。

在上述这些情况下，由于没有表达边界，关系受到了影响。要记住，边界真实存在，不论我们是否对他人表达我们的边界，它们都会对我们造成影响。就像外星人不知道地球的规则而感到痛苦一样，如果我们不与其他人沟通我们的边界，我们也会感到痛苦。如果我们不通过直接的沟通让他人知道我们的边界，边界的表达就会变得间接或者受到操纵。

我们处于光明之中，光明是我们接触他人的唯一途径。但由于我们的恐惧，我们把自己的某些方面隐藏在黑暗中，这就给了"魔鬼"可乘之机。当我们的边界处于光明之中，也就是说，当我们公开地表达这些边界时，我们的人格才开始整合。它们变得"可见"，变得光明，并得到了转化和改变。疗愈总是在光明中发生。

我们都希望拥有真实的关系。真实的关系意味着我们清楚地展现我们的边界，以及一些难以启齿的方面。我们的边界应该被置于"光明之下"，让其得到疗愈，让他人因其受益。这是通往真爱的道路：开诚布公地沟通你的边界。

―――― ――――

还记得本章开始的那个"外星人"吗？

令人欣慰的是，当我们进入一个全新的地方时，我们会学到一些原则和方法。无论你是从一个功能失调的家庭，还是令人迷失方向的离散中解脱出来，你都不会一无所知。但我们必须不断地学习和实践，并且进行诸多斗争，才能将这些原则内化。

第 6 章

常见的边界迷思

迷思的定义之一是看似真实的虚构之事。有时迷思听起来如此真实，人们自然而然地会信以为真。迷思一部分源自我们的家庭背景，另一部分源自我们自身的误解。无论其来源是什么，让我们一同探究以下"看似真实的虚构之事"。

迷思 1：如果我设置边界，我就是自私的

"等一下，"特蕾莎边摇头边说，"我怎么能对那些需要我的人设置边界呢？那不就是以自我为中心了吗？"

特蕾莎表达的是一种为自身设置边界的主要反对意见：一种根深蒂固的对以自我为中心（只关心自己，不关心他人）的恐惧。

我们要做一个有爱心的人，要关心他人的福祉。因此，边界不是让我们变得以自我为中心吗？答案是否定的。适当的边界实际上能增强我们关心他人的能力。具有高水平边界的人是世

上最能关爱他人的人。为何如此？

首先，我们需要区分自私和管理。自私与执着于自己的愿望和欲望有关，将我们爱他人的责任排除在外。虽然拥有愿望和欲望是我们的天性，但我们需要让它们与健康的目标和责任保持一致。

有时，我们可能并不想要我们需要的东西。一个迟钝的人可能迫切地需要帮助，用来解决他是糟糕的倾听者这件事，但他可能并不想要这种帮助。

我们更应该去满足自己的需要，而不是满足我们所有的愿望。那些我们真正需要的东西，会让我们感到满足和充实，无论我们所处的环境是饱足还是饥饿，是富足还是匮乏。

需要即责任

重要的是要明白，满足我们自身的需要是我们的基本任务。我们不能被动地等待他人来照顾我们。这与我们许多人习以为常的观念十分不同。一些人认为他们的需要是坏的，是自私的，是一种奢侈品；另一些人则认为应该由其他人来满足他们的需要。但是要记住，我们的生活是我们自身的责任。

管理

我们的生命是上天赐予我们的礼物，就像店长为店主打理店铺一样，我们也要好好关照自己的心灵。如果缺乏边界导致我们对店铺管理不善，店主有权对我们表达不满。

我们应丰富自己的生活，培养自己的能力、情感、思想和行为。当我们对伤害我们的人和事说"不"的时候,我们就是在保护自己的精神和情感成长。正如你所看到的,自私和管理之间有很大区别。

迷思 2:边界是违背的标志

许多人担心,设置并维持边界意味着反抗或违背。你有时也许会听到这样的话:"你不愿意配合我们,说明你毫无同情心。"由于这一迷思,无数人受困于没有真正的精神和情感价值的无休无止的活动中。

真相足以彻底改变生活:缺乏边界通常才是违背的标志。边界不稳定的人通常表面上很顺从,内心却充满反抗和怨恨。他们希望拒绝,但又深感恐惧,所以他们用心不在焉的赞同来掩饰他们的恐惧,就像丹尼尔一样。

> 礼拜结束后,丹尼尔快要走到他的车旁时,肯追上了他。"好吧,"丹尼尔心想,"也许我还能逃过一劫。"
>
> "丹尼尔!"肯朗声道,"追上你真高兴!"
>
> 作为志愿者小组的领导者,肯致力于为他主持的《圣经》研读会招募成员。并不是每个人都对这个活动感兴趣,但肯对此毫无觉察。
>
> "你想研读哪一部分呢,丹尼尔?预言,传福音,还是

《马可福音》？"①

丹尼尔绝望地想:"我本可以说,'这些我都不感兴趣。别打电话给我——我会打给你的'。但他是教会里有影响力的人物。惹他不高兴可能会影响我和其他领导者的关系。不知道研读哪个部分是最短的？"

"关于预言的部分怎么样？"丹尼尔猜测道,但他错了。

"太棒了！我们将在接下来的18个月研究末世论！周一见。"肯得意扬扬地走开了。

让我们看看刚刚发生了什么。丹尼尔回避了对肯说"不"。乍一看,他似乎选择了服从。但是让我们再仔细看看,丹尼尔不拒绝肯的动机是什么？是恐惧。丹尼尔害怕肯在教会的政治影响力。他担心如果让肯失望,他可能会失去与其他人的关系。

为什么这很重要？因为这说明,内心的拒绝会抵消外在的同意。换句话说,当我们认同其他人时,实际上我们想要拒绝,此时我们就进入了一种顺从的立场。这和撒谎是一样的。我们的嘴上说着"是",内心(通常表现为三心二意的行动)却在说"不"。你真的认为丹尼尔会花一年半的时间完成肯的《圣经》研读吗？很可能会出现其他更重要的事情打破丹尼尔的承诺,他会离开研读会,但不会告诉肯真正的原因。

---

① 预言、传福音不是《圣经》中独立的章节,而是集锦,《马可福音》则是独立章节。——编者注

一种看待"边界是违背的标志"这一迷思的好方式是：如果无法拒绝，我们就无法同意。为什么会这样？这与我们服从、爱或负责的动机有关。我们必须出于爱而同意，如果我们的动机是恐惧，我们便不爱了。

勉强或被迫的付出，都涉及恐惧——无论是出于对人的恐惧还是对内疚的恐惧。这些动机不能与爱并存，因为爱会使恐惧消失。每个人都必须按自己的心意给予。当我们害怕说"不"，我们的同意就是妥协。

边界是违背的标志吗？它们也可能是。我们可以因为错误的理由拒绝美好的事物。但是拒绝可以帮助我们澄清，保持诚实，说出我们真实的动机。如果内心充满恐惧，这个过程便无法完成。

迷思3：如果我开始设置边界，我将被他人伤害

在女性学习团体中，黛比一直是一个安静的人，但在今晚有关冲突解决主题的讨论中，她再也无法保持沉默了。"我知道如何以一种关心的方式提出事实和观点。但如果我开始反对他，我的丈夫就会离开我！此时我该怎么做？"

很多人都有与黛比相同的问题。她真诚地相信边界，但她害怕边界带来的后果。

他人是否会因我们设置的边界而生气，攻击我们或远离我们？当然有可能。我们向来无法控制他人对我们拒绝的反应。有

些人对我们的边界表示接受，有些人则会憎恨这些边界。

我们不能通过粉饰我们的边界来操纵他人，使他人接受它们。边界是我们关系质量的"试金石"。在我们的生活中，那些尊重我们边界的人会喜欢我们的意志、观点和独立性；而不尊重我们边界的人会告诉我们，他们不喜欢我们的拒绝，他们喜欢的只是我们的赞同和顺从。如果你说的每件事都受到大家的喜欢，那么你很有可能是在歪曲事实。

设置边界与陈述事实有关。一类人会对你的边界表示欢迎。他们接受你的边界，倾听你的边界，他们会告诉你："我很高兴你有不同的看法。它让我成为一个更好的人。"这类人是明智的、正直的。

还有一类人憎恶边界。他们讨厌你的不同，试图操纵你，使你放弃你的边界。用"试金石"检验一下你的重要关系，在某些方面拒绝他们。你会发现你们变得更加亲密，或者你们之间的关系从一开始就没有价值。

作为一个公认的"边界破坏者"的妻子，黛比要如何做呢？她的丈夫会像他威胁黛比的那样离开她吗？他可能会。我们无法控制另一个人。但是如果让黛比的丈夫留在家里的唯一办法是黛比完全的服从，这还是婚姻吗？如果黛比和她的丈夫回避问题，问题又如何得到解决？

黛比的边界是否注定了她要孤独一生？绝对不是。如果说出真相会导致某人离开你，这便给了其他人一个为你提供支持、为你提供精神和情感"家园"的机会。

我们绝不是提倡离婚。关键是你不能强迫别人和你在一起，或强迫别人爱你。这最终取决于你的伴侣。有时候，设置边界能让你明白，从物理意义上来说，你们还在一起，但在其他方面，你们已经分离很久了。通常，发生这样的危机能帮助处于困境中的夫妻和解，并塑造更加和睦的关系。问题被提出，并且现在可以得到解决。

请注意，原本无边界的夫妻双方设置边界时，其婚姻会开始改变。夫妻双方的分歧会越来越多，在价值观、日程安排、金钱、孩子和性方面的冲突也会日益增多。然而，很多时候，这些限制能帮助失控的夫妻开始体验必要的痛苦，这种痛苦可以激励他（她）在婚姻中承担更多责任。许多婚姻在设置边界后会变得更加稳固，因为双方会开始想念这种关系。

有人会因为我们有边界而抛弃或攻击我们吗？会的。了解他们的性格并采取措施解决问题总比一无所知要好。

吉娜认真听着心理咨询师分析她的边界问题。"现在一切似乎都说得通了，"她在结束此次咨询时说，"我明白自己必须做出一些改变了。"

而下一次咨询时情况又完全逆转了。她沮丧又受伤地走进咨询室。"这些边界并不像人们吹捧的那样，"她伤心地说，"这一周我向我的丈夫、孩子、父母和朋友正面提出他们不尊重我的边界。现在没人愿意和我说话了！"

问题出在哪里？吉娜显然全身心投入了设置边界的工作中，但她忽略了一点——应找一个安全的地方来处理边界问题。立即疏远每一个对你而言重要的人并非明智之举。记住，你是为关系而生的，你需要其他人。你必须拥有一个与他人联结的空间，在那里你被无条件爱着。只有在基于爱的空间里，你才能安全地开始学习说出真相。如此你便可以面对他人对你设置边界的抵制。

迷思 4：如果设置边界，我就会伤害他人

"拒绝我母亲最大的问题就是'受伤的沉默'，"芭芭拉说，"这会持续大约 45 秒，通常发生在我告诉她我不能去看她之后。只有在我为自己的自私道歉，并且安排一个去探望她的时间后，沉默才会被打破。接着她就没事了。我愿意做任何事来避免这种沉默。"

如果你设置了边界，而你担心你的边界会伤害其他人——一个你真心希望他（她）快乐和满足的人，例如：

- 当你需要用车时向你借车的朋友。
- 急切地向你借钱的长期身陷财务困境的亲戚。
- 当你自己状态不好时向你索取支持的人。

问题是，有时你会将边界视为一种武器。事实远非如此。边界是一种防御工具。适当的边界不会控制、攻击或伤害任何人。它们只是用于防止你的"财富"在错误的时间被拿走。这

些本来就应该为自身需求负责的成年人，拒绝他们虽然会引起些许不适，他们可能不得不寻求其他途径，但拒绝不会造成伤害。

该原则不仅适用于那些想要控制或操纵我们的人，也适用于他人的合理需求。即使某人面临一个合理的要求，有时我们也不能因为这样或那样的原因做出牺牲。在这些情况下，我们必须允许他人为他们自己的"背包"负责，并寻求其他途径使他们的需求得到满足。

这是至关重要的一点。我们需要的不仅仅是最好的朋友，还需要一群相互支持的人。原因很简单，如果我们在生活中拥有一段以上的重要关系，我们的朋友就可以不必强求完美无缺，他们可能偶尔很忙碌，可能无法给予我们支持，可能会受到伤害并且面临自身的问题；他们同样需要拥有独处的时间。

当一个人无法陪在我们身边时，我们还可以拨打另外一个电话号码。另一个人也许能够为我们提供一些帮助。这样我们就不会受限于某个人的日程。

这便是互助团体的重要作用。我们相互求助，也相互帮助。当我们的支持网络足够强大时，我们会相互帮助，共同成长。当我们承担起责任，发展一些支持性关系时，我们就能够接受他人的拒绝，因为我们还可以从其他渠道获得所需的支持。他人的边界不会伤害我们，反而让我们知道要为自己的生活负责——而有时，说"不"可以帮助我们做到这一点。

迷思 5：边界意味着我很生气

布伦达终于鼓起勇气告诉她的老板，她不会再在周末无偿工作了。她要求和老板面谈，整个过程进行得很顺利。她的老板表示理解，并且情况也在改善。一切都进展顺利，除了布伦达。

一开始布伦达还很平静，她列出了自己对工作状况的不满，并提出了她的看法和建议。但当她说到一半时，她的内心涌起了一股愤怒。她积压多年的愤怒感和不公平感再也藏不住了。甚至在无意间对老板"周五高尔夫日"表达出讽刺的评论，这完全不在她的计划中。

坐在办公桌前，布伦达感到很困惑。这股愤怒从何而来？她是"那种人"吗？也许罪魁祸首就是她设置的边界。

众所周知，当人们开始说真话、设置边界、承担责任时，一团"愤怒的乌云"会在一段时间内跟着他们。他们变得敏感、易怒，一触即发的脾气让他们自己也感到害怕。朋友们会说："你不是我以前认识的那个善良、有爱心的人了。"这些话语引起的内疚和羞愧会进一步令这些刚开始设置边界的人感到迷茫。

边界会引发我们的怒火吗？当然不会。这一迷思是对一般情绪的误解，尤其是对愤怒的误解。情绪或情感是有其功能的，它们可以告诉我们一些信息。它们是一种信号。

以下是我们的"消极"情绪告诉我们的一些信息：恐惧告诉我们要小心，要远离危险；悲伤告诉我们，我们失去了一些东西——一段关系、一个机会，或者一个想法；愤怒也是一种信号,像恐惧一样,愤怒标志着危险。然而,愤怒并非怂恿我们退缩,而是表示我们需要采取行动,直面威胁。

愤怒告诉我们,我们的边界被侵犯了。像国家的雷达防御系统一样,愤怒的感受如同早期预警系统,告诉我们,我们面临着受伤或被控制的危险。

"所以这就是为什么我发现自己对咄咄逼人的推销员怀有敌意!"卡尔恍然大悟。他不明白为什么他很难喜欢上那些不顾他的拒绝的推销员。他们试图入侵他的财务边界,卡尔的愤怒只是在完成自己的"本职工作"。

愤怒也为我们提供了解决问题的力量感。它激励我们保护自己,保护我们所爱的人,保护我们的原则。事实上,在一些地方我们会看到对愤怒之人的描述是"喘着粗气"。[1] 想象一头斗牛场里的公牛,它鼻孔喷气,蹄子磨地,准备发起进攻,你就会明白了。

然而,就像所有的情绪一样,愤怒也没有时间可以治愈一切的观念。如果危险发生在 2 分钟前(甚至 20 年前),愤怒不会自动消散。我们必须恰当地解决愤怒,否则,愤怒只会一直存在于内心之中。

这就是为什么边界受损的个体在开始设置边界时,往往会被内心的愤怒所震惊。这通常不是"新的愤怒",而是"旧的愤怒"。通常是历经数年从未说出口、从未被尊重,也从未得到倾听的拒绝。我们内心对侵犯的抗议正等待着爆发。

当你突然给了那些被囚禁一辈子的人极大的权力时,他们往往会成为愤怒的暴君。多年来边界不断被侵犯引发了他们极大的愤怒。

对边界受损的人来说，用愤怒来"弥补"是很常见的。也许有一段时间他们会审视过去从未意识到的边界受侵犯的经历。

内森的家庭是小镇上公认的理想之家。在内森的成长过程中，其他孩子总是羡慕地对他说："你真幸运，父母和你那么亲近——我爸妈根本不在乎我。"内森对自己亲密的家庭关系满怀感激之情，却从未注意到他的家人总是小心地控制着分歧和个体独立性。没有人因为价值观或感情而产生真正的分歧或争执。"我一直认为冲突意味着失去爱。"他说。

直到内森的婚姻出现问题，他才开始质疑自己过去的生活。单纯的他娶了一个控制欲极强的女人。结婚几年后，这段婚姻就遇到了严重的麻烦。但令内森惊讶的是，他不仅对自己陷入这种困境感到愤怒，而且责备父母没有教会他应对生活的能力。

内森真心热爱这个将他抚养成人的温暖家庭，所以当他想起自己试图与父母分离、设置自己的边界却不断遭到"温柔压制"时，他感到内疚和不忠。妈妈会为他的"顶嘴"而哭泣，爸爸会告诉内森不要惹妈妈生气。内森的个人边界始终不成熟，也无法发挥功能。他越清楚地看到自己为此付出的代价，就越感到愤怒。"是我自己选择了现在的生活，"他说，"但如果他们能帮助我学会拒绝别人，我的生活会好得多。"

内森会永远生父母的气吗？不会，你也不必如此。当敌对情绪显露出来的时候，把它们带到关系中，承认它们。这是化解过去愤怒的第一步。

第二步是重建你心灵中受伤的部分。承担起治愈那些可能被侵犯的"财富"的责任。以内森为例，他的个人自主性和安全感受到了严重的伤害，他必须练习很长时间才能在他的主要关系中重新获得自主性和安全感。获得的疗愈越多，他感到的愤怒就越少。

第三步，随着你对边界有了越来越多的认识，你在当下的安全感就会越多。你会更加自信，不再被他人的恐惧所奴役。在内森的例子中，他与妻子设置了更好的边界，改善了他的婚姻。当你设置了更好的边界时，你就不需要生气了。这是因为在很多情况下，愤怒是你唯一的边界。一旦能顺畅地说出"不"，你就不再需要"愤怒信号"了。

当你首次设置边界时，不要害怕你发现的愤怒。这是来自你心灵早期部分的抗议。这些部分需要被人们揭示、理解和爱。接着你需要承担起治愈它们的责任，设置更好的边界。

此处引出了关于愤怒的一个重要见解：我们设置的边界越稳固，体验到的愤怒就越少。拥有成熟边界的人是世界上最不容易生气的人。刚刚开始设置边界的人会发现他们的愤怒有所增加，但随着边界的成长和发展，这一阶段最终会过去。

为什么会这样？还记得愤怒的"早期预警系统"功能吗？当边界被侵犯时，我们会感到愤怒。如果你能从一开始就防止边界被侵犯，你就不需要生气了。你能更好地控制自己的生活和重视之物。

蒂娜讨厌她的丈夫每晚吃饭都迟到45分钟。她很难给食物保温；孩子们又饿又暴躁，他们的晚间学习计划也被打乱了。但是，在她准时开始晚餐，不论她的丈夫是否到家后，事情有了转变。他回到家，必须自己把冰箱里的剩菜拿出来重新加热，然后独自吃完。三四次这样的"治疗"促使蒂娜的丈夫更早下班了！

蒂娜的边界（按时和孩子们一起吃晚饭）令她不会感到受侵犯或受伤害。她的需要和孩子们的需要都得到了满足，她不再生气了。那句老话"与其生气，不如以牙还牙"并不准确，应该说："与其生气，不如设置边界！"

迷思6：他人设置边界时会伤害我

"兰迪，我很抱歉，我不能借钱给你，"皮特说，"现在对我来说不是时候。"

"他是我最好的朋友，"兰迪心想，"我在需要的时候来找他，他却拒绝我。这真是个沉重的打击！这让我看清了我们之间的关系。"

兰迪的反应表明，他正准备踏入无边界的生活。为什么这么说？因为处于"被拒绝的一方"对他而言是一种伤害。他甚至立下誓言，绝不让他人经历他所经历的。

我们很多人都像兰迪一样。如果有人拒绝了我们寻求支持的请求，就会给我们留下不好的印象。这让人感到很受伤或被冷漠对待，也让人很难想象设置边界是有益的或有好处的。

不得不接受他人的边界当然不愉快，没有人喜欢听到"不"字。让我们来看看为什么接受他人的边界会成为问题。

首先，对我们设置不恰当的边界会伤害我们，尤其是在儿童期设置的。父母如果没有在适当的时候提供适当的情感联结，可能会伤害孩子。孩子的情感和心理需求主要是父母的责任。孩子越小，他（她）能满足这些需求的渠道就越少。一个以自我为中心、不成熟或依赖型的家长会在错误的时候拒绝孩子，从而伤害孩子。

罗伯特最早的记忆是他独自在房间里的婴儿床上待好几个小时。他的父母只是把他留在那里，认为只要他不哭就没事。事实上，他已经从哭泣演变为了婴儿抑郁症。这让他产生了一种深深的不被需要的感觉，这种感觉一直伴随他到成年。

其次，我们会把自己受到的伤害投射到他人身上。当我们感到痛苦时，一种应对方式是"否认"这种不好的感觉，并把它丢给其他人。这被称为"投射"。很多时候，被不恰当的童年边界所伤害的人会把自己的脆弱强加给别人。在他人身上觉察到自己的痛苦，会让他们避免给他人设置边界，因为在他们的想象中，这对他们来说是毁灭性的打击。

罗伯特非常难以对他3岁的女儿阿比设置就寝规矩。每当她因为不得不去睡觉而哭泣时，罗伯特的内心都会感到一阵恐慌，他想，"我这是在抛弃我的女儿——她需要我，而我却不在她身边"。事实上，他是一个很棒的父亲，晚上会和他的小女儿一起读故事、唱歌。但是他从女儿的泪水中看到了自己的痛苦。罗伯特自身所受的心理创伤使他无法对阿比的愿望——希望爸爸一直唱歌和玩耍，直至天亮——设置正确的边界。

再次，无法接受他人的边界可能意味着这是一段过度依赖的关系。当凯茜的丈夫晚上不想说话的时候，凯茜会感到受伤和孤独。他的沉默导致凯茜产生严重的疏离感，她开始怀疑自己是否被丈夫的边界所伤害。

然而，真正的问题在于凯茜对丈夫的依赖。她的情绪是否健康取决于丈夫是否时刻陪伴着她，他为凯茜提供了凯茜那酗酒的父母无法提供的一切。当他某天心情不好需要独处时，这一天凯茜也会过得非常糟糕。

虽然我们确实需要彼此，但没有人是必不可少的。当与一个重要的人发生冲突时，我们会感到绝望，这可能是因为我们过于关注和依赖那个人来满足我们的需求。这种依赖对孩子来说是合适的，但他们应该在成年后摆脱这种依赖，并建立一些健康和支持性的关系。这种依赖会减缓我们的个人发展和精神发展。

问问自己："如果那个我无法接受他的拒绝的人今晚死了，我还能去找谁？"建立一些深刻而重要的关系非常关键。这能让我们生命中的人无负担地、没有内疚感地拒绝我们，因为我们还可以去找其他人。

当我们无法接受某人的拒绝时，事实上我们就是把自己生活的控制权交给了他人。只要他们用离开来威胁我们，我们就会服从。这种情况经常发生在婚姻中，一方因另一方威胁要离开而持续遭受情感勒索。生活不应该是这样的，这种方法也行不通：控制者总会因轻微不满而故技重施，而边界模糊的一方则持续陷入讨好对方的恶性循环。詹姆士·杜布森博士的书《爱必须自尊》

就是关于这类边界问题的经典著作。[2]

最后，无法接受他人的边界可能表明在承担责任方面存在问题。需要向最好的朋友借钱的兰迪，就是此类问题的一个例子。他在让皮特为自己的经济困境负责。有些人太过习惯于让他人来拯救他们，因此他们开始认为自己的幸福是他人的问题。当他们没有得到解救时，他们就会感到失望和无人关爱。他们不能为自己的生活承担责任。

记住，"己所不欲，勿施于人"，同样适用于设置边界。你希望他人尊重你的边界吗？那么你也必须愿意尊重他人的边界。

迷思 7：边界导致内疚感

爱德华摇了摇头。"这一切对我来说有点儿不对劲，"他说，"我的父母总是那么关心我。我们的关系一直很好。然后……"他停顿了一下，斟酌着该如何表达。

"然后我遇到了朱迪，我们结婚了。这真是太棒了。我们每周至少去看望我的父母一次，接着我们的孩子出生了，一切都很顺利，直到我得到了一个跨州工作的机会。这是我梦想中的职位——朱迪也为此感到兴奋。

"但是当我告诉父母这份工作的时候，一切都变了。我听到他们谈论爸爸的健康状况——我从没有意识到情况有那么糟糕，还听到妈妈说自己孤独——我们是他们生活中唯一的亮点，还有他们为我所做的牺牲。

"我能怎么办？他们是对的……他们为我奉献了自己的一生。经历了这一切，我如何能离开他们？"

爱德华并不是唯一一个陷入这种困境的人。对我们生活中的其他人设置边界的主要障碍之一是我们的责任感：我们是否亏欠我们的父母或其他一直爱着我们的人？

许多人通过避免对一些人——那些他们感到对其有责任的人——设置边界来解决这种困境。从这个意义上说，他们可以避免因拒绝那些对他们很好的人而产生的内疚感。他们从不离开家，从不转校，从不更换工作或朋友，即使变动是一个成熟的举动。

这些人背后的信念是，我们得到了一些东西，因此一定亏欠了一些人。问题在于这种债务关系根本不存在。我们得到的爱、金钱、时间或任何让我们感到有责任的东西都应该被当作礼物来接受。

礼物意味着没有任何附加条件的获得。你真正需要做的是感激。送礼者并不期望礼物会带来回报，送礼只是因为一方爱着另一方，想要为他（她）做点什么。

对于那些对我们很好、真心关心我们的人，我们欠他们什么？我们应该感激他们。这份感激让我们帮助其他人。

此处，我们需要区分那些"为了得到而付出"的人和那些真正无私付出的人。这两者通常很容易分辨。如果送礼者因为你真诚的感激而受到伤害或生气，这份礼物很可能是一笔需要你偿还的"贷款"；如果送礼者满足于你对礼物表达的真诚感激，则表明你收到了一份不会让你产生负罪感的礼物。

迷思 8：边界是永久的，我害怕自断后路

"但是如果我改变主意了呢？"卡拉问，"我担心如果对我最好的朋友设置边界，她就会离开我，然后把我忘了。"

重要的是要明白，你的拒绝取决于你自己。你要对自己的边界负责，而不是让边界对你负责。如果你给某人设置了边界，而她成熟而充满爱地回应你，你可以重新协商这个边界。此外，如果你在一个安全的地方，你也可以调整边界。

你可能已经注意到了，上述迷思一些源于你的误解，另一些源自你对于拒绝不属于你的责任的恐惧。请先回顾一下，本章提到的哪些迷思曾令你陷入困境；然后给自己信心，相信好的边界能够令你成为更好的自己。

注释

1 Francis Brown, S. R. Driver, and Charles A. Briggs, *A Hebrew and English Lexicon of the Old Testament* (Oxford: Clarendon, 1977), 60; Merrill C. Tenney, ed., *The Zondervan Pictorial Encyclopedia of the Bible*, vol. 1 (Grand Rapids: Zondervan, 1977), 166–68。

2 James Dobson, *Love Must Be Tough* (Waco, TX: Word, 1983)。

Boundaries
Updated and Expanded

―――― 第二部分 ――――

边界冲突

第 7 章

边界与家庭

尼科尔遇到了一个我（亨利）见过无数次的问题。这个30岁的女性在探望父母之后，就会陷入深深的抑郁。

当她向我描述她的问题时，我问她是否注意到她每次回家探望父母后都非常沮丧。

"为什么呢？这太荒谬了，"她说，"我已经不住在那里了。回父母家怎么会对我产生这么大的影响？"

我让尼科尔描述一下探望父母的过程，尼科尔讲述了与老朋友的聚会和围坐在餐桌旁的家庭时光。她说，这些都很有趣，尤其是只有家人在的时候。

"你说的'只有家人'是什么意思？"我问。

"嗯，有时我父母会邀请我的一些朋友过来，我不喜欢有他们在的晚餐。"

"为什么呢？"

尼科尔想了一会儿，回答说："我想我开始感到内疚了。"

她开始回忆父母将她朋友的生活和她的生活进行对比时的微妙言辞。他们会说，祖父母在抚养孩子的过程中"亲力亲为"是多么美妙。他们会谈论她的朋友正在进行的社区活动，以及如果她能住在那里一起参与那些活动该有多棒。这样的例子不胜枚举。

尼科尔很快发现，当她回到自己家后，她感觉似乎住在自己家很糟糕。她有一种挥之不去的感觉，觉得她真的应该做父母希望她做的事。

尼科尔遇到的问题很常见。她在外部世界做出了选择。她搬离自己成长的家庭，独自为事业打拼。她经济独立，婚姻幸福美满。但其内心世界却迥然不同。在情感层面，她不允许自己成为一个独立的人，不允许自己有选择生活的自由，不允许自己在违背父母意愿时不感到内疚。她仍有可能屈服于压力。

真正的问题出在尼科尔的内心。记住，边界定义了某人的"领地"。尼科尔，以及其他和她一样的人，并没有真正地"拥有"自己。完全对自己生活负责的人在做出去哪里的决定时不会感到内疚。他们会考虑他人，但当他们因为他人的愿望而做出选择时，是出于爱，而不是内疚；是出于善意，而不是为了避免被视为坏人。

缺乏边界的迹象

下面让我们来看看，一些缺乏与我们的原生家庭相关的边界的常见迹象。

感染"病毒"

一种常见场景：夫妻中的一方与其原生家庭没有很好的情感边界。当与原生家庭通话或见面时，他们会变得抑郁、好辩、自我批评、完美主义、愤怒、好斗或沉默寡言。这就好像他感染了一些来自原生家庭的"病毒"，并将其传染给了现在的新家庭。

他的原生家庭以涓滴效应的方式对他的新家庭产生影响。边界问题的一个确凿迹象是你与一个人的关系对你与其他人的关系造成影响，即你给了一个人太多控制你生活的权力。

我记得在我的来访者中有一位年轻的女士，她在心理治疗中取得了稳定的进步，但在与母亲谈话之后，她连续3周的治疗都会停滞不前。她会说："我一点儿也没改变，我一点儿也没有好转。"她将母亲对她的许多看法融入了自我，她无法保持独立。这种与母亲的融合影响了她的其他关系。在与母亲的一次互动之后，她几乎将生活中的每个人都拒之门外。她的母亲"占有"她的生活，她不属于她自己。

次要角色

"你根本无法相信她对那个人有多好，"丹说道，"她把所有的注意力都放在他的每一个心愿上。当他批评她时，她会更努力。她几乎把我忽略了。我厌倦了做她生命中'位居第二的男人'。"

丹不是在谈论梅甘的情人，而是在谈论梅甘的父亲。丹感觉与他的愿望相比，梅甘更在乎她父亲的愿望，他对此感到厌倦。

这是与原生家庭缺乏边界的一个常见标志：作为丈夫，他感觉自己只是伴侣生活中的次要角色。他感觉他的伴侣真正效忠的是她的父母。梅甘没有完成"离开之前先分离"的过程——她有边界问题。在希伯来语中"离开"一词词根的意思是"松开""放弃""摒弃"。为了婚姻的成功，梅甘需要与原生家庭的关系分离，与她通过婚姻建立的新家庭建立新的关系。

这并不意味着丈夫和妻子不应该与他们的大家庭建立关系，但他们确实需要与自己的原生家庭划清边界。许多婚姻失败的原因是伴侣一方没有与其原生家庭设置明确的边界，另一方和孩子不得不退居次要角色。

请给我一些补贴，好吗？

特里和谢里是一对令人艳羡的夫妇。他们拥有一栋大房子，享受令人羡慕的假期；他们的孩子上钢琴课和芭蕾舞课，参加夏令营，有属于自己的滑雪板、溜冰鞋以及各种电子设备。特里和谢里的生活看起来如此光鲜亮丽。但有一个问题，特里的薪水无法支撑这样的生活方式，他们得到了特里父母的很多经济支持。

特里的家人总是想给他最好的，他们也总是帮助他得到最好的。他们为房子、假期和孩子们的爱好提供了经济支持。虽然这让特里和谢里拥有了原本无法拥有的东西，但也让他们付出了高昂的代价。

特里父母的定期经济支持伤害了特里的自尊。而谢里觉得，如果不和公婆商量她就不能花钱，因为这些钱是他们提供的。

特里的例子代表了一种在当代年轻人（无论已婚还是单身）中常见的边界问题：经济上的未成年。特里的父母希望特里和谢里拥有他们所拥有的一切，因此特里无法对父母设置边界。他还发现，自己的思想已经植入了他父母对于成功的观念，以至于他很难拒绝父母的愿望。他不确定自己是否想放弃这些赠予和施舍，以获得更强的独立感。

特里的故事是财务边界问题的"好的"一面，财务边界问题还存在"我有麻烦了"的另一面。许多成年子女由于不负责任、吸毒、酗酒、消费失控，或者"还没找到自己的定位"而深陷财务困境无法自拔。他们的父母不断为他们的失败和不负责任买单，认为"这次他们会变好的"。事实上，他们会使自己的孩子"终身残疾"，阻止他们独立。

在经济上不能独立的成年人仍然是孩子。作为成年人，你必须量入为出，为自己的失败买单。

妈妈，我的袜子在哪儿？

对有"永久儿童综合征"的人来说，他可能会做到经济独立，但会让原生家庭为他履行一些生活管理责任。

这类成年人经常在父母家里消磨时间，和父母一起度假，让父母为他洗衣服，经常去父母家吃饭。他是父母最亲密的知己,与他们分享一切。30多岁的他还没有找到适合自己的职业,没有存款,没有退休计划,也没有医疗保险。从表面上看,这些事情似乎不是什么严重的问题,但父母通常会象征性地阻止他们的成年子女在情感层面上离开家。

这种情况经常发生在亲切友善、爱意满满的家庭里,在这种家庭里,一切都那么美好,让人很难离开。(心理学家通常称其为"纠缠的家庭",这样家庭里的孩子没有明确的边界。)这似乎不像一个问题,因为大家相处得都非常好,这家人在一起时看上去很幸福。

但是,这样家庭中的成年子女的其他关系可能是功能失调的。他们可能会选择"害群之马"型的朋友和爱人,也无法进入婚姻或投身事业。

他们的财务状况也有问题。他们通常有大量信用卡欠款,也经常拖欠税款。虽然可能每天都赚钱,但他们从不考虑未来。这本质上是一种青少年式的财务生活。青少年赚的钱足够买冲浪板、音响或衣服,但他们不考虑之后怎么办。我赚的钱是否够我花到这个周末?青少年——以及从未与父母分离的成年孩子——依然在父母的保护之下,考虑未来是父母的职责。

三角关系

功能失调的家庭中有一种常见的边界问题,被称为"三角关系",其模式类似于:

A对B很生气，但A没有告诉B，而是打电话跟C抱怨B。C很享受A的信任，只要A想玩三角游戏，C都会倾听。

这时，感到孤独的B打电话给C，顺便提到了与A的冲突。C既成了B的知己，也是A的知己。A和B之间的冲突还没有解决，因此C拥有两个"朋友"。

三角关系是指两个人之间的冲突无法解决，而拉入第三方来"站队"。这是边界问题，因为第三方与冲突无关，却被那些害怕当面对质的人用来安慰和认可自己。这就是冲突持续的原因：人们不愿改变，树立了没有必要的敌人。

在三角关系中，人们不愿坦诚相待，用花言巧语和阿谀奉承来掩盖他们的敌意。在B面前，A通常很亲切友好，甚至还会夸赞B。但是和C交谈时，A会表现出对B的愤怒。

这显然是缺乏边界的表现，因为A没有对他的愤怒负责。让A感到愤怒的人应该直接从A的口中听到这一点。想象一下，如果你上一次和约翰交谈时一切正常，那么从第三者口中听到"你知道约翰是怎么说你的吗？"这样的话会如何伤害你？

另外，C被卷入了冲突，他对冲突的了解会妨碍他与B的关系。流言蜚语会影响人与人之间的关系，以及对被说闲话的人的看法，而他们却没有机会为自己辩护。很多时候，我们从第三者那里听到的信息是不准确的。这就是为什么我们应该倾听至少两三位见证者的言论。

三角关系是原生家庭中一种常见的边界问题。父母中的一方与孩子之间，或者父母双方之间的旧冲突模式，导致一名家庭成员与另一名家庭成员谈论第三名家庭成员。这些极具破坏性的模式会使人们始终处于功能失调的状态。

有一种很简单的避免三角关系的方法：始终首先与和你有冲突的人交流。与她一起解决问题，只有在她否认问题存在的情况下，再与第三者聊聊如何解决这个问题，不要背地里说闲话，也不要发泄怒火。之后你们可以一起和与你有冲突的那个人谈谈，尝试解决问题。

永远不要和第三者说一些关于某人的事情，而这些事情你不打算当面告知那个人。

到底谁是孩子？

有些人生来就要照顾他们的父母。他们并非主动申请了这个任务，而是与生俱来就要完成这个任务。我们称这些人为"共存者"。在很小的时候，他们就了解到要对父母负责，因为他们的父母陷在幼稚的不负责任模式中。在长大成人后，他们很难在自己和不负责任的父母之间划清边界。每当他们试图独立生活时，他们都觉得自己很自私。

感激父母并报答他们为我们所做的一切是件好事，但通常会出现两个问题。第一，父母也许不是真的需要帮助。他们可能不负责任、十分挑剔，他们需要为自己的"背包"负起责任。

第二，当他们真正需要的时候，你可能没有明确的边界来决定你能给予什么、不能给予什么。你可能无法限制自己的付出，例如，你父母无法适应老年生活，这个问题将支配着你的整个家庭，而这种支配会破坏你的婚姻，伤害你的孩子。每个家庭都需要明确他们愿意付出什么，不愿意付出什么，唯有如此他们才会继续爱与感激父母，而不是产生怨恨。

良好的边界可以防止怨恨。付出是好事，但是需要确保你的付出对你所处的环境与所拥有的资源来说是合适的。

但我是你的兄弟姐妹

家庭中常见的另一种动态关系存在于成年的兄弟姐妹之间。不负责任的成年孩子依赖其负责任的成年兄弟姐妹来避免长大，以及与家庭分离。（此处所讨论的不是因为有身体或精神障碍而真正需要帮助的兄弟姐妹。）这个不负责任的孩子成年很久后还在玩陈旧的"家庭游戏"。

在这种情况下，棘手的问题是血缘带给你的内疚和压力，因为对方是你的兄弟姐妹。我见过一些人会为兄弟姐妹做一些荒唐且无益的事情，而这些事情是他们永远不会为最亲密的朋友做的。我们的家人可以轻易拆毁我们最牢固的"边界之墙"，只因为它挡在了"家人"面前。

我们为什么会这么做？

我们究竟为什么会选择继续上述这些模式呢？到底哪里出了问题？

一方面，我们在原生家庭中没有学习过边界定律，我们成年后的边界问题实际上是从小就存在的老问题。另一方面，我们可能还没有经历成年过渡期，还未脱离父母的权威。

接下来我们就进一步看看这两个原因。

旧边界问题的延续

还记得第 5 章开篇提到的外星人的故事吗？他在另一个星球上长大，完全不了解地球的规则，比如重力以及货币这样的交换媒介。

在成长过程中，你在原生家庭里习得的模式将持续到成年，与你玩这些"游戏"人也没有变：纵容不负责任的行为，回避冲突，边界模糊，为他人而非为自己负责，出于强迫和怨恨的付出，嫉妒，被动和隐瞒秘密。这些模式并不新鲜，只是从未被质疑与修正。

这些模式根深蒂固。你从家庭成员的身上学习如何安排组织你的生活，因此他们的出现会让你回归旧模式。你开始出于记忆不假思索地行动，而没有成长。

要想改变，你必须识别出这些家庭问题并开始远离它们。你必须承认它们，为它们而悔过，并改变你处理它们的方式。设置边界的第一步是意识到你仍在使用的旧的家庭模式。

想一想，当前你正在经历的原生家庭中与边界有关的挣扎，判断有哪些边界定律被破坏了，然后找出你生活中因此产生的负面影响。

脱离父母的权威

这不是一本关于精神成长的书,但边界是成长的一个重要方面。成长的第一步就是从父母的权威下走出来。

从实际意义上来说,父母对孩子负有责任。但是当孩子长大成人,开始承担责任时,他们就需要从监护人和管理者的控制下走出来,开始对自己负责。那些仍然顺从父母的成年人还没有意识到他们的新身份。

很多时候,我们没有完全为自己负责,是因为我们在精神上还没有离开原生家庭。我们觉得自己仍然需要取悦我们的父母,遵循他们的旧模式,而不是成为独立的人。成为一个对自己负责的人,我们要讲真话、设置边界、承担责任、勇于直面冲突等等。

这绝不意味着我们要切断与原生家庭的联结。然而,我们需要问自己两个问题:这样的羁绊是否会妨碍我们在所有情境下都做正确的事?涉及原生家庭时,我们是否真的长大成人了?

如果我们的联结是真的充满爱的,我们便会成为独立而自由的人,出于爱和一颗"意志坚定"的心而付出。我们将远离怨恨,在设置边界的情况下去爱,去杜绝不良行为。

家庭边界问题的解决方法

与原生家庭设置边界是一项艰巨的任务,但你将得到巨大的回报。可以按照如下步骤进行。

识别迹象

检视你自己的生活，看看在你和父母或兄弟姐妹之间哪里存在边界问题。基本标准是：你在哪里失去了对自身的控制权？识别出这些领域，看看它们与你成长的家庭的联系。

识别冲突

探寻哪种动机在其中起作用。例如，你违反了哪条边界定律？你是否陷入了三角关系？你是否承担了某个兄弟姐妹或父母的责任，而不是对他们履行应尽的责任？你是否未能让他们知道行为的后果，最终为他们的行为付出代价？你是否消极被动地对待与他们之间的冲突？

除非你明白自己在做什么，否则你无法停止这种模式。先将眼前的遮挡物挪开，这样你才能够清晰地处理与家人的关系。你要将自己视为问题所在，找出侵犯自己边界的行为。

识别驱动冲突的需求

以不恰当的方式行动一定有其原因。你经常试图满足你的原生家庭没能满足你的潜在需求。也许你与家人仍然纠缠不清是因为你对被爱、被认可或被接纳的需求。你必须面对这一缺失，并接受这些需求只能在你成为独立的人之后才能得到满足。

吸取和接纳美好的事物

仅仅了解你的需求是不够的，你必须令其得到满足。你必须与良好的支持系统建立联系，接纳美好的事物。不要在当"缩头乌龟"的同时期待变得更好。学着对爱做出回应，接受爱，即使一开始做得很笨拙。

练习设置边界的技能

如果你设置边界的技能是新习得的，还很脆弱，你就无法马上在困境中使用它们。先在边界能得到尊重的情境中练习这些技能。从对你的支持团体中的人说"不"开始，这些人，会爱和尊重你的边界。

如果你的身体受伤了，正处于恢复期，你不会一开始就去拿最重的东西，而是循序渐进，慢慢增加重量。设置边界也是如此。

拒绝不好的事物

除了在安全的情境下练习新技能，还要避免会造成损伤的情境。当你处于康复的开始阶段，你需要避开那些曾经虐待和控制你的人。

当你认为你已经准备好与曾经虐待和控制你的人重建关系时，你需要带上一个朋友或支持者。你容易把自己拉入有害的情境和关系中，要对这一点保持觉察。如果你的边界受损情况很严重，在拥有合适的工具之前，你无法重建关系。要当心自己再次陷入被控制的局面，因为你对和平共处的渴望太过强烈。

原谅侵犯者

没有什么比原谅更能澄清边界了。原谅他人意味着免除对他们的惩罚，或者将他们对你的亏欠一笔勾销。你拒绝原谅某人，意味着你仍然想从他那里获得一些东西，即使你想要的是复仇，这也会将你与他永远捆绑在一起。

拒绝原谅家人是人们多年来无法摆脱功能失调家庭的主要原因之一。他们仍然想从家人那里得到一些东西。实际上，原谅那些无力偿还债务的人会让你感觉好得多。这能结束你的痛苦，因为它能了却你那种永远无法实现的偿还愿望，这种愿望会令你心痛。

如果你不愿原谅，你就是在向冒犯你的人索求他们不愿意给予的东西，即使只是承认他所做的事。这会将他和你捆绑在一起，毁坏边界。放手吧，离开那个功能失调的家庭。切断你们之间的联系，你将获得自由。

主动回应，而非被动反应

当你对某人所说或所做的事情被动地反应时，你也许就产生了边界问题。如果某人能够通过他们的言行对你造成破坏，那他便是在那一点上控制着你，而你的边界被打破了。当你主动回应时，你就仍然掌握着控制权，有选择的自由。

如果你觉得自己在被动反应，可以与那个人稍微拉开距离，重新获得对自己的控制，这样你的家人就不能强迫你做一些你不想做的事、侵犯你独立性的事，也不能强迫你说一些你不想说的话。当你坚守住自己的边界时，你就可以去选择那个最佳选项。主动回应和被动反应之间的区别在于选择。当你处于被动反应中时，他人掌控了你；而当你主动回应时，你掌控着自己。

学习自由和负责任地爱，而非内疚地爱

最好的边界是有爱的边界。不得不永远处于保护模式中的人正在失去爱和自由。边界绝不意味着停止爱，恰恰相反，它意味着你正在获得爱的自由。为了他人而牺牲和拒绝自己是好事，但你需要设置边界来做出选择。

有目的的给予能增加你的自由。有时，正在设置边界的人认为帮助他人是一种相互依赖的表现。事实并非如此。你自由地选择去帮助他人，意味着你的边界在增强。而对相互依赖者来说，他们帮助他人并不是行善，而是因为心怀恐惧，在纵容不良行为。

第 8 章

边界与朋友

玛莎打开电视，甚至没有注意电视上在放什么节目。她满脑子都是和她最好的朋友塔米的通话。她邀请塔米和她一起去看电影，但塔米今晚另有安排。玛莎又一次发出了主动邀约，然而她又一次失望了。塔米从来不会主动打电话给她，友谊应该是这样的吗？

友谊，这个词会让人想起亲密、喜爱，以及两个人互相吸引的画面。朋友，是我们的生活有多大意义的标志。世界上最悲伤的人，是那些至死也未曾体会过真正被理解、真正被爱的人。

友谊的范畴很广，本书中提到的大多数关系都有友谊的成分。但是为了便于阐述，在此我们将友谊定义为基于情感联系，而非基于功能联系的非浪漫关系。换句话说，友谊的定义排除了那些仅是共同完成任务的关系，比如同事关系。让我们把朋友仅视作因他们本身而让我们想和他们待在一起的人。

友谊中边界冲突的类型

与友谊相关的边界冲突有各种强度和类型。为了理解各种各样的问题,接下来让我们探讨几种友谊中的边界冲突,以及如何用设置边界来解决它们。

冲突 1:顺从者与顺从者

在一些方面,这是一段伟大的友谊;但在另一些方面,它却十分糟糕。肖恩和蒂姆喜欢同样的运动和娱乐活动。他们会去同一座体育馆,喜爱在同样的餐厅就餐。但是他们对彼此太好了,他们都很难拒绝对方。

直到一个周末,一次激流漂流之旅和一场音乐会的时间冲突了,他们才意识到他们之间存在这个问题。这两项活动肖恩和蒂姆都很喜欢,但他们无法同时参与。肖恩打电话给蒂姆,建议他们去漂流。"当然没问题。"蒂姆回答。然而,肖恩和蒂姆都不知道的是,他们俩都不是真的想去漂流。在内心深处,这两个人一直盼望着去听音乐会。

在漂流中途,肖恩和蒂姆开始对彼此坦诚相待。又疲惫又浑身湿透的蒂姆脱口而出:"你这个来漂流的主意可真'棒'啊。"

"蒂姆,"肖恩惊讶地说,"我以为你想来漂流。"

"哦,不!因为你打电话给我,我以为这是你想要的!哥们儿,"他伤感地继续说,"或许我们不应该再对彼此这么'好'了。"

两个顺从者互动的结果是，谁也没有得到自己真正想要的。两个人都害怕告诉对方真相，结果谁也没说真话。

让我们用边界检查清单来看看这种冲突。这个问题清单不仅可以帮助你确定你在设置边界方面做得怎么样，而且能告诉你如何达成你想要的结果。

1. 迹象是什么？顺从者之间冲突的一个迹象是不满——一种你做了不该做的事的感觉。

2. 根源在哪里？顺从者之所以顺从，是因为他们不得不避免拒绝他人来让他人开心。由于背景相似，两个顺从者往往很难互相帮助。

3. 边界冲突是什么？顺从者礼貌地否认自己的边界来维持和平。

4. 谁应该负责？每个顺从者都需要为自己安抚或取悦对方的努力负责。肖恩和蒂姆都需要承认，他们通过友善来控制对方。

5. 他们需要什么？顺从者需要支持性关系，无论是互助团体、小团体还是心理咨询师。他们害怕伤害他人，这使得他们很难靠自己来设置边界。

6. 他们应该如何开始？两个顺从者都可以从无关紧要的小事上开始练习设置边界。他们可以从对餐馆的偏好、音乐喜好等事情开始坦诚相待。

7. 他们如何为彼此设置边界？肖恩和蒂姆面对面地交谈，最终说出了真相，并揭示了他们想要设置的边界。他们承诺彼此之间应该有更好的边界。

8. 接下来会发生什么？肖恩和蒂姆可能不得不承认，他们的兴趣并不像他们想象的那样相似。他们可能需要与对方更多地分离，结交不同的朋友、参加不同的活动并不会破坏他们之间关系，从长远来看，这可能对他们的友谊有益。

冲突2：顺从者与侵略型控制者

顺从者与侵略型控制者之间的冲突是最容易识别的友谊冲突，有其典型迹象。顺从者在关系中感到害怕和自卑，侵略型控制者则对顺从者的纠缠感到恼火。

"好吧，如果你坚持……"是顺从者的口头禅。通常，侵略型控制者会坚持要求使用顺从者的一些时间、天赋或财富。侵略型控制者会毫不犹豫地要求他想要的东西，有时甚至不经顺从者的同意。"我需要它"这一理由就足以让侵略型控制者帮助自己获得顺从者所拥有的任何东西，无论是车钥匙、一杯糖，还是3小时的时间。

顺从者在这段关系中通常不快乐，因此顺从者是那个需要采取行动的人。让我们用边界检查清单来检视这种关系。

1. 迹象是什么？顺从者感到被控制，感到愤愤不平；侵略型控制者则感觉很好，除了不喜欢被顺从者纠缠。

2. 根源在哪里？顺从者可能成长在一个教导他回避冲突，而不是直面冲突的家庭中；侵略型控制者从未接受过延迟满足和对自身负责的训练。

3. 边界冲突是什么？此处有两个明确的边界冲突：顺从者无法对朋友设置清晰的边界，侵略型控制者无法尊重顺从者的边界。

4. 谁应该负责？顺从者需要认清，他并非侵略型控制者的受害者：他把自己的权力拱手让给了他的朋友，放弃权力是他控制朋友的方式。顺从者通过取悦侵略型控制者来控制他，希望这能安抚他，并让他改变自己的行为。侵略型控制者需要承认，他很难接受他人的拒绝，也很难接受他人设置的边界。他需要为自己控制朋友的行为负责。

5. 他们需要什么？在这段友谊中不快乐的顺从者需要融入一群支持他的人，来帮助自己化解边界冲突。

6. 他们应该如何开始？为面质他的朋友做准备，顺从者需要在互助团体中练习设置边界。侵略型控制者需要从朋友那里得到诚实的反馈——关于他如何压迫他人以及他如何学会尊重他人的边界，这能让侵略型控制者真正受益。

7. 他们如何为彼此设置边界？顺从者应该直面对方的控制和恐吓，明确告诉他："如果下次你再试图控制我，我就会离开。"

顺从者这么做不是试图控制对方。面质不是为了剥夺对方的选择而下的最后通牒，他设置边界是为了让对方知道，对方的控制伤害了自己，也伤害了他们的友情。这样的边界能保护顺从者免受进一步伤害。侵略型控制者可以随心所欲地发怒或恐吓他，但是顺从者不会受到伤害，他会离开房间，离开屋子，或者离开这段关系——直到安全再回来。

侵略型控制者会体验到自己行为的后果。朋友不在他身边，可能会迫使他想念这段关系，他也可能开始为导致朋友离开的控制行为承担责任。

8.接下来会发生什么？此时，如果双方都保持开放心态，他们可以重新协商这段关系，制定新的基本规则，比如"如果你不再挑剔，我就不再纠缠你"，并且建立一段新的友谊。

冲突3：顺从者与操纵型控制者

"凯茜，我真的有麻烦了，你是我唯一能指望的人。我找不到保姆照顾孩子，而且我还要参加一个会议……"

凯茜听着她的朋友莎伦描述自己的困境。这再平常不过了，莎伦总是忘了为活动做计划，或者提前请保姆。她总是因自己制造出来的紧急情况打电话给凯茜寻求帮助。

凯茜讨厌被困在这样的情境中。莎伦不是故意的，她需要凯茜是有正当理由的，但凯茜仍然觉得自己被利用了。她该怎么办呢？

许多友谊都会陷入顺从者与操纵型控制者之间的这种互动中。我们为什么称莎伦为控制者？

她并非有意识地试图操纵她的朋友，然而，不管她的初衷是什么，当她陷入困境时，莎伦就会利用她的朋友们。她认为这是理所当然的，认为他们不应该介意帮自己的忙。她的朋友们会附和说："嗯，莎伦就是这样。"他们会压抑自己的怨恨。

让我们用边界检查清单来检视这种关系。

1.迹象是什么？顺从者（凯茜）对操纵型控制者（莎伦）在紧急情况下的要求感到愤恨。凯茜感觉自己对友谊的付出被当作是理所当然的。她开始回避她的朋友。

2. 根源在哪里？莎伦的父母总是将她从各种困境中解救出来，从凌晨3点帮她写学期论文，到在她30多岁时借钱给她。她生活在一个非常宽容的世界里，总是有善良的人帮助她。她从不需要面对自己的不负责任，而且缺乏自律和计划。

小时候，凯茜不喜欢当她拒绝妈妈时看到妈妈那受伤的表情。她从小到大都害怕设置边界会伤害他人。为了避免和朋友发生冲突，凯茜会做任何事，尤其是莎伦。

3. 边界冲突是什么？莎伦不提前做计划，也不为自己的日程负责。当责任"远离她"时，她会向最近的顺从者寻求帮助，此时凯茜跑过来提供了帮助。

4. 谁应该负责？这个冲突中主动的一方凯茜需要看到，她从不拒绝莎伦，于是莎伦产生了她不需要提前做计划的错觉。凯茜不应该再觉得自己是受害者，而应该承担拒绝的责任。

5. 她需要什么？当凯茜看到她和莎伦之间的边界问题时，她需要和那些支持她的人建立联结。

6. 她应该如何开始？凯茜需要和支持她的朋友练习说"不"。她需要在一个支持性的氛围中学习拒绝，表达自己的观点，以及勇于直面问题。与支持团体一起为这段关系寻求力量和指引。

7. 她如何为彼此设置边界？在下一次约午餐时，凯茜告诉莎伦她觉得自己有被利用的感觉。她解释她想要一段更加互助的关系。然后告诉莎伦，她不会再做任何"紧急的"保姆工作了。

莎伦没有意识到她伤害了自己的朋友，她对这个问题真诚地感到抱歉。她开始为自己的日程安排承担更多责任。在几次试图让凯茜在紧急情况下照顾孩子被拒绝，并因此错过了重要会议之后，莎伦开始提前一两个星期为日程安排做计划。

8. 接下来会发生什么？这段友谊不断加深。随着时间的推移，凯茜和莎伦笑着说，这场冲突实际上让她们走得更近了。

冲突4：顺从者与无回应者

还记得本章开头提到的玛莎和塔米的友谊吗？玛莎包揽了关系中所有的工作，塔米却完全不出力，这向我们展示了顺从者与无回应者之间的冲突。一方感到沮丧和怨恨，另一方却不知道出了什么问题。玛莎感觉，这段友谊对塔米来说并不像对她那么重要。

让我们用边界检查清单来分析一下。

1. 迹象是什么？玛莎感到沮丧、怨恨，以及不被重视。然而，塔米可能会因朋友的需求和要求而感到内疚或不知所措。

2. 根源在哪里？玛莎总是担心，如果她不承担所有工作来掌控重要的关系，她就会被抛弃。

塔米从来不用为维系友谊而做出太多努力。她总是很受欢迎，在重要的友谊中总是被动地索取。她从来没有因为不回应而失去过任何人。事实上，朋友们总是更努力地把她留在身边。

3. 边界冲突是什么？此处可能有两个边界冲突。第一，玛莎对这段友谊承担了太多责任，她没有让朋友承担本该属于自己的那部分。第二，塔米没有为这段友谊承担足够的责任。她知道玛莎会提出一些活动，她可以从中挑选。如果有别人来做这些工作，她又为什么要努力？

4. 谁应该负责？玛莎的行为让塔米很容易不劳而获，玛莎需要为此负责。她需要看到，她做计划、打电话和做所有工作的努力都是对企图控制这段关系的伪装。

5. 她们需要什么？两个人都需要来自其他朋友的支持。拥有一两段无条件被爱的关系，她们才能客观地看待这个问题。

6. 她们应该如何开始？玛莎需要与支持她的朋友练习设置边界。她意识到，即使和塔米断绝来往，她也仍然需要与朋友共同承担各自负责的友谊。

7. 她们如何为彼此设置边界？玛莎把自己的感受告诉塔米，告诉她，未来塔米需要为她们的友谊承担同样的责任。换句话说，玛莎打来电话后，除非塔米打电话给玛莎，否则她不会主动打电话了。玛莎希望塔米会想念她，并开始给她打电话。

如果情况变得更糟，两个人的友谊因为塔米的不回应而恶化，玛莎也会得到一些教训。她会明白这不是一种相互的联系。现在她可以哀悼这段友谊，并从中走出来，继续寻找真正的朋友。

8. 接下来会发生什么？小小的危机会永久地改变友谊的性质。它要么暴露出一种不真实的关系，要么为重建更好的关系提供土壤。

关于友谊中边界冲突的问题

友谊中的边界冲突很难处理,因为维系关系的唯一纽带就是依恋本身。没有结婚戒指,没有工作联系,只有友谊——它似乎总是显得太过脆弱,有被切断的危险。

处于前文所述的冲突中的人在考虑为友谊设置边界时,通常会提出以下问题。

问题 1:友谊难道不是很容易破裂吗?

大多数友谊没有外部承诺(比如婚姻、工作关系)来将朋友维系在一起。朋友可能会不再给对方打电话,这段关系就此结束,这对双方的生活都不会产生真正的影响。因此,当边界冲突出现时,友谊不是更容易破裂吗?

这种思维方式有两个问题。第一个问题是,它假设婚姻和工作关系等外部承诺是关系的黏合剂,把我们联系在一起的是我们对彼此的承诺而非依恋。实际上,事实并非如此。

我们会从一些人那里听到这样的想法,"如果你不喜欢某个人,那就表现得你喜欢他""让自己爱上他们""承诺爱一个人""选择去爱一个人,之后你会真的爱上他"。

选择和承诺是深厚友谊的要素。我们需要的不只是酒肉朋友。然而,我们不能依赖承诺或纯粹的意志力,因为它们总是会让我们失望。我们都经历过这种事:即使我们对一段充满爱的友谊做出承诺,也可能会发生不好的事。我们会让朋友失望,美好的感情会变质。仅仅靠咬紧牙关坚持下去并不能重建这段关系。

想要破解困境，我们可以与朋友和互助团体保持联结，这样我们便有了坚持下去，与出现的边界冲突斗争的底气。如果没有这种外在联结，空有意志力，我们最终可能会失败，或陷入狂妄自大的困境。

所有的承诺都基于有爱的关系。被爱会促使人产生承诺并做出主动的选择，而非先有承诺再有爱。

请试着这样想一想，如果你最好的朋友走近你，并说："我只想告诉你，我们成为朋友的唯一原因是我对我们的友谊做出了承诺。你对我没有什么吸引力，我不太喜欢和你在一起，但我会选择继续做你的朋友。"此时，你有何感受？

在这段关系中，你可能不会有安全感或被珍惜感。你会认为他人和你做朋友是出于义务，而非爱，会担心所有人都在欺骗你。所有的友谊都需要建立在依恋的基础上，否则这些关系的基础就不稳固。

认为友谊比婚姻和工作等制度化关系更脆弱的第二个问题是，这种观点假定婚姻和工作关系并非基于依恋。这完全不正确。如果是这样，结婚就应该确保零离婚率，招聘就应该确保100%的到岗率。我们生活中的这两种至关重要的制度化关系，在很大程度上是基于依恋的。

唯一能留住朋友的不是我们的表现、我们的可爱和他们的内疚，也不是他们的义务；唯一能让他们给我们打电话、花时间和我们在一起、容忍我们的就是爱。这是我们无法控制的，意识到这一点会让我们感到害怕。

任何人都可以在任何时候离开一段友谊。然而，随着我们在生活中越来越多地建立以依恋为基础的关系，我们学会了信任爱。我们会了解到，真正的友谊纽带是不易断裂的。我们也会了解到，在一段良好的关系中，我们可以设置边界，这将加强而不是伤害这段关系。

问题 2：我如何在亲密关系中设置边界？

一些单身人士在学习在亲密关系中坦诚相待和设置边界方面有很大困难。大多数冲突都围绕着对失去关系的恐惧。我的一位来访者说："我有一个很喜欢的人——但我担心，如果我拒绝他，就再也见不到他了。"

在亲密关系领域有两条独特的原则。

1. 亲密关系本质上是有风险的。许多还没有与他人建立良好的依恋关系，以及边界没有得到他人尊重的单身人士，会尝试通过约会来学习友谊的规则。他们希望在这些关系中的安全感能够帮助他们学习去爱、被爱，以及设置边界。

通常情况下，这些人在几个月的约会后会比刚开始约会时更受伤，他们可能会感到失望、沮丧或被利用。这不是约会的问题，是约会目的的问题。

约会的目的是练习和实验。约会的最终目的通常是决定（或早或晚）是否结婚。约会是一种手段，通过约会我们可以探索我们与什么样的人互补，我们在精神和情感上与什么样的人相容。这是婚姻的训练场。

这一事实导致了固有的冲突。约会时，我们有自由在任何时候说"我们不适合"，以此结束这段关系，对方也一样。

这对于那些边界受损的人意味着什么呢？他们通常会将自己性格中不成熟、未充分发展的方面带到成年人间的亲密关系中。在低承诺和高风险的情境下，她要寻求治疗创伤所需的安全感、联结感和稳定性。她会过快地将自己托付给某个正在约会的人，因为她的需求太过强烈。当事情不顺利时，她就会崩溃。

这有点像把一个3岁小孩送到前线去打仗。约会是成年人成长的一种方式，也是了解对方是否适合结婚的一种方式，而不是让受伤的心灵得到疗愈的地方。最好在非浪漫的场合中寻求疗愈，比如与支持性团体交流、寻求心理治疗和同性交友。我们需要区分亲密关系和非亲密关系的目的。

最好在非亲密关系中学习设置边界的技巧，因为这些关系的依恋性和承诺度更强。一旦学会了识别、设置并遵守边界，我们就可以在成年人的约会中使用它们。

2. 在亲密关系中设置边界是必要的。有着成熟边界的人有时会在约会的最初阶段为了取悦对方而暂时放弃边界。然而，在亲密关系中如实相告有助于定义这段关系，这能帮助双方界定每个人的边界。

忽视彼此的边界是不健康的约会关系最明显的危险信号之一。我们会在婚前心理咨询中问情侣："你们有什么意见不合的地方？你们有什么争执的地方？"如果他们的回答是："真的太神奇了，我们如此合得来，几乎没有什么分歧。"我们就会给这对情侣布置家庭作业：找出你们对彼此撒的谎。如果这段关系还有修复的希望，这个作业通常会有所帮助。

问题 3：如果我最亲密的朋友是我的家人怎么办？

正在发展边界的人有时会说："但我的妈妈（爸爸或其他兄弟姐妹）是我最好的朋友。"他们通常觉得自己很幸运，因为在这个家庭关系紧张的时代，他们最好的朋友就是自己的家庭成员。他们认为除了自己的父母和兄弟姐妹，他们不需要亲密的朋友。

他们误解了家庭的功能。家庭是一个"孵化器"，我们在其中成长，获得所需的工具和能力。一旦孵化器完成了它的工作，家庭就应该鼓励年轻人离开巢穴，与外面的世界建立联系，同时建立一个精神和情感的家庭系统。

将情绪锁在家中，就像一生只能生活在一片街区，我们将无法改变世界。不设置边界，不离开家，不独自到其他地方，我们就无法成为一个真正的成年人。我们也永远不知道自己是否形成了价值观、信仰和信念——我们的身份认同，或者我们只是在模仿我们自己家庭的观念。

家人可以成为朋友吗？当然可以。但是，如果你从来没有质疑过、设置过边界，或者经历过与家人的冲突，你可能就没有和家人建立成年人之间的关系。如果除了家人没有其他"最好的朋友"，你需要仔细审视一下这些关系。你可能害怕分离和个体化，害怕成为一个独立的成年人。

问题 4：我该如何对需要帮助的朋友设置边界？

在一次心理咨询中，我与一位感到极度孤独和失控的女士交谈。对她来说，给朋友设置边界似乎是不可能的，因为她的朋友永远处于危机之中。

我请她描述一下她的人际关系。"哦！我有很多朋友。我每周有两个晚上在教堂当志愿者。我每周组织一次《圣经》学习。我是几个教会委员会的成员，还和其他团队一起唱歌。"

"光听你描述你的一周，我就累坏了，"我说，"但这些关系的质量如何呢？"

"很好。很多人得到了帮助。比如，他们的信仰在增强，婚姻问题也在修复。"

"你知道，"我说，"我在问你友谊的问题，你的回答和我问的不是一回事。"

她从来没有考虑过其中的差别。她对友谊的理解是找到有需要的人，然后全身心地投入与他们的关系中。她不知道如何为自己提出要求。

这就是她的边界冲突的根源。如果没有这些工作上的关系，这位女士就一无所有了，所以她无法拒绝。说"不"会让她陷入孤独，而这是她无法忍受的。

但这还是发生了，她就是因为这种内耗才来寻求帮助的。在我们能够抚慰他人之前，我们需要被抚慰，这可能意味着需要为她设置边界，这样我们才可以得到朋友的滋养。

———— ————

　　检视你的友谊，这将决定你是否需要开始和你的一些朋友设置边界。通过设置边界，你也许能挽救一些正在恶化的重要关系。当浪漫的约会关系发展为婚姻关系时，即使在这种最亲密的人际关系中，你也仍然需要记住如何设置和维持边界。

第 9 章

边界与婚姻

如果在一种关系中边界可能会被混淆，那就是婚姻——丈夫和妻子"合二为一"。边界促进分离，而婚姻的目标之一是摒弃分离，成为一体。这是一种多么潜在的混乱状态啊，尤其是对那些一开始就没有明确边界的人来说。

婚姻失败更多是因为边界不清，而非其他原因。在这一章中，我们将把边界定律以及关于边界的迷思应用到婚姻关系中。

这是你的、我的，还是我们的？

在婚姻中，有些义务是一方承担的，有些是另一方承担的，还有一些是双方共同承担的。当两个人在婚姻中结为一体时，夫妻双方并没有失去他们的个人身份。每一方都参与了这段关系，每一方也都有自己的生活。

决定谁穿裙子、谁打领带并不难，难的是谁来平衡收支，谁来修剪草坪这些日常家务。这些可以根据夫妻双方的个人能力和兴趣来决定。边界容易混淆的地方在于人格元素——每个人都拥有并可以选择与他人分享的心灵元素。

当一个人侵犯了另一个人的人格，当一个人越过边界，试图控制另一个人的感受、态度、行为、选择和价值观时，问题就出现了。这些东西只有每个人自己才能控制，试图控制这些东西就是侵犯他人的边界，这些尝试终将以失败告终。任何成功的关系都建立在自由的基础之上。

让我们来看一些常见的例子。

感受

维系两个人之间亲密关系的最重要因素之一是双方都能对自己的感受负责。

我曾经为一对因丈夫酗酒而出现婚姻问题的夫妇提供心理咨询。我让妻子告诉丈夫，当他喝酒时她的感受。

"我觉得他根本没想过自己在做什么。我觉得他……"

"不，你这是在评价他的酗酒行为。你对此的感受如何？"

"我觉得他根本不在乎……"

"不，"我说，"那是你对他的看法。他喝酒的时候你有什么感受？"

她哭了起来。"我感到非常孤独和害怕。"她终于说出了自己的感受。

这时，她的丈夫伸出手，并放在她的胳膊上。"我从来不知道你害怕，"他说，"我不想让你害怕。"

这次谈话是他们关系的真正转折点。多年来，妻子一直在抱怨和批评丈夫的为人以及表达她认为丈夫应该的模样。他的回应是责备她，并为自己的行为辩护。他们进行了多次咨询，但仍然各执一词。

我们不会用"我感觉你……"这样的说辞来表达自己的感受，而是说"我感到悲伤、受伤、孤独、害怕……"。这种脆弱感是亲密关系和关怀的起点。

感受也是一种警示信号，告诉我们需要做点什么。比如，如果你对某人所做的事情感到生气，你有责任去找她并告诉她你生气的原因。如果你认为你生气是她的问题，她需要去解决这个问题，你可能要等上好几年，那么你的愤怒可能会变成痛苦。重点在于，即使别人确实伤害了你，你也有责任处理自己的愤怒情绪。

这正是苏珊需要学习的。苏珊的丈夫吉姆每周有好几个晚上都在电脑前赶工作项目，这让苏珊很生气。她没有向丈夫正面提出这个问题，而是变得沉默寡言。吉姆不得不费力揣摩她的心思，最终，因为厌倦了看到她生闷气的样子，吉姆选择了回避，让她一个人待着。

不去处理伤害或愤怒会毁坏一段关系。苏珊需要和吉姆谈谈她的感受，而不是等着他主动来询问。虽然她觉得是他伤害了自己，但她需要为自身所受的伤害和愤怒负责。

苏珊仅仅对吉姆表达她的愤怒还不足以解决他们的问题，她需要往前迈一步，在冲突中表达自己的真实诉求。

欲望

欲望是夫妻双方都需要承担责任的另一个人格元素。苏珊感到愤怒是因为她希望吉姆回家后能花时间陪她，她责怪他总是选择工作。当他们来找我咨询时，我们的对话如下：

"苏珊，告诉我你为什么生吉姆的气。"我说。

"因为他总是在工作。"她回答。

"这可能不是原因，"我说，"人们无法让其他人生气。你的愤怒一定源自你的内心。"

"你这是什么意思？是他把工作带回家的。"

"如果你计划在他工作的某个晚上和朋友出去玩，你还会对他在家里工作感到生气吗？"

"好吧，不会。这不一样。"

"有什么不一样？你说你生气是因为他在家里工作，在刚才提到的场景中他还是在家里工作，但你就不会生气。"

"嗯，在那个场景中，他不会做任何伤害我的事。"

"不完全是，"我指出，"区别在于你不会想要他不想给予的东西。伤害你的是你失望的欲望，而不是他在家里工作。问题在于谁该对这种需求负责。这是你的需求，不是他的，你有责任满足它。这是生活的规则。我们无法得到我们想要的一切，我们为自己的失望而哀伤，而不应因此惩罚他人。"

"那起码的尊重呢？带工作回家是自私的行为。"她说。

"他想在一些晚上工作，而你希望他陪你，你们都想为自己争取一些东西。我可以说你和他一样自私，事实上你们都不自私，只是你们的需求有冲突。这就是婚姻的意义所在——让相互冲突的需求得到解决。"

在这种情况下没有"坏人"，吉姆和苏珊都有需求。吉姆有时需要在家加班赶上工作进度，而苏珊需要吉姆陪她。当我们让他人为我们的需求和欲望负责时，当我们把失望归咎于那个人时，问题就出现了。

我能给予的是有限的

我们都是有限的生物，必须根据自己的心意来给予。当我们过度付出，因而由爱生恨的时候，我们需要有所觉察。当我们因为自己缺乏边界而责怪别人时，问题就出现了。通常，夫妻中的一方可能会比自己真正愿意做的做得更多，然后怨恨另一方没有阻止自己过度付出。

鲍勃就遇到了这个问题。他的妻子南希想要一个完美的家，包括全新的露台、新颖的景观，以及对主卧室进行改造。她总是想办法让他在家里做点什么，而他开始对她的计划感到不满。

当他来找我咨询时，我问他为什么生气。

"因为她想要的太多了。我连自己的时间都没有了。"他说。

"你说'没有'是什么意思？是指'不愿意'吗？"

"不，我是真的没有时间。如果我不做这些她就会生气。"

"好吧，这是她的问题。这是她的愤怒。"

"是的，但我必须听她的。"

"不，你不用，"我说，"你可以选择为她做所有这些事情，你也可以选择不做而接受她的责骂。任何时候你为她做事都是你给予她的礼物；如果你不想给这个礼物，你就不必给。别再把这一切都怪到她的头上了。"

鲍勃不喜欢这个建议。他希望她能停止索要，而不是让自己学会拒绝。

"你希望每周给她多少时间来改造房子？"我问。

他想了一会儿，说："大约4小时。我可以为她做一些事情，但同时我要有一点时间来培养自己的爱好。"

"那就告诉她，你一直在考虑自己的时间分配，以及你为家庭所做的所有其他事情。你想每周给她4小时做和房屋改造相关的事，她可以随心所欲地利用这段时间。"

"但如果她说4小时不够呢？"

"向她解释，你明白4小时可能不够完成她希望完成的所有工作，但那些是她的需求，不是你的。因此，她应该为她自己的需求负责，她可以自己发挥创造性来完成这些事情。她可以赚些外快，然后雇人来做；可以自己学着做；可以请朋友帮忙；也可以降低自己的需求。让她知道你不会为她的需求负责是很重要的。你可以选择你要付出多少，而她将为没有被满足的部分负责。"

鲍勃理解了我建议中的道理，并决定和南希谈谈。一开始事情进展得不太顺利。以前从来没有人拒绝过南希，她很不高兴。但随着时间的推移，鲍勃开始对自己的边界负责，而不是希望南希减少她的需求，他设置的边界开始起作用了。她学到了一些她从未了解过的东西：地球不是为她而转的，其他人不是她需求和欲望的延伸，别人也有自己的需求和欲望。双方必须共建一段公平和充满爱的关系，尊重彼此的边界。

这个案例的关键是，对方不用为我们的边界负责，我们才是自己边界的掌控者。只有我们才知道自己能够以及愿意付出什么，也只有我们才能够为划清边界负责。如果不设置好边界，我们很快就会陷入怨恨。

在婚姻中应用边界定律

在第 5 章中，我们讨论了边界十大定律。让我们把其中的一些定律应用到婚姻问题中吧。

播种与收获定律

很多时候，夫妻中的一方可能会失控，并且可能不会承受这种行为的后果。丈夫对妻子大吼大叫，而妻子试图表现得更爱他，在这种情况下，他的"坏行为"（大吼大叫）却带来了"好结果"（妻子更多的爱）。妻子过度消费，她的丈夫却承担了后果——他找了兼职工作来支付堆积如山的账单。

解决这些问题需要让失控的一方承担自然后果。妻子需要告诉过于苛刻的丈夫，如果他继续指责她，她就会到另一个房间去，直到他能理性地讨论这个问题。她可以说"我不会再和你单独谈论这个问题了，除非有心理咨询师在场"，"如果你再对我大吼大叫，我就去劳拉家过夜"。面对挥霍无度的妻子，丈夫需要注销其信用卡，或者告诉妻子她需要再找一份工作来支付账单。他们都需要让失控的一方承担其行为的后果。

我一个朋友决定让他的妻子承担她长期迟到的后果。关于他妻子的迟到问题，他抱怨了一遍又一遍，但无济于事。最后，他意识到他无法改变妻子，只能改变他对妻子的回应。他厌倦了承担她的行为所带来的后果，决定让她自己尝尝苦果。

一天晚上，他们打算去参加一个宴会，他不想迟到。他事先告诉妻子要准时，如果下午6点前她还没准备好，他就会丢下她，自己去宴会。6点了，妻子还没准备好，于是他离开了。那天晚上他回家时，她尖叫道："你怎么能丢下我自己走呢！"他向她解释，是她的迟到导致自己错过了宴会，他对不得不一个人去感到难过，但他不想错过宴会。这样的事情发生了几次之后，他的妻子明白了她的迟到只会影响自己而不是他，于是她改变了自己的行为。

这些行为不是操纵，虽然对方将会指责你，但这只是人们在他人对待自己的方式上设置边界，以及展现自我控制力的实证。自然法则正在发挥作用：所有后果需要由责任方自行承担。

责任定律

前文我们谈到了对自己负责和对他人负责，上述例子便说明了这一点。设置边界的人展现出自我控制力,并对自己负责,他们通过直面问题来向伴侣践行关系责任。在婚姻中,设置边界是爱的表现;通过约束和限制"坏的"部分,他们保护了"好的"部分。

对别人的愤怒、生气和失望负责,屈服于对方的要求或控制对方的行为,会破坏婚姻中的爱。我们不应该为我们所爱的人承担责任,或者拯救他们,而应该在必要的时候与他们正面解决问题,以此向他们展现责任感。这才是对伴侣和婚姻最重要的责任。最负责任的行为通常也是最难做到的。

力量定律

我们已经知道,我们根本无法改变另一个人。实际上,怨天尤人只会让问题持续。接纳一个人本来的样子,尊重她的选择,然后让她承担相应的后果是更好的办法。这样做,我们便行使了自己拥有的权利,并且不再试图行使没有人拥有的权利。对比一下表9-1中的反应方式。

表9-1 设置边界前后的反应对比

设置边界之前	设置边界之后
"别对我大吼大叫,你得对我更好一点。"	"你可以继续大吼大叫,如果你想的话。但当你吼叫的时候,我会选择不出现在你面前。"

(续表)

设置边界之前	设置边界之后
"你得戒酒了。这正在摧毁我们的家。听我的吧,你会毁了我们的生活的。"	"如果你愿意,你可以选择不解决你的酗酒问题,但我不会继续让自己和孩子们陷入这种混乱的生活。下次你喝醉了,我们就去威尔逊家过夜,而且我会告诉威尔逊我们为什么要去他家。酗酒是你的选择,我能容忍到什么程度是我的选择。"
"你竟然看色情片,你真堕落。这太可耻了,你真是有病!"	"我不会选择和你分享网上或杂志上这些不雅图片。对于这种癖好,你需要寻求专业帮助。"

上述例子都说明,你真正能掌控的只有你自己,并且要放弃试图控制和掌握他人的尝试。

评估定律

当你直面你的丈夫或妻子并开始设置边界时,你的伴侣可能会感到受伤。在评估边界给你的伴侣带来的痛苦时,请记住爱和边界是相伴相随的。当你设置边界时,要以充满爱的方式对感到痛苦的伴侣负责。

明智而有爱心的伴侣会接受边界,并负责地对待它们;控制欲强、以自我为中心的伴侣则会出现愤怒的反应。

记住,边界总是针对你自己而非他人的。你不是在要求你的伴侣做什么,甚至包括尊重你的边界。你是在给自己设置边界,告诉自己该做什么、不该做什么。只有这种边界是可执行的,因为你可以控制自己。不要把边界当作控制伴侣的新方式,它们是截然相反的。设置边界是放弃控制,开始去爱。你正在放弃试图控制你的伴侣,并允许他(她)为自己的行为负责。

曝光定律

与其他关系不同,在婚姻中,展现你的边界是很重要的。消极的边界,如冷战回避、三角关系、生闷气、出轨背叛和消极对抗行为,对一段关系极具破坏性。用消极的方式让对方觉得他(她)无法控制你,对构建亲密关系毫无帮助。这些行为永远无法告诉对方真正的你是什么样的,只能让你们渐行渐远。

你需要先和他人口头沟通你的边界,然后将其付诸行动。你需要清晰且毫无内疚感地阐明边界。回忆一下第 2 章中列出的边界类型:皮肤、语言、物理距离、时间、情感距离、他人、后果。这些边界都需要在婚姻的不同时期得到尊重和展示。

皮肤。夫妻双方都需要尊重对方的身体边界。从伤害性的情感表达到身体虐待都属于侵犯身体边界。丈夫和妻子对彼此的身体都有"管辖权",这是相互的、自愿赋予的管辖权。我们应该牢记:己所不欲,勿施于人。

语言。你的话语要清晰,要基于爱。直接面对你的伴侣,勇敢地说"不"。不要消极抵抗，不要生闷气或逃避。你可以这样说："我觉得这样不舒服。我不想。我不愿意。"

真相。诚实的沟通永远是最好的，这包括当对方没有意识到自己的行为方式不恰当时如实地告知。你也需要承认关于你的感受和受伤的事实，并与爱你的伴侣直接沟通。

物理距离。如果你需要离开一段时间，请告诉你的伴侣。有时你需要空间来获得滋养，需要空间来设置边界。不论何种情况，你的伴侣都不应该猜测你为什么有段时间不希望他在身边。沟通清楚，这样你的伴侣就不会觉得他（她）在接受惩罚，而是明白自己正在经历行为失控的后果。

情感距离。如果你的婚姻出现了问题，比如你的伴侣有外遇，你可能需要情感空间。等待，并考虑是否再次信任对方。你需要看看你的伴侣是否真的悔改了，你的伴侣需要看到自己的行为是有代价的。你的伴侣可能会将此理解为惩罚，但是我们应该根据一个人的行为，而非言语来判断对方。

此外，一颗受伤的心需要时间来愈合。如果你带着太多未修复的伤痛，就不能着急让自己重新信任对方。这些伤痛需要得到展示和沟通。如果你很痛苦，你需要承认这种痛苦。

时间。夫妻双方都需要分开的时间。不仅是为了设置边界，正如前文指出的，也为了自我滋养。妻子有自己的生活，她会外出做很多事情；丈夫也一样。他们都需要有自己的时间做自己喜欢的事，见自己的朋友。

许多夫妻在婚姻的这一方面都有问题。当伴侣想要分开一段时间时，他们会感到被抛弃。事实上，夫妻需要分开的时间，这能让他们意识到需要重新在一起。在健康的关系中，夫妻双方会珍惜彼此的空间，支持彼此的事业。

他人。有些人需要他人的支持来设置边界。如果他们从未捍卫过自己的利益，他们就需要朋友来帮助他们学习如何维护自己。如果你太软弱，无法设置和维持边界，那就需要从婚姻之外的支持者那里寻求帮助。但是不要寻求异性的支持，因为这可能会导致婚外情。从有内在边界的关系里寻求帮助，比如向心理咨询师或互助团体寻求帮助。

后果。清楚地和对方说明后果，并像你说的那样坚决执行。提前说明后果并强制执行，会给你的伴侣一个选择，让他（她）选择是否希望后果发生。因为人们可以控制自己的行为，所以他们可以控制行为的后果。

平衡问题

"我没法让他花时间陪我。他只想和朋友一起去看体育比赛。他从来不想着我。"梅雷迪思抱怨道。

"你对此有什么看法？"我问她丈夫。

"事实根本不是这样，"保罗回答，"我感觉我们无时无刻不在一起。她每天在我上班的时候会给我打两三个电话。我到家时她就等在门口，想要和我聊天。她为我们的晚上和周末时间制订了详细的计划。这快把我逼疯了。所以，我试着逃开，去看比赛或打高尔夫球。我觉得喘不过气来。"

"你想要多久出去一次？"

"在任何我可以离开的时候。大概每周两晚和每周末的一个下午。"

"在那些时间你都做什么？"我问梅雷迪思。

"我都在等他回家。我非常想念他。"

"你就没有想为自己做的事吗？"

"没有，我的家人就是我的生命，我为他们而活。我非常讨厌他们离开的时候，这样我们就不能待在一起。"

"好吧，你们并不是完全没有共处时光，"我说，"但你们确实不能一直待在一起。当你们分开时，保罗似乎如释重负，而你却十分苦恼。你可以解释这种不平衡吗？"

"你说的'不平衡'是什么意思？"她问。

"每一段婚姻都是由两种成分组成的：相聚和分离。在美满的婚姻中，夫妻双方对于相聚与分离的需求是对等的。假设相聚的总分为 100 分，分离的总分为 100 分，在一段良好的关系中，一方为相聚赋予的分值为 50 分，为分离赋予的分值为 50 分；另一方也是如此。他们会各自做自己的事情，这将让他们对彼此的相聚产生渴望，而相聚又会创造他们对分离的需求。但在你们的关系中，你们给相聚和分离赋予的分值却不相同。你给相聚赋予 100 分，而他给分离赋予 100 分。"

"如果你希望他靠近你，"我接着说，"你需要先退后一步，为这种渴望创造一些空间。我认为保罗没有机会想念你。你总是围着他转，这会让他想要离开，为自己创造一些空间。如果你主动创造一些空间，他反而会有思念你的空间，那么他就会主动靠近你。"

"完全正确，"保罗打断我，"亲爱的，就像你读研究生的时候经常不在家一样。还记得吗？我曾经很渴望见到你。我现在连想你的机会都没有，你总是在我身边。"

梅雷迪思不愿意承认我的观点，但她渴望与保罗一起探索平衡他们婚姻关系的方法。

每个系统中都存在平衡，都试图以任何可能的方式达到平衡。在婚姻中，很多方面都需要平衡：权力、相聚、性等。当一方有权力，另一方无权力；一方强大，另一方软弱；一方期待相聚，另一方想要分离；一方总是对性充满渴望，另一方并非如此时，问题就会产生。在以上每一种情况下，夫妻双方都会达到一种平衡，但不是互惠的平衡。

边界可以帮助夫妻双方建立互惠的平衡，而不是分裂的平衡。它们可以帮助夫妻双方承担起各自的责任。如果一方没有设置边界，开始为另一方做本属于另一方的工作，比如创造关系中所有相聚的机会，那么这个人就可能陷入共存关系，甚至更糟，另一方则处于另一个极端。边界可以通过后果让夫妻双方承担各自的责任，迫使平衡变得更加互惠。

俗话说，凡事皆有定期，万物皆有定时。在生活和关系中都存在两极。如果你发现自己处于一段不平衡的关系中，你可能缺乏边界。设置边界也许能修正这种不平衡。例如，当保罗为梅雷迪思的要求设置边界时,他迫使她变得更加独立。

解决方法

发现问题容易,但想要为改变做出选择并承担风险往往很难。下面让我们来看看,在婚姻关系中个人改变的步骤。

1. 列出迹象。首先,你需要识别问题,并同意采取行动来解决它。光凭愿望是解决不了问题的。你需要为问题负责,无论问题关于性、管教孩子、聚少离多,还是金钱分配不公平。

2. 确定具体的边界问题。识别迹象之后要聚焦于具体的边界问题。例如,迹象可能是一方不想要性生活,而边界问题可能是这个人在关系中的其他方面从不说"不",这是她唯一有权力拒绝的领域,或者她可能觉得自己在性方面没有足够的控制力。她可能感到无能为力,也可能觉得她的选择没有得到尊重。

3. 找出冲突的根源。也许这不是第一段出现边界问题的关系。你可能是在原生家庭里的一段重要关系中习得了这种相处方式。在那段关系中产生的某种恐惧仍然在产生影响。你需要确定这些原始问题,并把你的伴侣和你的父母区分开来。婚姻关系是最有可能重复父母冲突的关系。

4. 吸纳"好的"。这一步包含建立支持系统。记住,边界并不是凭空建立起来的。在设置边界之前,我们需要联结和支持;对被抛弃的恐惧使得很多人从一开始就不愿意设置边界。

因此,构建支持系统能鼓励你在婚姻中设置边界。这个支持系统可以是相互依赖的团体、戒酒会、治疗师或婚姻咨询师建立。不要独自设置边界。你没有设置边界是因为你害怕，你唯一的出路就是寻求支持。边界就像肌肉，你需要在安全的支持系统中构建它们，并允许它们成长。如果你试图太快地承担过多的重量，你的肌肉可能会撕裂或拉伤。所以，请寻求帮助。

5. 练习。在安全的关系中，在人们无条件地爱着你的关系中，练习设置新的边界。当你不能和好朋友共进午餐时，对她说"不"；在你们意见不同时告诉她你的想法；给予她一些东西，但不要期待任何回报。当你和让你感到安全的人一起练习设置边界时，你将开始培养自己在婚姻中设置边界的能力。

6. 拒绝"坏的"。对婚姻中不好的方面设置边界。勇敢地反抗虐待，拒绝不合理的要求。记住那个主人将钱财托付给仆人的故事，不直面风险和恐惧，财富就不会增长。走出去并努力尝试，比获得成功更重要。

7. 原谅。不肯原谅就是一种缺乏边界、允许他人控制自己的方式。你选择原谅那些伤害过你的人，其实是在摆脱旧债——你不再想从他们那里获得什么，这能让你获得自由。原谅可以让你在当下积极主动地行动，而不是被困在过去被动的愿望之中。

8. 主动。与其让别人控制你，不如弄清楚你想做什么，设定目标并坚持到底。决定你的边界是什么，你允许自己参与什么，你无法忍受的是什么，你将设置什么样的后果——主动定义自己，在需要的时候，你就会准备好坚守你的边界。

9. 学会在自由和责任中去爱。请记住边界的目标：爱源于自由。当掌握着自己的控制权时,你就可以以一种有益的方式为你所爱的人付出和牺牲,而不是屈服于破坏性行为和以自我为中心。这种自由能够让人们以通向积极结果的方式付出。

———— ————

对你的伴侣设置稳固的边界,并接受对方的边界,能够让你们之间的关系更加亲密。但边界问题不仅与伴侣有关,你还需要对孩子建立边界,而且任何时候开始都不晚。

第 10 章
边界与孩子

香农泪如雨下。作为一名有两个学龄前孩子的年轻妈妈,她无法想象自己会情绪失控,会残酷地对待他人。但就在一周前,她抱起 3 岁的儿子诺厄摇了摇。要哄好他真的很难,她开始对他大声吼叫。这已经不是第一次了。在过去的一年里,她对孩子吼叫了无数次。唯一不同的是,这一次,香农险些弄伤了她的儿子,她吓坏了。

这段经历让香农和她的丈夫迈克尔非常震惊,于是他们打电话约了我(约翰)讨论发生的事情。她感到非常羞愧和内疚。她在讲述她的经历时目光躲闪,不愿与我有眼神接触。

香农对诺厄失控的几小时前,对香农来说很痛苦。迈克尔和她在吃早饭时吵了一架,他没打招呼就去上班了。接着,1 岁的索菲把麦片撒了一地。就在那天早上,诺厄几乎做了所有过去 3 年他一直被告诫不要做的事:他拽猫尾巴;他想出了打开前门的方法,并跑到了街上;他用香农的口红在餐厅的白色墙壁上涂涂画画，几乎涂满了整面墙；他还把索菲推倒在地。

最后一件事是压垮香农的最后一根稻草。看到索菲倒在地上哭个不停，诺厄站在她身边露出一副得意扬扬的表情，这对香农来说简直无法忍受。香农勃然大怒，冲动地冲向她的儿子。接下来的事情我们就都知道了。

待香农稍稍平静下来，我问她和迈克尔通常是如何管教诺厄的。

"我们不想疏远诺厄，也不想压制他的天性，"迈克尔开口道，"如果用消极手段那就太……太消极了。因此我们试着和他讲道理。有时我们会警告他'今晚不能吃冰激凌了'，有时我们会试着称赞他做的好事，有时我们试图忽略他的不良行为。也许他会停下来。"

"难道他不会挑战边界吗？"

香农和迈克尔都点了点头。"你简直没法相信，"香农说，"他就像听不到我们说话似的。他依旧会随心所欲地做自己想做的事，而且通常来说，直到我们其中一个人爆发并对他大吼大叫，他才会停止。我想我们可能有个问题儿童。"

"嗯，这肯定有问题，"我回答说，"但是，也许诺厄已经被训练得只对失控的暴怒有回应。让我们来谈谈边界和孩子……"

在所有需要明确边界的重要的领域中，没有什么比养育孩子更重要的了。我们对待边界和养育孩子的方式将对孩子的性格、价值观、学业表现、交友，乃至婚姻和事业产生巨大的影响。

边界与责任

父母能给予孩子的第二重要的东西（仅次于学习如何建立亲密的情感联结）就是责任感——知道自己该对什么负责以及不该对什么负责，知道如何拒绝以及如何接受拒绝。责任感是一份宝贵的礼物。

我们都遇到过边界水平等同于 18 个月大孩子的成年人，当他人对他们设置边界时，他们会发脾气、生闷气，或者为了维持表面的和平而顺从他人。记住，这些成年人最开始也是小孩，他们在很久之前就学会了害怕边界或厌恶边界。对成年人来说，重新学习设置边界十分辛苦。

循序渐进与修复边界

一位拥有成年孩子的睿智母亲，有一次看到一个年轻的母亲正在和她的孩子争吵。孩子不守规矩，年轻的母亲很快就失去了理智。这位睿智的母亲对年轻母亲关于让孩子自己坐在椅子上的决定表示肯定，她说道："现在就做，亲爱的。现在就该管教孩子，这样孩子进入青春期你才能轻松点。"

培养幼儿的边界意识是众所周知的预防措施。我们越早开始教授孩子责任、设置边界和延迟满足，孩子之后的生活就会越顺利。越晚开始这些工作，我们和孩子需要付出的努力越多。

如果你的孩子已经长大了，也不要灰心，这只是意味着边界发展将遇到更多的阻力。在这些孩子看来，学习设置边界并不能给他们带来很多好处。你需要在这方面花更多时间，并从朋友那里获得更多支持。本章将介绍适合不同年龄阶段儿童的边界任务。

儿童的边界发展

培养儿童的边界意识就是让他们学习获得责任感。在教他们负责任的意义和边界时，我们也是在培养他们的自主性——让他们准备好承担成年后的责任。

在育儿中，教孩子设置边界一般被称为"管教"。这个词在希伯来语和希腊语中的意思通常是"教学"。这种教学既有积极的一面，也有消极的一面。

积极的一面体现为主动、预防和指导。积极的管教是让孩子坐下来，教导和训练他们完成一项任务。消极的一面体现为纠正、惩罚和后果。消极的管教是让孩子承担自身行为的后果，学会负责任。

良好的儿童养育既包括预防性训练和实践，也包括纠正性管教。举个例子，你规定你的 14 岁孩子要在晚上 10 点上床睡觉。你告诉她："这是为了让你拥有充足的睡眠，在学校里能保持清醒。"这就是积极的管教。而你的孩子磨蹭到晚上 11 点半还没有去睡觉。第二天你说："因为你昨晚没有按时睡觉，所以你今天不能用手机或电脑。"这就是消极的管教。

为什么积极的管教和消极的管教在良好的边界发展中都是

必需的呢？因为我们通过练习-试错来获得成长。我们通过获取信息、笨拙实践、犯错纠偏、吸取教训以及下一次做得更好变得越来越成熟。

练习在生活的各个领域都是必要的：学习滑雪，写文章，或操作电脑。我们需要通过练习来建立一段深厚有爱的关系，在我们的精神和情感成长中也是如此。练习在学习边界和责任方面非常重要。失败乃成功之母。

管教是一种外部边界，旨在培养孩子的内部边界。管教提供了一种安全的结构，孩子在性格中建立起足够强的安全结构之后，才不需要它。良好的管教总是能让孩子拥有更多的内部边界和更多的责任感。

我们需要区分管教和惩罚。首先，惩罚是不当行为应付出的代价。在法律上，这是违法行为的代价。但是，惩罚不会给练习留下太多空间，它不是一名"好老师"。惩罚没有给错误留下多少余地。然而，管教截然不同。管教不是犯错的代价，它是自然法则：我们的行为会带来后果。其次，管教和惩罚的时间观不同。惩罚是回顾性的，它侧重于为过去所犯的错误付出代价。但管教是向前看的，我们从管教中学到的教训能帮助我们不再犯同样的错误。

这对我们有什么帮助呢？这能让我们自由地犯错误，不必恐惧，也不必担心关系破裂。唯一需要面对的就是行为带来的后果，而非被孤立或被审判。

例如，一位母亲对她10岁的孩子说："你再胡闹，我就不爱你了。"这让孩子立刻陷入一种必败的情境。她要么反抗，然后失去生命中最重要的关系；要么顺从，表面上乖巧听话，但失去练习抗辩能力的机会。现在，把上面那句话和下面这种回应对比一下："我永远不会不爱你，我对你的爱永远不变。但是，如果你再胡闹，你在接下来 3 天就不能使用电脑。"母女俩的关系依然完好无损。母亲的话语中没有谴责，孩子也有机会选择负责任或承担后果，而不会有失去爱和安全的风险。这是通往成熟的道路：在安全的管教中练习并成长。

孩子的边界需求

边界可以满足孩子的什么具体需求？设置边界的能力有几种重要功能，它们将在一生中给你带来巨大的回报。

自我保护

你见过比人类婴儿更无助的生物吗？人类婴儿的自我照顾能力远远不如动物。在生命的头几个月，新生儿与父母建立了深刻的联结，如果没有父母每分每秒的照料，婴儿将无法生存。父母付出的所有时间和精力都会转化为婴儿对父母持久的依恋，在这种依恋中，孩子学会在这个世界上获得安全感。

但是，成长计划不止于此。父母并不总能在孩子身边提供照料，保护自己的任务终将传递给孩子。随着孩子的长大，他们需要保护自己。

边界是我们保护和捍卫心灵的方式。边界的作用是纳入"好的",抵挡"坏的"。诸如拒绝、说真话、保持身体距离等技能需要在家庭结构中培养,让孩子承担起自我保护的责任。

让我们来看看下面两个12岁的男孩。

杰克正在餐桌上和父母聊天。"你们猜怎么着——有些孩子想让我和他们一起抽烟。我告诉他们我不想抽,他们说我很差劲。我告诉他们,他们的行为很蠢。我喜欢他们中的一些人,但如果他们因为我不抽烟而不喜欢我,我想他们就不是我真正的朋友。"

泰勒放学回到家时双眼通红,口齿不清,动作的协调性也很差。父母询问他发生了什么,但他否认了一切,直到最后,他脱口而出:"我身边的每个人都在抽烟,你们为什么讨厌我的朋友?"

杰克和泰勒都来自充满爱的家庭,为什么他们的表现如此不同?杰克的家庭允许父母和孩子之间存在分歧,并让他练习设置边界的技能,即使是对父母设置边界。杰克2岁时,当他的妈妈抱着他时,他会感到烦躁不安,此时他会说"下来",意思是"让我喘口气,妈妈"。而杰克的妈妈克制着自己想要抱孩子的冲动,然后把他放在地板上,说:"想玩玩具卡车吗?"

杰克的爸爸也遵循同样的育儿理念。当和儿子在地板上玩摔跤游戏时,他会注意杰克的边界。当玩得太激烈或杰克累了的时候，他会说："别玩了，爸爸。"然后爸爸就会站起来，他们会去玩另一个游戏。

杰克一直在接受边界训练，一直在学习，当他感到害怕、不适或想要改变的时候，他可以说"不"。在他的生活中，这个字给了他力量，这可以使他摆脱无助或顺从的境地。而且他说"不"时，杰克不会得到生气或受伤的回应，也不会得到操纵性的对抗行为，比如，"但是杰克，妈妈现在想抱你，好吗？"

杰克从小就知道他设置的边界是恰当的，他可以用它来保护自己。他学会了抵制对他不利的事情。

杰克的家庭的一大特征就是允许不一致。比如，当杰克因为睡觉时间的问题与父母争吵时，父母从来不会因为他不同意而拒绝或惩罚他。相反，他们会听他的理由，如果合适，他们会改变主意；如果不合适，他们会坚持他们的边界。

在一些家庭事务上杰克也有发言权。当全家人晚上出去玩的时候，他的父母会在决定是去看电影、玩电子游戏，还是在私人车道上投篮时听取他的意见。这是一个没有边界的家庭吗？恰恰相反！这是一个认真对待设置边界的家庭——将设置边界作为一种技能，并培养孩子获得这种技能。

当杰克的一些朋友逼迫他吸烟时，杰克是如何拒绝的呢？因为那时候，他已经有10年或11年设置边界的经验了，可以拒绝那些对他重要的人而不会失去他们的爱。他拒绝朋友，但并不担心被抛弃，因为他曾经多次对他的家人这么做，这么做没有让他失去爱。

再看泰勒。泰勒来自一个迥然不同的家庭。在他的家庭里，拒绝会得到两种不同的回应。他的妈妈会感到受伤，变得沉默不语、闷闷不乐，她的表现传达了令泰勒内疚的信息，比如，"你怎么能拒绝这么爱你的妈妈？"而他的爸爸会很生气，还会威胁他，并说一些类似"别跟我顶嘴"的话。

没过多久泰勒就明白了，想要得偿所愿，他就必须服从外界。他表面上变得绝对顺从，似乎认同家庭的价值观和控制。无论他有什么想法——晚餐菜单、社交媒体使用限制、各种活动、穿着打扮或宵禁时间——他都会装在心里。

有一次，当他试图抗拒母亲的拥抱时，母亲立刻离开了他，并用话语把他推开："总有一天你会为伤害了妈妈的感情而后悔的。"日复一日，泰勒得到的训练是不要设置边界。

由于泰勒学会了不设置边界，他似乎是一个心满意足、恭敬有礼的儿子。但是，青少年期是对孩子的严酷考验，在这段艰难的旅程中，我们会慢慢发现孩子真正的性格。

泰勒完全变了一个人。他屈从于朋友的压力。在第一次拒绝父母的时候得到那样反馈的他，在12岁时无法拒绝朋友又有什么好奇怪的呢？怨恨以及多年以来无边界的生活开始侵蚀他为了生存而发展出的顺从、容易相处的虚假自我。

为自己的需求负责

在一次我主持的团体治疗中，大家都很安静。我刚刚问了贾尼丝一个令她无法回答的问题："你需要什么？"她看起来很困惑。她陷入沉思,并靠在了椅背上。

此前贾尼丝描述了她痛苦不堪的一周:她和丈夫分居了,孩子们失控难管,她的工作也岌岌可危。其他团体成员(大家都是为了依恋和安全问题而来的)的脸上都浮现出了显而易见的担忧,然而,没有人知道如何提供帮助。因此,当我问这个问题的时候,我是代表所有人问的。但贾尼丝答不出来。

这正是贾尼丝成长经历的典型写照。她童年的大部分时间都在为父母的感受负责。作为家里的"和事佬",她总是在安慰父母中的某一方,说一些安慰的话,比如,"妈妈,我相信爸爸不是故意要对你发脾气的——他今天过得很不顺。"

这种责任观的后果在贾尼丝的生活中表现得很明显:她对他人过度负责,对自己的需求缺乏协调。贾尼丝对他人受到的伤害极其敏感,指向自身的"雷达"却失灵了。贾尼丝回答不了我的问题也不足为奇,她不明白自己的合理需求,也没有合适的单词储备来表达这些。

但是,这个故事有一个美满的结局。其中一名团体成员说:"如果我是你,我知道我需要什么。我知道这个屋子里的你们关心着我,你们不会把我视为一个可耻的失败者,你们会为我祈祷,会让我在这周打电话向你们寻求支持。"

贾尼丝的眼里噙满泪水。朋友这番共情的陈述触碰了她心底从未被触及的某个地方。她终于敞开心扉,让这份来自"过来人"的安慰占据了她心中的一席之地。

贾尼丝的故事说明了孩子的边界发展的第二个成果:为自

己的需求承担责任的能力。我们知道自己什么时候饥饿、什么时候孤独、什么时候陷入困境、什么时候不堪重负、什么时候需要休息——然后主动去获得我们需要的东西。

边界在这个过程中起着主要作用。边界在我们和他人之间创造了一种精神和情感空间，将我们和他人分隔开，这能让我们的需求得到倾听和理解。如果没有稳固的边界，我们就很难从他人的需求中筛选出我们的需求。而且在关系中存在着过多的干扰因素。

当孩子被教导去体验他们自身的需求，而不是他人的需求时，他们在生活中就获得了真正的优势。他们就能够更好地避免因为长期忽视自我关照而产生的身心耗竭。

我们能如何帮助孩子体验自身的需求？父母能做的最好的事情就是鼓励他们用语言表达这些需求，即使他们的需求与家庭的不一致。当孩子提出的不合常理的要求被允许时——即使他们可能无法得到满足——他们就会发展出一种知道自己需要什么的感觉。

下面是一些你可以帮助孩子的方法：

- 允许他们谈论自己的愤怒。
- 允许他们在哀伤或失落时难过，而不是试图让他们振作起来，并说服他们摆脱自己的感受。
- 鼓励他们问问题，而不是认为你的话等同于真理。（这需要父母给孩子非常多安全感！）
- 当他们看起来孤独或痛苦时，询问他们的感受；帮助他们用语言表达负面情绪。不要为了虚假的合作感和家庭亲密感而假装轻松。

对自己的需求负责的第一个方面是识别这些需求。这便是我们的精神雷达发挥作用的地方。贾尼丝的"雷达"失灵了，或者说没有发展起来，因此她无法识别自己的需求。

第二个方面是开始负责地照顾自己，而不是把这个负担加在别人身上。我们必须让孩子经历他们自己的不负责任和错误所带来的痛苦后果。当他们准备离开家独立生活的时候，我们的孩子应该已经内化了一种强烈的个人责任感。他们应该持有以下这些信念：

- 我人生的成败在很大程度上取决于我自己。
- 虽然我要向他人寻求安慰和指导，但只有我要对我的选择负责。
- 虽然我一生都深受重要关系的影响，但我不能把自己的问题归咎于任何人，只能归咎于我自己。
- 虽然我总是会经历失败，需要支持，但我不能依赖一些过度负责的人不断地把我从精神、情感、经济或关系的危机中解救出来。

这种"我的生活由我做主"的感觉是建立在我们对自己的生活负责的基础上的。我们需要以富有成效的方式利用我们的才能，就像主人把财富托付给三个仆人的故事中所说的那样。这种责任感将伴随我们整个成年生活。

你能想象得到，当我们不为自己的生活负责时会显得有多糟糕："但是我来自一个功能失调的家庭。""但是我很孤独。""但是我没有那么多精力。"这些合理化的"但是"和故事中被动的仆人的借口一样有影响力。这并不是说我们不会受到我们的经历和各种压力源的影响。我们当然会。但我们最终要为我们对受伤的、不成熟的心灵所做的事负责。

明智的父母允许他们的孩子经历"安全的痛苦"。"安全的痛苦"意味着允许孩子经历与其年龄相适应的后果。允许一个6岁孩子天黑后外出并不能训练她长大成人，她正在做一些以她的成熟程度尚且不能做的决定。她从一开始就不应该被置于需要做出这些选择的境地。

埃米莉的父母允许她经历"安全的痛苦"。在高中开学时，他们就给了埃米莉一整个学期的生活费。埃米莉需要用这笔钱支付她在学校的伙食、服装、社交活动和课外活动的费用。这笔钱足够支付这些费用，甚至还有盈余。从表面上看，这似乎是一个青少年的梦想——拥有这么大一笔钱，而且她想怎么花就怎么花，没有丝毫限制！

在第一个学期，埃米莉买了一些漂亮的衣服，还和朋友们参加了很多活动，甚至请了好几次客。但是在为期三个半月的学期里，只有第一个月埃米莉过得很潇洒，接下来的两个半月都很拮据。埃米莉经常待在家里，把剩下的钱存下来买午饭，翻来覆去地穿她之前买的那些衣服。

第二个学期情况就好转了，在学期开始时，埃米莉开了一个银行账户，并且制订了可行的消费计划。埃米莉正在设置边界。她原本是个购物狂，但她开始拒绝衣服、音乐、食物，以及通常对她来说必需的娱乐活动。她开始学着为自己的生活负责。最后的她，不像大多数大学毕业生那样，由于多年来一直有人帮他们收拾烂摊子，结果连自己做饭、打扫卫生或保持收支平衡都不会。

把后果尽可能紧密地与孩子的行为联系起来很重要。这是对现实生活最好的复刻。

在做家庭作业时，父母也能够帮助孩子承担责任，但也可能创造一种自己永远能为孩子承担重任的永恒、全能的父母的幻觉。当孩子含泪对你说，"我明天要交一份10页的报告，而我才刚开始写"时，作为慈爱的父母，我们一定很难拒绝，一定有帮孩子收集资料、组织文章或打字的冲动。

我们为什么会这么做？因为我们爱孩子，我们希望他们能得到最好的。但是，我们需要抑制帮助孩子做作业的冲动，即使他只能得到低分——这是他没有提前计划的后果。

拥有控制感和选择权

"我不去看牙医，你也不能逼我去！"11岁的克洛急得直跺脚，怒视着在前门等她的父亲伊桑。

曾几何时，伊桑会下意识地对克洛的激烈举动做出反应。他会说："好吧，我们走着瞧吧！"然后把尖叫的孩子拖进车里。

但是，在接受了大量家庭咨询，以及阅读了大量关于这方面的资料后，伊桑为这种不可避免的场景做好了准备。他平静地对克洛说:"你说得完全正确,亲爱的。我不能逼你去看牙医。如果你不想去,就不必去。但是记住我们的规则,如果你选择不去看牙医,那你也选择了不去明晚的聚会。我当然会尊重你的任何决定。要我取消你的预约吗?"

克洛愣住了,她想了一会儿,然后慢吞吞地回答:"我去。但不是因为我必须去才去的。"克洛是对的,她选择去看牙医是因为她想参加聚会。

孩子在一种无助、必须依赖他人的状态下开启了他们的人生。然而,良好的养育会致力于帮助孩子学会思考、做出决策以及掌握生活的方方面面,包括决定早上穿什么衣服,在学校上什么课等。学会做出与年龄相适宜的决定有助于孩子在生活中获得安全感和控制感。

焦虑和好心的父母会试图阻止他们的孩子做出痛苦的决定。他们采取措施保护孩子不弄脏和擦伤膝盖。他们的座右铭是:"来,让我帮你决定。"结果,孩子的性格中一个本应得到发展的部分——提出主张和做出改变的能力——退化了。孩子需要有一种感觉,即他们的生活和命运在很大程度上是由他们自己决定的。这有助于他们权衡选项,而不是避免选择。他们学会理解选择的后果,而不是怨恨别人为他们做出的选择。

对目标的延迟满足

"现在"这个词就是为幼儿创造的,他们只活在"现在"。如果你告诉一个 2 岁的孩子她明天可以吃甜点,她是不会接受的，因为那对她来说意味着"永远不能"。事实上，新生儿没有能力理解"以后"这个词。这就是为什么妈妈离开房间后，6个月大的婴儿会感到恐慌，他认为妈妈永远离开了，不会再回来。

但是在我们的成长过程中，有时我们会认识到"以后"的价值，即为了更大的利益而延迟获得某个好处。我们称这种技能为"延迟满足"。它是一种为了将来的收获而拒绝我们的冲动、愿望和渴望的能力。

一般来说，这项技能直到孩子1岁才会发挥作用，因为在此之前建立依恋的需求更为重要。然而，从生命的第2年起，延迟满足的教学就开始了，比如父母会对孩子说"吃完胡萝卜才能吃甜点"。

年龄稍大一些的孩子也需要学习这项技能，比如年底才可以购买一些衣服和娱乐用品。同样，在这个过程中设置的边界在以后的生活中是无价的。这些边界可以防止孩子成长为一个颓废、混乱、冲动的消费主义的"奴隶"。

学习如何延迟满足可以帮助孩子成为一个目标导向的人。他们学会为对他们重要的东西节省时间和金钱，他们重视自己选择购买的东西。我认识的一个家庭让儿子攒钱买了他的第一辆车：13岁时，这个孩子在爸爸的帮助下制订了购车计划；16岁[①]时，他用周末和暑假兼职赚到的钱买下了第一辆车，他对待那辆车就像对待上等瓷器一样——那辆车干净得你甚至可以在引

---

① 在美国，大部分州允许年满16岁的青少年申请驾照。——编者注

擎盖上吃午饭。他计算过成本，也重视获得的结果。

尊重他人的边界

从很小的时候起，孩子就需要能够接受父母、兄弟姐妹和朋友的边界。他们需要知道其他人并不总是想和他们一起玩，其他人可能不想看他们喜欢看的电视节目，也可能不想在他们选择的餐厅吃饭。他们需要明白，世界不是围着他们转的。

这一点很重要，有以下几个原因。第一，接受边界的能力教会我们对自己负责。知道他人并不总是能在我们身边任凭我们差遣，会促使我们寻求内部引导，而非外部驱动。这能帮助我们背起自己的"背包"。

你有没有遇到过这样的孩子，他们听不得"不"这个字，他们会不停地抱怨、恳求、发脾气或生闷气，直到他们获得想要的东西。问题是，我们厌恶和抵制他人的边界的时间越长，我们就会变得越依赖他人。我们更期待他人来照顾我们，而不是自己照顾自己。

无论如何，这一法则是令我们共同生活在这个星球上的唯一方式。迟早会有人拒绝我们，我们无法忽视拒绝，它是生活的一部分。让我们来看一看，那些抵制他人边界的人在生活中可能受到的拒绝（按照发生的可能性排列）。

1. 来自父母的拒绝。
2. 来自兄弟姐妹的拒绝。

3. 来自学校老师的拒绝。

4. 来自同学的拒绝。

5. 来自老板和主管的拒绝。

6. 来自伴侣的拒绝。

7. 来自暴饮暴食、酗酒或不负责任的生活方式导致的健康问题的拒绝。

8. 来自警察、法院，甚至监狱的拒绝。

有些人很早就学会了接受他人的边界，甚至是在上述的第一阶段（来自父母的拒绝）。但有些人直到第八阶段才明白我们必须接受生活的边界。许多失控的青少年直到 30 多岁才成熟，到那时他们才会对没有稳定的工作和住处感到痛苦。他们被迫陷入经济困境，有时甚至不得不在大街上住一段时间。随着时间的推移，他们开始努力工作，存钱，并开始长大。他们开始接受生活的边界。

不管我们认为自己有多强硬，总有人比我们更强硬。如果我们不教孩子接受拒绝，那些没有那么爱他们的人就会教他们——那些人更加强硬、更加强大。大多数父母都不愿意让孩子经历这种痛苦，但实际上，我们越早教孩子接受边界的存在越好。

第二，尊重他人的边界有助于孩子学会去爱。这个原因更重要。从本质上讲，尊重他人的边界是同理心的基础，意味着要像我们希望被爱一样去爱别人。孩子的拒绝需要得到他人的尊重，他们也需要学会给予他人的拒绝同样的尊重。当对他人的需求感同身受时，他们对他人的爱就会成熟和深刻。

举个例子，你的6岁孩子不小心用垒球狠狠地砸了你的头。如果你忽略这件事，或者表现得没有受到伤害，就会给孩子一种他的行为没有带来影响的感觉。之后，他就可以逃避任何责任，或意识不到他人的需求或他人受到的伤害。但是，如果你告诉他："我知道你不是故意的，但是那个球真的伤害了我。以后试着更小心一点。"这种不带有谴责的话语能帮助他看到，他会伤害他爱的人，他的行为确实很产生影响。

如果不教给孩子这个原则，孩子就很难成长为有爱心的人。通常，他们会变得以自我为中心或控制欲强，到那时，成熟就会更加困难。我有一个来访者就被他的家人训练成了一个忽视他人边界的人，他后来的操控行为导致他因偷窃而入狱。这个过程虽然痛苦，却教会了他同理心。

"我真的从来不知道别人也有需求，也会受伤，"他曾经向我解释道，"我从小就被教导要专注于得第一。当我开始发现自己缺乏对他人需求的尊重时，我的内心发生了一些变化。我的心为他人打开了一个空间。我没有忽视自己的需求，但我第一次看到了进步。我开始为我的行为伤害了我的妻子和家庭而感到内疚。"

他是否还有很长的路要走？当然。但是他正走在正确的道路上。在生活中学习尊重他人的边界，是成为一个可靠、充满爱的人的开始。

阶段性边界:适龄的边界训练

如果本章是你在浏览目录时选择翻阅的第一章,那你很可能已经成为一名家长了。在与孩子相处时,你可能遇到了边界问题。你阅读本章有可能只是为了预防问题的发生。但更有可能的是,你正处于某种需要缓解的痛苦之中:你刚出生的宝宝不停地尖叫,处于学步期的孩子正在满屋乱跑,处于小学阶段的孩子在学校有行为问题,处于初中阶段的孩子举止无礼,处于高中阶段的孩子有酗酒问题。

所有这些问题都表明,你的孩子可能存在边界问题。这里将简要介绍你的孩子在所属的年龄段应该学习的边界任务。作为父母,我们需要考虑孩子的发展需求和能力,避免要求他们做一些他们做不到的事,也要避免对他们的要求太少。

以下是孩子在不同的年龄阶段的基本任务。有关孩子从出生到3岁的更详细的信息,请参阅第4章中关于边界在儿童期如何发展的内容。

孩子出生至5个月

在这一阶段,新生儿需要与父母或主要照顾者建立依恋关系。获得归属感、安全感和受欢迎感是孩子需要完成的任务。此时,为婴儿提供安全保障比设置边界更重要。

此时唯一真正的边界是主要照顾者(通常是母亲)所提供的安抚。母亲保护婴儿,帮助新生宝宝控制紧张、恐惧和矛盾的感受。被遗弃的婴儿会因孤独和缺乏内在结构而感到恐惧。

几个世纪以来，母亲都用襁褓裹住婴儿，或者用布紧紧地包住他们。襁褓就像一种外部边界，不仅可以让婴儿维持正常的体温，还能让婴儿感到安全。这让婴儿知道他的身体从哪里开始，到哪里结束。当把新生儿的衣服脱掉后，他们通常会对周围的安全结构丧失感到恐慌。

一些专家呼吁采用婴儿训练理论，为喂养和抱抚婴儿制定严格的时间表。这些技巧试图教导婴儿不要哭泣或索求安慰，因为这样会使"婴儿而非父母拥有主导权"，或者"那种需求是孩子自私的本性的证据"。如果不从发展的角度来理解，这些理论可能会造成可怕的后果。

一个4个月大的婴儿一直在尖叫，她是在试图了解这个世界是不是安全的。她处于极度恐惧和孤独的状态。她还没有学会在没有人在身边时感到舒适。由父母来安排喂养和抱抚的时间，而不是根据孩子的需求来提供，那便是本末倒置。

这些专家认为他们的理论很有效。"当我晚上不再把她从婴儿床上抱起来时，我4个月大的孩子就不再哭了。"他们会这样说。但是对于婴儿停止哭泣的另一种解释是他们患上了婴儿抑郁症，在这种情况下，婴儿会放弃希望并退缩。

在1岁之后，当婴儿和母亲之间的安全基础已经建立起来时，父母才应该教孩子延迟满足。依恋一定要建立在分离之前。

孩子 5~10 个月

正如我们在第 4 章中所了解的，儿童在生命第一年的后半段处于孵化期。他们正在学习"妈妈和我不一样"。外面有一个可怕而迷人的世界，宝宝都会爬向那里。虽然婴儿对依赖有极大的需求，但他们开始脱离母亲。

为了帮助孩子在这个阶段建立良好的边界，父母需要鼓励他们尝试分离，同时仍然是孩子可以依附的"锚"。让你的孩子对除你之外的人和物着迷，让你的家成为一个可供宝宝探索的安全之处。

然而，帮助你的孩子成长，并不意味着要忽视他们的内在基础和根基所需的深厚依恋。这仍然是婴儿的主要任务。你需要小心地照顾孩子对亲密关系和情感安全的需求，同时允许孩子越过你向外看。

许多母亲发现，孩子从对母亲的爱转变为对广阔世界的关注的过程对他们而言很痛苦。失去如此深刻的亲密关系是件大事，尤其是经历了怀孕和分娩之后。然而，负责任的母亲会努力让她生活中的其他成年人满足自己的亲密需求。她会鼓励宝宝成长，因为她知道她正在帮助孩子为"离开和分离"做准备。

此时，大多数婴儿还没有能力理解及适当地回应"不"这个词。抱抱他们，把他们从不安全的地方带走，是让他们远离危险的最佳途径。

孩子 10~18 个月

在实践期，你的宝宝开始说话、走路——各种可能性在她面前展开。世界如同孩子的牡蛎——她花了很多时间想办法打开它，和它玩耍。现在她拥有了情感和认知能力来理解和回应"不"这个词。

在这个阶段，边界——既包括拥有边界，也包括倾听边界——变得越来越重要。在这个年龄段，十分关键的是，说"不"的肌肉开始发育。对孩子来说，说"不"是一种弄清楚为自己的生活负责是否会带来好的结果，或者是否会导致某人退缩的方法。父母要学会为孩子说"不"而高兴。

与此同时，你还有一项紧迫的任务，即帮助孩子明白她不是宇宙的中心。人生是有边界的。在门上乱涂乱画以及在公共场所大喊大叫是有后果的。但你在做这件事的时候，不能浇灭孩子对认识这个世界的兴奋感和兴趣。

孩子 18~36 个月

这个阶段的孩子正在学习为一个独立但又与他人联结的灵魂承担责任。不断的练习让孩子变得更加稳重，他开始意识到生活是有边界的，但独立并不意味着我们不能建立依恋关系。这个阶段的目标是培养以下能力：

1. 在情感上与他人建立联结，但不放弃自我意识和独立自由的能力。

2. 适当地拒绝他人，但不害怕失去爱的能力。

3. 接受他人适当的拒绝，但在情感不退缩的能力。

在 18~36 个月时，孩子需要学会自主。他想摆脱父母的约束，但这种愿望与他对父母的深深依恋相矛盾。明智的父母会帮助孩子获得个体意识，接受自己不再全能的事实，但同时孩子也知道自己不会失去依恋关系。

在这个阶段教导孩子设置边界，你需要在适当的时候尊重她的拒绝，同时坚持你自己的边界。在所有的小冲突中获胜对你而言很容易，但这些小冲突实在太多了，最终你将输掉这场战争，因为你失去了整体——依恋关系。不要试图浪费你的精力去控制随机的、突发的飓风。仔细选择你必须进行的战斗，并在重要的战斗中赢得胜利。

明智的父母会为孩子的快乐感到高兴，但也会始终为处于实践期的孩子设置边界。在这个年龄段，孩子可以学习家庭规则，了解违反规则的后果。下面列出了一个可行的训练方法：

1. 第一次违规。告诉孩子不要在床单上涂色。试着用另一种方式帮助孩子满足她的需求，例如，用一本涂色书或一叠白纸代替床单，让孩子涂色。

2. 第二次违规。再次告诉孩子不能做的事，并告知后果。她需要被计时隔离 1 分钟，或者接下来一整天不能再使用蜡笔。

3. 第三次违规。执行后果，解释原因，然后给孩子几分钟时间去生气，与父母分开。

4. 安抚和重新建立联结。拥抱并安慰孩子，帮助她和你重建依恋关系。这有助于她区分行为的后果和失去父母的爱。痛苦的后果绝不应该包括失去情感联结。

孩子 3~5 岁

在这个阶段，儿童进入性别角色发展时期。大多数孩子会认同同性家长，小男孩想像爸爸一样，小女孩想像妈妈一样。他们还会对同性家长产生竞争情绪，希望与异性家长结婚，以此击败同性家长。他们正在为成年后的性别角色做准备。

此时，父母的边界工作很重要。母亲需要温柔，但坚定地允许女儿去认同，去竞争。她们还必须处理儿子的占有欲，让儿子知道"我知道你想娶妈妈，但妈妈嫁给了爸爸"。父亲也必须对他们的儿子和女儿做同样的工作。这能帮助孩子学会认同异性家长。

担心孩子性萌芽的父母往往会对这种强烈的渴望持批评态度。他们自身的恐惧可能会让他们攻击或羞辱孩子，导致孩子压抑自己的性欲望。而另一个极端是，有需求的父母有时会在情感上，甚至身体上诱导异性孩子。母亲告诉儿子"你爸爸不理解我——只有你能理解我"，这无疑会让儿子对性别角色感到困惑。成熟的父母需要在允许性别角色形成与保持父母和孩子清晰的边界之间保持平衡。

孩子 6~11 岁

在这个所谓的潜伏期（或称勤奋阶段），孩子正在为即将到来的青春期做准备。这个阶段是儿童期的最后几年，对于孩子通过作业和游戏学习任务导向，以及学习与同性同伴交往都很重要。

对工作和交友而言，这是一个非常繁忙的时期，在这个时期父母也有自己的边界任务。此时，你需要帮助孩子建立任务导向：做作业、做家务和完成项目。他们需要学习规划，并且培养坚持工作的自律性，还需要学习延迟满足、目标导向和时间管理等边界工作。

孩子 11~18 岁

青少年期是成年前的最后一个阶段，这一阶段包含一些重要任务，比如性成熟、在任何环境下都有稳固的身份认同、职业倾向和爱情选择。对孩子和父母来说，这可能是一个既令人恐惧又令人兴奋的时期。

到这个时候，"脱离父母管教"的过程应该已经开始了。你和孩子之间的关系开始发生变化。你不再控制孩子，而是影响她。你增加了她的自由，也增加了她的责任。你可以更灵活地重新协商约束、边界和后果。

所有这些变化就像航天飞机的发射倒计时，你正在为一个年轻人"发射"进入这个世界做准备。明智的父母会时刻关注他们即将进入社会的青少年孩子。他们必须一直努力解决的问题不再是"我怎样才能让他们好好表现？"，而是"我怎样才能帮助他们独立生存？"。

青少年需要尽可能地设置自己的人际关系、日程安排、价值观和金钱边界。当他们的行为越界时，他们应该承受现实生活中的后果。一个仍然需要在社交媒体和手机使用方面受到管束的17岁孩子，一年后在大学里可能会遇到真正的问题。教授、院长和宿管不会施加这些限制，只会采取考试不及格、停学和开除等手段来惩罚。

如果你的孩子没有接受过边界训练，你可能会感到不知所措。不管你的孩子现在多大，你都需要开始这项工作。当孩子拒绝他人和接受被他人拒绝的能力不足时，澄清家庭规则和后果通常可以在青少年离家前的几年有所帮助。

但是，出现以下迹象可能表明青少年存在更严重的问题：

- 青少年与家庭成员分离。
- 抑郁。
- 叛逆行为。
- 家庭冲突不断。
- 交友不慎。
- 学校问题。
- 进食障碍。
- 酗酒。
- 吸毒。
- 有自杀想法或行为。

观察到这些问题，许多父母会用太多或太少的边界来做出反应：过于严厉的父母会冒着让即将成年的孩子与家庭疏远的风险采取行动，过于宽容的父母在孩子最需要树立权威榜样时却想成为孩子最好的朋友。此时，父母应该考虑咨询一位了解青少年问题的心理治疗师。这些问题的风险性太大，不能忽视专业帮助。

管教的类型

许多父母对如何教导孩子尊重边界感到困惑。他们阅读了不计其数的关于体罚、计时隔离、限制权利和生活费的图书和文章。虽然这些问题超出了本书的范围，但下面列出的一些想法可以帮助正在搜集此类信息的父母。

1.后果是为了增强孩子的责任感和对自己生活的掌控感。增加孩子无助感的管教是没有帮助的。强迫一个16岁的女孩去上课，无法帮助她培养2年后在大学所需的内在动机。构建一个奖励和后果的反馈机制，帮助她基于自身利益选择学习，这样成功的可能性会大得多。

2.后果必须与年龄相适应。仔细考虑你管教的意义。在椅子上进行计时隔离对幼儿有帮助，也有助于他建立内在结构，但是这对青少年来说是一种羞辱。

3.后果必须与违规行为的严重程度相关。正如法律规定不同的罪行有不同的监禁期限一样，你必须区分轻微和严重的违规行为。否则,严厉的惩罚将变得毫无意义。

一个来访者曾告诉我,"我不管小事还是大事都挨鞭子。我开始更多地犯大错,只是因为这样做似乎更高效。"一旦你被判了死刑,你做好事就没有什么意义了!

4. 设置边界的目标是培养孩子的内在动机与自我承担的能力。成功的养育意味着我们的孩子自己想要起床去上学,负责任,有同理心,关心他人,因为这些对他们来说很重要,而不是对我们很重要。只有当爱和限制真正成为孩子性格的一部分时,他们才是真的成熟了。否则,我们养育的只是听话的鹦鹉,迟早会自我毁灭。

———————

父母拥有明确的责任:教导孩子拥有内部边界,以及尊重他人的边界。当然,我们无法保证我们的训练会得到重视。孩子有倾听和学习的责任。孩子的年龄越大,责任就越大。然而,当我们了解自己的边界问题,为它们负责,并使自己成长时,我们便增加了孩子在成年人的世界中学习边界的机会。在成年人的世界中,这些能力将是他们在每一天的生活中都迫切需要的。

第 11 章

边界与工作

在本章中,我们将一起看看,边界如何帮助解决与工作相关的问题,以及如何帮助你在工作中更加快乐、更有成就感。

工作和性格发展

我们所有人都拥有可以为人类做出贡献的才能和天赋。我们都有自己的职业,都有服务他人的使命,无论我们在哪里工作,也无论我们做什么。

工作是一种精神活动。在工作中,我们通过给予他人,找到了真正的满足。工作不仅提供了暂时的满足和回报,还是我们培养性格的地方,为我们未来从事的工作做准备。牢记这一点,让我们来看看如何在工作中设置边界,从而助力精神上的成长。

职场中的问题

缺乏边界会导致职场中的问题。在为企业提供咨询服务时，我（亨利）发现，在许多管理纠纷中，缺乏边界是主要问题。如果人们对自己的工作负责，并设置明确的边界，向我咨询的大多数问题就不存在了。

让我们看看如何运用边界来解决职场中的一些常见问题。

问题1：承担他人的责任

汉娜是一家小公司的行政助理，该公司的主要业务是为行业规划培训课程。她负责规划培训课程的时间以及管理讲师的日程安排。她的一个同事杰克负责培训设施，他需要把材料带到培训场所、安装设备和订购食物。汉娜和杰克合作来确保工作的稳步进行。

在几个月充满热情的工作之后，汉娜开始失去最初的活力。汉娜的好友兼同事琳达问她出了什么事，起初汉娜无法指明问题所在，然后她意识到，问题出在杰克身上！

杰克一直让汉娜"你出去的时候帮我带上这个"或者"请把这些材料拿到会场去"。长此以往，杰克把自己的责任都推给了汉娜。

"你不能再做杰克的工作了，"琳达告诉汉娜，"做好你自己的工作，别担心他。"

"如果出了问题怎么办？"汉娜问。

汉娜耸了耸肩说:"那他们就会责怪杰克。这不是你的责任。"

"如果我不帮忙,杰克会生气的。"汉娜说。

"那就让他生气,"汉娜说,"他的愤怒又不会像他糟糕的工作习惯那样让你痛苦。"

于是汉娜开始对杰克设置边界。她告诉他:"这周我没有时间帮你带材料。"当杰克没有足够的时间做自己的事情时,汉娜说:"很遗憾,你此前没有完成这件事,我理解你现在的处境。也许下次你会更有计划。那不是我的工作。"

一些培训师因他们的设备没有安装好而发怒,学员对休息期间没有提供茶歇感到愤怒,但是老板找到了该对这些问题负责的人——杰克,并告诉他要么好好表现,要么另找工作。最后,汉娜又对工作充满了热情,杰克也变得更有责任感了。这些改变都是因为汉娜设置了边界并坚持了下来。

如果因为背负了他人的责任而感到怨恨,你需要对自己的感觉负责,意识到你的不开心不是同事的错,而是你自己的错。在这种情况下,就像在任何其他边界冲突中一样,你必须首先为自己负责。

其次你必须对你的同事负责。去找同事解释一下你的情况。当他要求你做一些不属于你责任范围的事情时,请说"不",拒绝他想让你做的任何事情。如果他因为你的拒绝而对你生气,你也要坚守边界,并与他的愤怒共情。不要对他发怒,以怒制怒便卷入了他的游戏。与他保持情感距离,然后说:"如果这让你不高兴,我很抱歉。但那项工作不是我的责任,我希望你能解决这个问题。"

如果他继续争论，那就告诉他你不再讨论这件事了；如果他想谈其他事可以过来找你。不要为你为什么无法替他工作而辩护，不要掉入这个陷阱，否则你就可能在不知不觉中陷入他的思维：如果你有能力，你就应该做他的工作，而他也会想办法让你能够做到。你不需要向任何人解释，为什么你不做那些不在你职责范围内的事。

许多人过度负责，当与无责任心的人共事时，他们会替他们的同事承担后果。总为他们打掩护，或者帮助他们摆脱困境，导致过度负责的人并不喜欢自己的工作，也不喜欢与这些人的关系。缺乏边界伤害了他们，也阻碍了其他人的成长。如果你是一个过度负责的人，你需要学会设置边界。

然而，有时候，同事确实需要一些额外的帮助。帮助一个负责任的同事摆脱困境，或者对一个负责任的同事做出特别让步，这是完全合理的。这就是爱，好的组织以有爱的方式运作。

当我们（亨利和约翰）在同一家医院担任心理专家时，我们经常替对方值班，或者在彼此的"待命"时间互相帮忙。但是如果我们中的一个人开始占另一个人的便宜时，我们就得停止这种帮忙了。在那个时候替对方代班，会助长一种无益的坏模式。

区分有益帮助与无益助长的一种方法是，看看你的付出是在帮助别人变得更好还是更糟。接受帮助的那一方应该做出负责的行为。如果在一段时间之后你没有看到对方的责任心，那就需要设置边界了。

问题2：过度加班

刚开始从事心理咨询时，我雇用了一位女士来帮我做一些行政工作，她需要每周工作20小时。在她来上班的第二天，我给她布置了一大堆任务。大约10分钟后，她敲响了我的门，手里拿着一沓文件。

"有什么事吗，劳丽？"我问。

"你有个问题。"她告诉我。

"是吗？什么问题？"我问，我根本不知道她在说什么。

"你雇用我每周做20小时的工作，而你刚刚给了我40小时的工作。你希望我在20小时里做哪些部分？"

她是对的，我确实有问题，我没有很好地管理我的工作量。我要么花更多钱请人帮忙，要么削减工作量，要么雇用别人。但她是对的：这是我的问题，不是她的。我必须承担责任，解决问题。劳丽正是在告诉我："你的计划不周不应导致我的十万火急。"

很多管理者就没这么幸运了。他们的下属会为他们的缺乏计划承担责任，而且从不给他们设置边界。直到为时已晚，优秀员工因过度消耗而离职时，这些管理者才被迫审视自己缺乏边界意识。这样的管理者需要明确的边界，但许多员工不敢像劳丽一样设置边界，因为他们迫切需要这份工作，或者害怕不被认可。

如果你因为需要这份工作，因为害怕被解雇而做了很多额外工作，那你就有问题了。如果加班的时间超出了你的预期，你就被工作束缚了。你变成了工作的奴隶，而不是签署了合同的雇员。清晰且负责的合同包含对所有相关人员的期望，并且可以强制执行。工作应该有明确的职责和对边界的描述。

虽然听起来很难，但你需要对自己负责，并采取措施改变你的处境。以下是一些你可以采取的步骤建议：

1. 为你的工作设置边界。确定你愿意加班的限度。在繁忙时期适当加班可能难以避免，但需划定边界。

2. 回顾你的岗位职责。如果有书面的岗位职责描述，请仔细核查其中列明的工作范畴。

3. 把下个月需要完成的任务列一张清单。将这张清单上的条目按照你自己的优先级排序。将这张清单上不属于你职责范围的任务标注出来。

4. 和上司约个时间谈一下你超负荷工作的情况。和上司一起浏览下个月需要完成的任务。让上司按照优先级给这些任务排序。如果上司想要完成所有的任务，而你不能在可支配时间内完成这些任务，那么上司可能需要雇用临时助手。如果你认为你做的事情超出了职责范围，你也可以在这个时候和上司一起回顾一下你的岗位职责。

如果上司仍然对你有不合理的期望，你可以带一两个同事一起和上司进行第二次谈话，也可以和人事部的相关人员讨论你的问题。如果即便如此，上司对你的职责范围仍然有不合理的期待，你可能需要开始在公司内外寻找其他工作机会了。

你可能需要上夜校或参加在线培训课程来获得其他工作机会。你需要阅读数百个招聘广告，在招聘网站上投入更多时间，并润色你的简历。这时你可以参考理查德·尼尔森·鲍利斯最新版的《你的降落伞是什么颜色？》。你也许会想自己创业，或重新制订开支计划，来为更换工作的间隙储蓄应急资金。

无论你做的是什么，请记住，你超负荷工作，就是你的责任和你的问题。如果工作快把你逼疯了，你需要做点什么，为这个问题负起责任。不要再次成为虐待的受害者，并且开始设置一些边界。

问题 3：优先事项设置不当

我们已经讨论了对他人设置边界，你也需要为自己设置边界。你需要认清你有多少时间和精力，并相应地管理你的工作。了解你能做什么以及什么时候能做，并学会对其他事务说"不"。学习了解自己的边界，并像劳丽那样坚持执行。对你的团队或上司说："如果我今天要做 A，那么我要到周三才能做 B，这样可以吗，还是我们需要重新考虑一下我该做哪件事？"

高效的员工有两件事做得很好：他们努力做好工作，并且把时间花在最重要的事情上。许多人工作做得很出色，却被不重要的事情分散了注意力：他会把不重要的事情做得非常好。他觉得自己做得很好，而他的上司却因他没有完成基本目标而感到沮丧。然后他会感到自己不被欣赏，心生怨恨，因为他付出了如此多的努力。他工作很努力，但没有给应该花费时间的事情设置边界，没有把注意力放在真正重要的事情上。

对不重要的事情说"不"，对不尽全力的倾向说"不"。如果你在最重要的事情上尽了最大努力，你就会实现目标。

除了对不重要的事情说"不"，你还需要制订计划来完成重要的事情，并且围绕你的任务设置一些边界。意识到你的边界，确保不让工作控制你的生活。设置边界会迫使你分清轻重缓急。如果你承诺每周只花这么多时间在工作上，你就会更有效地利用这些时间。如果你认为你的时间是无限的，你可能就不会拒绝任何事情。接受"最好的"，但有时你也需要拒绝一些"好的"。

有一位男士的工作需要经常出差，因此他和妻子商量了一下，决定他每年外出的时间不超过 100 个晚上。当接到一个任务时，他会核查自己的时间预算，看看这件事需要占用他几个晚上。该计划迫使他更加谨慎地选择出差，从而为自己生活的其他方面节约出时间。

一位因为工作太多而经常不在家的公司总裁承诺，每周只在办公室待 40 小时。最初，这对她来说真的很困难，因为她不习惯如此严格地计划自己的时间。慢慢地，当她意识到只有这么多时间时，她开始更有效地利用这些时间，甚至获得了更高的成就，因为她被迫专注于自己的优先事项。

工作将填满你为它留出的所有时间。如果会议没有时间限制，那讨论可能没完没了。为一些事情分配时间，然后坚守你的边界，你将更有效率地工作，也会更喜欢你的工作。

问题 4：难相处的同事

在我们曾经开展的一项咨询项目中，常常有人事经理推荐工作压力太大的员工来参与这个项目。我们进一步剖析后发现，"工作压力"往往是某个同事在折磨那个压力重重的人。这个同事对那个处于痛苦之中的同事的情绪状态有很强的负面影响，而当事人却不知道该如何应对。

在这种情况下，你需要牢记力量定律：你只能改变自己，无法改变他人。你必须将你自己，而不是将他人视为问题所在。把他人视为问题，就是给那个人控制你和你的幸福的权力。因为你无法改变他人，所以你会失去控制。真正的问题在于你如何与有问题的人相处。你是感到痛苦的那个人，只有你有能力解决。

当意识到无法控制别人时，他们必须专注于改变自己对那个人的反应，这种想法会让很多人感到极大的安慰。他们必须拒绝让那个人影响自己。这种想法将会彻底改变你的生活，让你获得真正的自我控制。

问题 5：挑剔的态度

与吹毛求疵的人一起工作通常会引发压力。人们要么试图说服挑剔之人——这基本上是不可能的，要么允许挑剔之人激怒他们。有些人会内化这些批评，对自己心怀不满。所有这些反应都表明，你无法与挑剔之人保持距离，无法坚守自己的边界。

允许这些挑剔之人的存在，但是要把自己和他们区分开，不要内化他们对你的评价。确保你对自己有更加准确的判断，然后在心里反驳他们。

你可能想和挑剔之人对质。首先告诉她你对她态度的感受，以及这种态度对你的影响。如果她是一个明智的人，她会听你的；如果不是，而且她的态度对其他人也具有破坏性，你们中的两个或更多人可能都会想和她谈谈。如果她不愿意改变，你可以告诉她，在她控制好自己的态度之前，你不想和她沟通。

你也可以遵循组织内部的申诉政策。重要的是，要记住你无法控制她，但你可以选择限制与她的接触，在身体和情感上都与她保持距离。这就是自我控制。

避免试图获得这类人的认可，因为你永远得不到，只会感到被控制；也要避免卷入争论和讨论，因为你永远不会获胜。责备一个总是嘲笑别人的人不仅没用，还会为你招来羞辱，他们可能会更恨你。如果你去斥责一个坏人，他可能会反过来骂你。但如果你去责备一个聪明的人，他可能会感激你，因为你能帮他变得更好。如果你允许他们把你卷入其中，认为你能改变他们，你就是自找麻烦。和他们保持距离，坚守你的边界，不要卷入他们的游戏。

问题6：与权威的冲突

如果你和上司相处有困难，也许你正在经历"移情"的感受。移情是指你当前经历的一些感受，实际上源于过去未解决的事情。

移情会经常发生在上司身上，因为他们是权威人物。上司与下属的关系可能会引发你内心的权威冲突。你可能会开始有不适应当前关系的强烈反应。

假设你的上司告诉你，他希望以另外一种方式来做某事，你会立即感到"被贬低"。你心想，他从来不认为我做的事是对的，我会向他证明自己。你的上司也许只是顺口说了这句话，但其引发的感受却格外强烈。事实上，这种互动可能会触及你在过去的权威关系中未解决的伤害，比如和父母或老师的关系。

当一段移情关系开始时，你可能会开始表现出你与父母相处时的所有旧模式。这是行不通的。你在工作中变成了一个孩子。

设置边界就是为你的移情负责。如果你发现自己对某人有强烈的反应，花点时间看看自己是否熟悉这种感觉。他们会让你想起过去的某个人吗？你的爸爸或妈妈会那样对你吗？他们和这个人有相似的性格特征吗？

你有责任处理这些感受。在面对自己的感受之前，你甚至无法看清其他人的真面目。你是通过自身扭曲的视角，通过自身未解决的事情来看待他们的。当你能不带有移情感受地认清他人时，你才会知道如何与他们相处。

移情的另一个例子是与同事强烈的竞争感。这可能代表着过去的一些竞争关系未得到解决，比如与兄弟姐妹之间的竞争。当体验到这种强烈的感受时，你应将其视为自身责任的一部分。这会将你导向未解决的事情，让你获得疗愈，以及防止你对同事和上司做出非理性行为。过去的就让它过去吧，处理好它，别让它影响现在的关系。

问题7：对工作的期待太高

越来越多进入职场的人希望组织能成为一个"大家庭"。当家庭和社区不再是原来那样的社会支持结构时，人们开始向同事寻求曾经由家人提供的情感支持。私人生活和工作之间缺乏边界，会引发各种各样的问题。

理想的工作场所应该是支持性的、安全的和具有滋养性的，但这种氛围主要聚焦于工作本身——帮助他们学习成长、精进技能和高效完成工作。当有人希望工作为他提供父母无法提供的东西时，比如养育、亲密关系、自尊和认可，问题就会出现。职场无法提供这些，这也不是典型的工作要求。这种想法的固有冲突是：工作期待的是成年人的行为表现，但持有这种想法的人期待童年需求得到满足。这两种不同的期待终将不可避免地发生冲突。

要想改变，就要承认未得到满足的童年需求并解决它们。职场不是做这件事的地方。你的上司对你抱有期待，他们向你索取却不给予，因为他们会为你的工作支付酬劳。他们没有义务提供你需要的所有情感支持。

你需要确保自己在工作之外得到情感支持和修复。加入支持和疗愈网络可以帮助你成长，帮助你摆脱情感伤痛和未满足的需求，从而让你能在工作中，在有着成年人期待的成年人世界里更好地发挥作用。在工作之外让你的关系需求得到满足，这样你就能把工作做到最好，而不会把你的需求和公司对你的需求混为一谈。坚守你的边界，保护那些受伤的部分不受职场的伤害，因为职场不仅无法提供疗愈，还有可能无意中造成伤害。

问题 8：把工作压力带回家

就像我们应该在个人问题上保持良好的边界，不将它们带入职场一样，我们也需要对工作设置边界，不把它们带回家。这通常包含两个部分。

第一部分是情绪。工作中的冲突需要得到处理和解决，这样它们才不会影响你的生活。如果否认这些冲突，它们就可能导致你患上重度抑郁和其他疾病，并开始侵蚀你生活的其他领域。

确保你了解工作中的问题并直面它们，这样工作才不会在情感上控制你的生活。弄清楚为什么某个同事能影响你，或者为什么你的上司能控制你的生活；弄清楚为什么工作中的成功或失败能够影响你的心情。这些重要的角色问题需要得到解决，否则你会被工作吞噬。

第二部分是那些有限的资源，如时间、精力。你需要确保永远都做不完的工作不会影响你的个人生活，也不会影响你的关系和其他重要的事情。你需要对那些比平时花费更多时间的特殊项目加以限制，确保自己没有形成加班的习惯。我们知道的一家公司非常重视员工的生活，他们会因为加班而扣员工的工资。他们希望员工能对工作设置边界，和家人共度时光。

问题9：厌恶工作

边界是我们身份认同的来源。边界定义了我们是谁以及我们不是谁。我们的工作是我们身份的一部分，它挖掘了我们的特殊天赋，并将这些天赋运用到社会中。

然而，很多人从未找到一个真正的工作身份。他们不停更换工作，从未真正找到任何是"他们"的东西。通常情况下，这是一个边界问题。他们无法对自己的天赋、才能、需求、欲望和梦想负责，因为他们无法为他人对他们的定义和期望设置边界。

这种情况会发生在那些没有与他们的原生家庭分离的人身上。一位牧师与他所在的教会和长老团有很大的矛盾，在一次领导会议上，他说："我从来没想过要当牧师。这是我母亲的梦想，不是我的。"在确定自己的职业道路时，他没有对母亲设置良好的边界，最后他自己的愿望和母亲的愿望混合在一起，导致了他的痛苦。从一开始他的心就不在这儿。

这种情况也可能发生在友情和文化中。他人的期待对我们有很强的影响力。你必须确保你的边界足够坚固，这样才不会让别人来定义你。你需要探明你是谁，你适合做什么样的工作。你应该基于你到底是谁、你的真实自我与你的特殊天赋，对自己抱有现实的期望。只有在设置了边界，并且能够说出"这是我，那不是我"的基础上，你才能做到这一点。你需要努力摆脱他人对你的期待。

找到你一生的事业

找到能让你发挥优势、激情满满的工作需要承担一定的风险。你需要建立起稳固的身份认同，和自己所依附的人分离，追随你的欲望。你必须对自己的情感、想法和愿望负责。你必须评估自己的才能和局限，同时，为你的行为负责。

第 12 章
边界与数字时代

当我（亨利）还是个孩子的时候，我是个很有竞争力的高尔夫球手，我花了大量的时间在高尔夫球场上训练，尤其是夏天。一位球场的常客是一名医生，他经常在中午过来训练。他并不是每天都来，甚至不是整天都待在这里，但在我看来他似乎没有一份"真正的工作"，他只是经常在高尔夫球场消磨时间。我觉得他的工作很酷，每天都能打高尔夫球。

有一天，我终于问了他："你怎么能在这里待着而不去上班呢？"

"我在上班，"他指着腰带上的传呼机说，"我是做急诊手术的，他们会在需要我的时候呼我。医院离这儿只有 2 分钟的路程。只要他们能在我值班的时候联系上我，我就可以在这里待到需要做手术的时候。我甚至可以在救护车到达之前赶回医院。这真的很棒！"

"哇！这真的太酷了。"我心想，"不用去办公地点就可以上班。这就是我将来想要的工作!"

许愿需慎重。几十年之后的现在,"随叫随到"——几乎能随时随地联系到任何人——已经成为我生活中司空见惯的事。不仅对我而言,而且对我们所有人——包括孩子和大人——都是如此。

欢迎进入随叫随到的生活

我希望得到像高尔夫球场上那位医生那样的工作,事实上我想表达的是,我不想让工作把我束缚在一个物理空间里。我希望我在哪里都可以工作,这样我就可以去任何地方,拥有完全的自由。这是一个美好的愿望,但现在我们都知道,这并非没有代价。

在我还小的时候,随叫随到的生活依旧是有限制的,"随叫随到"主要是针对那些必须处理紧急情况的人。只有当你有寻呼机时,别人才能联系到你,而且能呼叫你的人是少数有你寻呼机号码的人,比如职员、电话应答服务、医院员工。谁能找到你,以及什么时候能找到你,都是有边界的。

之后,手机出现了。最开始,手机的使用费用很高昂(每分钟 40 美分或更多),不是每个人都能有自己的手机,那些有手机的人也很少使用。但在几年内,技术的进步降低了成本,不久之后,每个人都有了手机。现在,有你手机号的人几乎可以随时随地找到你。

后来互联网和电子邮件出现了，通过计算机，每个人都可以很容易地上网。现在，不仅在紧急情况下，在任何时间你都可以被"传呼"。你的上司——或任何人——可以在白天或晚上的任何时间给你布置工作或与你沟通。甚至来自朋友的电子邮件也会让你觉得你"必须回复"或做些什么。你已无处可逃。工作正式超越了实体工作场所的边界，在你的私人空间和时间里"来去自如"。

接着事情变得更糟了。何以见得？手机和互联网"结了婚"，还"生了宝宝"：聪明的人发明了智能手机，这意味着现在任何人都可以用电子邮件、短信，甚至以传统打电话的方式，随时随地以任何理由找到你。"随叫随到"不局限于你坐在办公桌前使用计算机的时候，因为现在你的口袋里时时刻刻装着这个高科技"入侵者"。

就在你认为通信技术终于突破了边界时，有人认为，不仅手机应该出现在你的生活里，你的生活也应该出现在手机里。社交媒体应运而生。现在，你能接触到的人——以及能接触到你的人——数量激增。想想这些社交媒体平台：脸书、优兔（YouTube）、推特、领英、谷歌、色拉布（Snapchat）、WhatsApp、Pinterest、Instagram，真是令人难以置信。我记得社交媒体开始盛行时，微软创始人比尔·盖茨关闭了脸书，因为他说他有太多好友申请，这占用了他太多时间。

今天，不再有与技术相关的默认边界可以保护你。在智能手机和互联网出现之前，其他人只有你"在上班"或"在家"时能够联系上你，这意味着有真实的物理空间把你的工作空间和时间与你的私人空间和时间分隔开。空间和时间是保护你的自然和默认的边界。在你的工作时间结束后，你就"离开"了——你离开工作场所，回家，做任何你想做的事，空间和时间保护你不受工作的影响。

同样的自然边界也适用于工作以外的人际关系和活动。如果亲戚、朋友或邻居想和你联系，他们必须按门铃或打电话给你，甚至给你写封信，然后等上几天才你能收到。你曾经被空间和时间的边界保护着，但现在不是了。

到目前为止，我们只讨论了工作和私人时间。但这种越界行为远不止于此。即使在工作或个人生活中，人们也可以直接联系到你，而过去必须通过某种渠道才能做到这一点。例如，如果你在一家公司工作，他们必须通过助理联系你或给你语音留言。如果想建立私人关系，他们必须通过一个共同的朋友想办法和你交谈或见面。但是现在，请想一想：其他人只要将你的邮箱地址或手机号码给这些人，他们就可以绕过任何把关者或保护措施直接找到你。

当你把这些技术发展成果全部累加起来时，你会发现它们入侵了你生活的每一个角落，不仅仅是破坏了工作与生活的平衡，它们还侵入了生命的所有阶段。

那么，这一切意味着什么呢？有一点非常重要：科技和社交媒体的边界现在完全取决于你。

约会之夜？你在开玩笑吗？

我（亨利）正在和一对夫妻讨论他们的婚姻，我建议他们考虑进行一次"约会之夜"的活动。妻子翻了个白眼说："这行不通。我不去。"

在我看来她似乎有点保守，于是我问道："为什么呢？"

她马上说："因为他会一直这样。"然后，她模仿他在手机上打字、发短信或发电子邮件的样子。"这样度过一个晚上太可怕了。"她接着说。

现在，其他人随时都能联系上你，这意味着你得24小时待命。任何人在任何时间、任何地点，以任何理由都可以"找到你"。你感到有点缺乏私人空间是正常的，因为事实的确如此。

选择自由，避免毁灭

科技和社交媒体本身并不是坏事，事实上，它们能通过许多方式改善你的生活和关系。但就像生活的许多领域一样，重要的是确保你在控制你的数字生活，这样它就不会控制你。这就是边界的作用。记住，边界是用来划定范围的，它们定义了什么是你的，什么不是你的。它们就像带门的栅栏，你可以自己选择打开或关闭大门，以此让某些人进来或把他们挡在外面。挑战在于，对于数字生活，你的"开门"原则是什么？你如何决定什么时候打开大门，什么时候紧闭大门？这些往往是具有挑战性的决定,并不是每个人对这些决定都持有相同的意见。几年前,当我(亨利)的两个女儿还在上中学时,我就直面了这个问题。

社交媒体刺激

当社交媒体势头正旺时,我的两个女儿正在上初中。她们开通了 Instagram 账号,用来与亲戚和好朋友保持联络。她们很喜欢这个平台,我看到她们利用社交媒体来和她们亲近的人分享生活也很高兴。但是有一天露西从学校回家时,心情非常沮丧。

学校换了一位新校长——我过去很尊敬他,现在仍然很尊敬他——他制定了一条新校规:学校里任何人都不允许开通社交媒体账号。是的,你没看错。他并不是说学生不被允许在学校使用社交媒体,而是说学生根本不被允许拥有社交媒体账号,即使是在校外,他们被严格禁止在任何时间、任何地点使用社交媒体。

我被激怒了。这项新校规似乎太过分了。我觉得初中是孩子学习如何负责任地使用社交媒体的最佳时机,因为他们仍然可以受到父母和老师的密切监控。等孩子上了高中,能够在没有任何监督的情况下自由地使用社交媒体时,我们就错过了宝贵的训练时间。禁止学生使用社交媒体,学校便跳过了一个必要的准备阶段——相当于拿到驾照前的"驾驶许可证"[①]阶段。这似乎是一种越界行为——学校正在介入其无权干涉的学生的私人生活。他们怎么能认为阻止学生与亲戚(比如祖父母和堂兄弟姐妹)交流

[①] 在美国,你需要在获得正式驾照之前申请一份驾驶许可证,其主要用途是让你在学习驾驶技能的过程中以及考试前练习驾驶。——译者注

是合理的呢？心理和身体发展，大脑和神经自我控制能力建立，养育子女，家庭和社区需要，以及我称为"政府"干预的这些原因都让我反对这项规定。

所以我做了一件自己从未做过的事——我安排了一次与校长的会面来讨论他的决定。为此我专门做了一些调查，与经验丰富的青年工作者交谈，还和一位全美基督教学校协会的主席进行交流，他们的观点都验证了我的想法。当我与校长见面时，我提出了关于养育方法、心理学和神经学的证据，以解释为什么我认为这项规定对孩子来说既是一种越界又没有好处。我完全理解在学校不能使用手机或社交媒体的规定，但学生的私人生活是父母管控的领域。

校长的观点大概是这样的：如果学生拥有社交媒体账号，放学后他们的人际关系会受到很多刺激，他们第二天在学校就会受到前一天白天或晚上发生的事情的负面影响。学校不想处理这些干扰因素。因此他们会继续坚持执行他们对社交媒体的"零容忍"规定。

我的立场是，这正是不实行这项规定的原因。如果孩子行为不当，应该受到管教和训练，学校就应有效地做到这一点。这不仅是他们的工作，也是一个很好的机会：在这些即将成为高中生的孩子拥有更多自由之前，教他们如何负责任地应对技术和社交媒体；否则，短短几年内，学生将没有任何准备，也没有受到任何训练地、完全自由地使用社交媒体。

为了回应校长提出的观点——孩子的大脑还没有发育到足

以处理这种情况,我指出了一个科学事实,即大脑的自我控制能力是在观察、支持、训练和纠正的关系背景下发展起来的,这正是学生与老师之间的关系。难道父母不希望帮助孩子培养自我控制能力吗?

校长还是拒绝了。他不想处理学生在社交媒体生活中发生的事情给学校带来的影响。校长的边界大门关得严严实实。

我当时不同意他的规定,现在也不同意。我不认为这些规定会起作用。他们可能确实能把一些刺激拒之门外,但无法培养出成熟的孩子。成熟来自拥有选择,并且好好运用这些选择,否则就会失去它们。

然而我也明白,校长这么想是有正当理由的。孩子如果不负责任地使用社交媒体会毁了他们在学校的一天。有时,大多数人为了防止少数人不够成熟或缺乏自我控制能力,会做和校长相同的事情,即制定严格的规则以禁止任何可能会造成问题的事情,无论是食物、饮料、娱乐活动、异性、约会,还是生活中任何可能出现负面结果的领域,包括科技。

留住"好的",阻挡"坏的"

无论在何种背景下,边界都关乎自由、自我控制能力、责任和爱。同时,自由不应该被用来伤害自己或他人。我们要拥有自由,同时要警惕不要用自由来放纵自己,而应该充满爱地对待自己和自由。这是基本原则。你是自由的,你的边界就是为了保护这种自由,但不要用你的自由去伤害自己或他人,而是用你的自由去爱。

　　这便引出了本章的话题：边界以及你对科技的使用。你当然可以自由地使用科技，但你一定不能让自由毁灭了你或其他人。这就是边界的作用：把"好的"留在你的生活里，把"坏的"挡在你的生活外。

　　对现代的技术使用设置边界和规则，让技术服务于人，提升生活质量，而不是使其成为一种负担。我们应该学会正确地设置和维持边界，以确保它们能真正帮助我们，而不是束缚我们。

　　重点是，边界或规则是非常有益的。但规则本身不应该成为你的主宰，剥夺你为他人或为自己做好事的自由。这就是我喜欢说"发现痛苦并制定规则"的原因。[1] 如果生活中有某个方面让你感到痛苦，制定一条个人规则，防止它伤害你。如果你每次吃某种食物都会胃痛、出疹子，那就制定一条规则：远离这种食物。就像酒精过敏者连一口酒都不能喝一样，你就是不能吃那种食物。这一原则同样适用于对科技和社交媒体设置边界，如果它侵犯了你的生活和关系，那就制定一条规则来保护自己。

　　在生活中，我（亨利）很早就发现，与工作相关的电子邮件和写作占用了我太多的个人和家庭时间。所以我制定了一条规则：晚上不发工作邮件，在家不写作。我们家的另一条规则是：在晚餐时间，任何人都不能使用手机或其他电子设备。为什么？我们是在努力为家庭内部的联结留出时间和空间。我是否可以偶尔接个电话、发条短信，或查看信息？当然可以。但一般来说，我不会那么做。

再举一个发现痛苦并制定规则的例子。我的工作需要大量出差和演讲,所以当我意识到自己开始害怕出差演讲时,我很担心。我害怕的不是演讲本身,而是所有额外的会议、晚宴和组织者想要增加的相关活动。这些都是很好的事情,但是我的日程安排太满了,我无法集中精力去做我要做的事情:演讲以及很好地向听众传递内容。所以我制定了一条规则:在演讲期间不参加会议或其他活动。我是否有违反这条规则的时候?当然有。但有了这条规则,我就不会再痛苦了,也不再害怕出差演讲了。

再次强调,"发现痛苦并制定规则"的原则是,当某件事给你或他人带来痛苦时,找出痛苦之处,并制定一条规则。留住"好的",阻挡"坏的",这就是边界的意义。以下是人们将这一原则应用在科技和社交媒体方面的几个例子。

- 在与重要的人相处期间(例如,家庭晚餐、约会之夜、社交聚会、与朋友交谈),将手机关机并放在一边。
- 在重要的工作时间或其他需要集中精力、提高效率和完成任务的时间,关闭电子邮件和社交媒体。
- 限制在特定的时间内社交媒体的使用时间,例如,每天1~2次,每次15分钟。
- 晚上睡觉前30分钟和早上起床后30分钟不使用任何科技产品。

你可能会发现像这样的个人规则不仅可以避免很多痛苦,

而且可以让你完成更多工作。例如，当写作时，我会关闭电子邮件以减少干扰。研究表明，当从事一项需要深入思考的工作时，被电子邮件等干扰因素打断可能会消耗多达20分钟的生产力。

还有一些时候，你可能会发现，使用社交媒体能节省你的时间和精力。举个例子，如果有一件紧急的事需要我马上处理，在开会的时候开着手机实际上可以让我更好地集中注意力，因为这样我就不需要每隔一段时间就起身给办公室打电话确认事情的进展。我的办公室工作人员或电话应答服务能够在需要时很容易地联系上我。这就像安装了火警报警器——只要它不响，你就知道你不必担心大楼着火。

因此，重点是以一种服务于你自己、你的关系、你的生活、你的使命或你的目标的方式来实现自我控制。关于科技并没有绝对的规则，但我们可以为自己制定有益的规则。在我写这一章的时候，我刚刚结束了一个3小时的家庭会议，在会议上我们制订了明年的计划，分配了各自职责，并处理了很多问题。在会议开始时，我对与会人员说："不要看手机，把它们关了。"这很有帮助。

你上瘾了吗？

作为心理学家，多年来我们在治疗成瘾方面接受了很多训练，积累了很多经验。当我们在20世纪80年代末创立连锁治疗中心时，大多数人认为成瘾是依赖某种物质（比如酒精或各种非法药物），它们会对生活造成破坏性的后果。渐渐地，"成瘾"扩展为包括各种问题行为，比如强迫性行为、赌博、暴饮暴食，甚至过度工作。

无论是对哪种物质或活动成瘾，主要原理都是：使用某种物质或参与某种活动会刺激大脑中的奖励中心，或瞬间减轻焦虑，从而强化对该物质的使用或该行为的出现。对化学物质来说，人们持续使用这些物质，就会产生耐受性，这意味着他们必须增加物质的使用量来达到相同的效果。当不使用这种物质时，他们会出现戒断症状，类似烦躁易怒、发冷、食欲缺乏、呕吐、失眠和恐慌等身体和情绪反应。这是真正的成瘾。有些人对特定强迫性行为也会产生类似的戒断后果。

这同样适用于对技术的使用。过度使用科技产品的人会表现出许多与酗酒者和吸毒者相同的特点。一个人反复查看社交媒体、邮件、短信或任何他（她）使用的网络平台，大脑就会获得心理刺激或奖励（如焦虑减轻）。当这种感觉或奖励消失之后，他（她）就会需要再一次"刺激"——"成瘾"的循环开始了。

此处我们所说的是失去自我控制。如果你不再是设备的控制者，设备就会成为你的主宰者。如果你无法停止使用这些设备，你就被掌控了。

> 有些人长时间不看手机就会紧张，或者有一种"必须看一下"的冲动。无论是科技产品、社交媒体还是其他东西，当你"不得不做"的时候，你就不再自由了。无论你不得不做的事是什么，它都已经掌控了对你来说最重要的事情。
>
> 因此，可以测试一下自己，脱离科技产品和社交媒体24小时，看看你会怎么样。你是否会经历戒断症状，感觉你"必须"玩游戏、使用应用程序、查找某些信息，或看看其他人在做什么。看看你能否坚守边界。如果不能，也许就该把科技使用视作一个已经控制了你的重大问题来对待。
>
> 另一个有效的测试是询问你生活中重要的人，你对科技的使用是否成了你们关系中的一个问题。对他们说的话持开放态度，别急着为自己辩护或淡化他们的反馈。记住，所有瘾君子都喜欢否认。因此，听听他们说了什么，问一些后续的问题，认真对待你所听到的。

青少年的科技边界

当你唯一需要负责的人就是你自己时，制定规则和设置科技边界就已足够具有挑战性了。但如果你是家长，尤其是青少年的家长呢？

作为两个十几岁的女孩的父亲，我（亨利）想到这个问题时就想退缩。我回想起自己的高中时代，推测如果我和我的朋友可以随时联系彼此，并且随时想给谁发送什么信息就发送什么信息，我们可能会遇到很多麻烦。通信技术只是为青少年的危险行为提供了一个渠道。但是木已成舟，无法挽回了。青少年的数字生活已经到来，并会一直持续下去。因此，我们能做些什么呢？

你应该为现代科技应用设置严格的边界，还是给予更多自由？对于这个问题人们有许多见解，但育儿专家都同意的一件事是，你必须了解自己的孩子。了解他们意味着亲近他们，了解他们的朋友，建立牢固的关系。这是你可以拥有的最好的监控工具。现代科技无处不在，持续监控几乎是不可能的。但是，与你正处于青少年期的孩子建立牢固的关系，保持警惕，并与他们保持联系，这并非不可能。

在牢固关系的背景下，在对孩子设置科技边界时，你可以遵循两个关键原则：先以信任为出发点，并把隐私视为一种需要赢得的特权。

以信任为出发点

信任对青少年来说是一切的关键。他们会对信任做出回应，但他们也需要证明自己配得上这份信任。与青少年建立这种信任的最佳方法，就是你在本书中已经读到的播种与收获定律。下面是我向自己的孩子介绍该定律的例子。当我的两个女儿处于青少年期时，我们进行了如下对话：

孩子们，你们已经是青少年了。首先，我想告诉你们，我为你们的成长感到非常骄傲，为你们生命的下一个阶段到来感到非常兴奋，也为我和你们的生活感到非常期待。这将是你们经历过的最激动人心和最有趣的时光之一。接下来，我来告诉你们这一切将如何运转。

青少年期是你们想要并且也会被赋予越来越多自由的时期。你们能够自己去很多地方，做一些你们从未做过的事情，更多自己做决定。你们猜怎么着？我想让你们拥有前所未有的自由。到了某个时候，你们甚至有开车的自由，可以自己开车去任何地方。我希望你们拥有很多自由。事实上，我想让你们明白一件事：我最不想做的就是控制你们；相反，我希望你们能控制自己。我不想总是盯着你们，监视或限制你们的行为。但总得有人这么做，我希望唯一能真正控制你们行为的人就是你们自己。所以，你们不用担心我会变成一个控制欲极强的家长。我期待着你们的自由，我很欢迎你们的自由。

但是……自由是这样的。你们能负责并使用好多少，你们就能得到多少。我会给你们一个公式来帮助你们理解这一点：自由＝责任＝爱。这三样东西必须始终相等。你们获得的自由程度，将取决于你们能负责任地使用自由的程度，而责任总是通过爱来表达的。换句话说，这意味着你们只能在不伤害自己或他人的情况下使用你们的自由。

如果你们在某一领域被赋予了自由，并且你们负责任地使用了这种自由，你们将继续拥有这种自由，甚至被赋予更多自由。同样，如果你们被赋予了自由，却不负责任地使用了它，做了一些对自己或他人有害的事情，那么你们的自由就会减少。这就是公式的意义。我会信任你们，给你们尽可能多的自由，只要你们能处理好。只要你们尊重这份信任，不滥用你们的自由，你们就会拥有越来越多的自由。

有什么问题吗？

同样的信任公式也适用于数字生活。无论何时，只要有了特权——使用手机、平板电脑、掌上游戏机、社交媒体等——就必须负责任地使用。如果你没有负责任地使用它们，你就会失去这些特权。这就是前文讨论过的播种与收获定律。

虽然没有灵丹妙药，也没有放之四海而皆准的方法，但有一些实际的事情可以引导你对你的青少年期孩子在数字生活方面设置边界。以下是一些常见的方法和做法，很多父母都会选择这么做，并且觉得很有用。

- 制定规则，告知孩子并与孩子讨论数字生活的真正危险，例如网络欺凌、泄露过多个人信息、社交媒体帖子的永久性，以及帖子可能对声誉造成的影响。训练你的孩子保持对危险或可疑行为的觉察，远离聊天室（捕食者的聚集地），永远不要与不认识的人分享个人信息。

- 讨论哪些内容适合在网上阅读和观看，哪些内容不适合，哪些内容实际上是危险的。电影分级是有原因的。浏览某些网站会侵蚀青少年的大脑，消极地影响他们的思维方式，甚至引诱他们与危险的人交往。

- 知道你孩子的电子邮件和社交媒体账号的密码，查看他们发表的帖子以及与他人的互动。还要检查隐私设置，训练他们保护自己，永远不要在网上向任何人泄露个人信息。这是为了保护他们远离捕食者，以及避免被盗窃身份。
- 检查他们访问的网站，训练他们永远不要点击弹出的广告，也不要点击从陌生人那里收到的电子邮件或短信中的链接。
- 检查他们的社交媒体网站是否存在问题。
- 如果有必要，使用网站屏蔽软件或互联网监控应用程序等工具。
- 如果孩子出现问题或信任破裂，将他们对电脑的使用限制在房子的开放空间内，直到他们重新获得你的信任。
- 和你的孩子玩同样的在线多人游戏，这样你就能理解这些游戏是如何运行的，以及玩家是如何在游戏中互动的。有些游戏需要与陌生人、成年人以及其他青少年进行大量互动。讨论潜在的危险并训练你的孩子避开它们。
- 讨论并制定规则，规定他们每天可以花在网上或屏幕前的时间，然后监控他们的使用情况。
- 鼓励你的孩子和你谈论他们在网上遇到的任何危险或令人不安的事情。

- 当孩子的信任破裂或行为越界时，执行对应的限制，承担相应的后果。向社区里的其他家长学习哪些方法对孩子来说是有效的。

把隐私视为一种需要赢得的特权

想一想，如果你是青少年，你会希望父母听你和朋友打的每一个电话吗？你会希望父母看你的日记吗？你会希望父母在你每次有朋友来访的时候都在旁边吗？当然不会。对于你过度关注他们使用科技产品和社交媒体，你的青少年期孩子会感到不满。在青少年期，与父母分离和形成独立人格对青少年来说是一项重要的发展任务，作为父母，你有责任利用这个阶段来训练你的孩子走向成年。在青少年期结束的时候，他们需要独立于你，而你希望这种过渡顺利进行。

但即使是成年人，我们有时也会丧失隐私权。例如，当警察认为他们有"合理证据"时，他们可以侵犯我们的隐私，对我们的人身或财产进行搜查；法官可以签发搜查令，执法人员会搜查我们的家，甚至没收我们的电脑或个人文件。这是政府治理的一种有效的保护方式。但这是有原因的，即有人给了政府搜查和扣押的理由——犯罪活动或恐怖主义的迹象。当有原因时，政府必须调查。

当孩子进入青少年期时，他们正在成为成年人，应该给予他们与他们能力水平相当的尽可能多的隐私权。然而，如果你有理由怀疑某些事情可能是错误的，不要害怕侵犯他们的隐私，并行使你的权力。如果你注意到：他们与陌生人交流，总是在同一个时间或奇怪的时间上网，对他们访问的网站保密，出现和上网相关的情绪变化（积极或消极的），这些都是你怀疑的理由。如果他们行为可疑，或者在某种程度上行为发生了变化；如果他们变得孤立，或者你有理由怀疑他们正在进行危险的活动，你都需要激活你内心的"法官"，发出搜查令。如果你需要帮助来更好地识别和理解这些警示信号，可以参加研讨会或做一些关于青少年使用互联网的调查，让自己对这些方面有所了解。

不要忘记这个公式：自由＝责任＝爱。如果你使用这个公式和青少年建立了信任，与你没有这么做相比，查阅他们的隐私就会容易很多。但也要克制。如果孩子用他的自由证明自己是负责任的和有爱心的，不合理的搜查和扣押会损害你们之间的信任，引发叛逆。

不要害怕让你的孩子和你一起踏上这段旅程。边界关乎关系，信任建立在相互了解和共同解决问题的基础上。如果孩子了解你的心，相信你想帮助他们成长、给他们自由、保护他们，一切都会顺利得多。当我的两个女儿第一次过上数字生活时，我让她们做调查，向我介绍数字生活的危险，并且写下我们都会遵守的规则。这些做法促进了我们之间重要的对话交流，我们也因此采取了很棒的措施。

因此，要了解你的孩子——不只要更好地了解他们，还要知道他们经常和谁一起出去玩，和谁交流。了解谁在家庭之外在教育你的孩子（比如学校），并且确保这些地方的教育能强化你的价值观和做法。建立信任，并好好监督。信任包括了解他们的需求——包括数字生活对他们有多重要——然后帮助他们保证安全，创建信任记录。

错失恐惧症：允许自己错过一些东西，这样你就不会错过最好的

即使为自己和孩子制定了科技规则，还是有一种两代人都可能难以适应的动态。以下是发生的问题和一些解决方案。

最近，我（约翰）和一个其他州的客户以及他的妻子在一家不错的餐厅吃晚餐。我很享受这顿晚餐，因为我度过了忙碌的一周，这两个人都很有魅力，也很有趣。我很喜欢他们。

晚餐吃到一半时，客户妻子的手机响了，她立刻拿起手机并离开餐桌去接听电话。我对我的客户说："我希望一切都好。"

"可能不是紧急情况，"他说，脸上露出一丝愁苦，"她只是去接个电话。"

"她怎么不让电话转到语音信箱？"我惊奇地问。

"我们已经谈过很多次了，"他说，"她就是放不下这些电话。不论我们在做什么，那些电话都是最重要的。我已经有点放弃让她改变的想法了。"

我感到悲伤——为他，为她，也为我自己。那个电话是她的一个朋友打来的，对方只是想确认下个星期的会面，没什么紧急或重要的事，但这打乱了原本非常愉快的夜晚。她所经历的情

况现在被称为"错失恐惧症"。

错失恐惧症就是害怕错过。它是指当人们担心一些重要的事情可能正在发生而他们没有意识到时所感到的焦虑。它通常涉及个人的社交生活，其特点是需要与朋友保持联系，有时以小时或分钟为单位，以确保他们不会错过任何事情。它也可能与某个事件相关，比如关注一个最喜欢的乐队的音乐会，即使音乐会可能很长时间内都不会在该地区举办。

你会不会每隔几分钟就查看一下你的脸书、电子邮件或短信，只是为了和他人保持联系？或者你的青少年期孩子每天数十次或数百次地使用Instagram、色拉布等基于照片的应用程序，只是为了查看她的朋友们都穿什么风格的衣服、去了哪些商店，并晒出她自己刷牙或吃早餐的照片。如果是这样，欢迎来到错失恐惧症的世界。

当我的儿子上高中时，我们和他们讨论过几十次他们想参加的会议和聚会，有时是在上学日的晚上，有时是在家庭聚会时。过了一段时间，我开始注意到这些对话中的一种模式。他们经常以短语"但这是最后一次……"开头，比如"但这是我们寒假前最后一次见面了""但这是我们最后一次16岁了"。虽然我和任何人一样容易怀旧，但最后我说："'这是最后一次'不能再作为上学日晚上外出或错过家庭活动的理由了。唯一的例外是，这些人对你非常重要，而且你可能真的再也见不到他们了。"除了少数例外，这确实有帮助。但是，不断重复"最后一次"是错失恐惧症的另一种表现。

想要参与对我们而言重要的活动,或者与对我们重要的人互动,这是很正常的。我们都深受人际关系和对他人依恋的影响。在数字时代,这种参与非常简单和容易。但是错失恐惧症有可能加剧这种需求,最终导致生活混乱。当错失恐惧症让我们无法完全融入眼前的非数字世界,无法享受与我们真正在一起的人的相处时,这就成问题了。就像我和那位客户以及他有错失恐惧症的妻子的晚餐被打断一样,它妨碍了现实生活。

在数字时代之前,错失恐惧症并不是什么大问题,原因有二。首先,我们意识不到我们会错过什么。社交媒体能为我们提供我们关心的每个人和每件事的实时信息,但在数字时代之前,我们无法访问社交媒体。如果你不知道这些事,就不存在错过。但是现在,你能知道你的朋友正在附近的餐馆吃饭,你的孩子能知道一个街区外正在举行一场盛大的聚会。其次,即使我们知道错过了什么,我们也无能为力。之前,参加一个住在其他州的朋友的庆功宴,意味着我们要开很长时间的车,或者买一张贵得离谱的机票,那可是件大事。现在世界变得越来越小,旅行变得越来越容易,机票的价格也越来越低,参加住在其他州的朋友的庆功宴不会带来太大的麻烦和花费。

结果就是,我们能敏锐地意识到我们错过了什么,而且对我们知道的事也能真的做点什么。因此,当我们预期无法做渴望的事情时,我们会变得焦虑和失控。错失恐惧症就这样对我们造成越来越大的影响。

我发现我的错失恐惧症,是发生在我和我的妻子外出吃晚餐，中途离开去洗手间时。当我回来时，我的妻子说："我想你刚刚在洗手间查看了你的电子邮箱。"我低头看了看我紧紧攥着的手机，然后说："天哪，你说对了。我得了错失恐惧症！"我意识到我一直担心在外出吃饭时会错过常规的、非紧急的电子邮件和短信。简单的解决办法是，当离开的时候，我可以把手机放在餐桌上。

智能手机和互联网并不是错失恐惧症背后的根本问题。错失恐惧症有一个更深层的方面，心理学家称之为"依赖问题"。当个体认为自己是不稳固、不完整的，因此需要不断与他人联系时，错失恐惧症就会产生。这种持续的接触有助于维持他们内心的稳定感和平静感。

依赖是一件好事，我们需要彼此的爱和支持。但健康的依赖并不意味着我们必须把大部分时间都花在彼此的在线交流上。我们要保持联系，走出去融入世界，再次建立联系以给自己补充能量，然后再走出去。在健康的生活中，我们可以通过我们的人际关系给自己"加油"，无论是数字的还是非数字的，然后去完成我们需要完成的事情。如果一个人无法在没有数字"加油"的情况下投入几小时去完成一项重要的任务，他就太依赖这种媒介了。

那么，除了有人注意到你在洗手间查看短信，你如何知道自己是否有错失恐惧症呢？下面提供了这种状况的一些特征，可以帮助你自我诊断。如果出现以下情况，你可能有错失恐惧症：

第12章 边界与数字时代

- 在每次活动间隙,你做的第一件事就是查看手机(而不是和别人说话、伸展、散步或思考等)。
- 当你在休息却不能看手机的时候,你会感到焦虑,并且想知道,"我错过了什么?"
- 即使没有在等待某个人的重要回复,你也会感到焦虑。
- 如果会议时间过长导致你无法查看手机,你会感到烦躁不安。
- 你总是下意识地扎进数字世界,却对身边的现实世界置若罔闻。
- 其他人表达了对你沉迷于数字世界的担忧,或认为你参与数字世界的时间过多。
- 在一天结束的时候,你很难反思这一天发生的事情,因为在你的关系世界和任务世界中,除了你通过数字设备浏览了朋友动态、新闻和爱好的消息,什么也没有发生。

以下是一些准则,能帮助你解决任何你可能正与之斗争的错失恐惧症问题。

1. 和与你在一起的人互动。当和你在乎的人待在一起的时候,你要专注于与他们的互动、他们对你有多重要,以及和他们交谈的感受如何。看着他们,投入你全部的注意力。当你这样做的时候,你就是在人际关系中给自己"加油",而不会太在意错过其他人现在正在做的事情。原则是,关系和爱都能使我们的内心充实,并取代恐惧和焦虑。

2. 专注于创造自由的生活。记住，成功人士都是自主、自我导向的人。想想你最尊重和钦佩的人，也许是那些事业有成、家庭美满的人。他们可能不会一直担心谁正在做什么、他们可能会错过什么。他们不是"谁可能会联系我"的奴仆。相反，他们是自主的、自由的，他们会做对自己重要的事情。

3. 观察规律的非数字时段。前文提到过，你必须有一些完全不接触数字世界的时间。我的一位来访者告诉我，他决定每周抽出一个晚上与他的妻子和孩子待在一起，不使用任何数字设备。你的大脑需要从刺激中得到休息，你越规律地做这件事——每天——你所经历的错失恐惧症就会越少。

4. 仔细思考你错失恐惧症背后的原因。跟随你焦虑背后的想法，直到找到一个合理的理由。例如：

> 我害怕每隔几分钟不看手机。
>
> 为什么？
>
> 因为我可能会错过一些别人想告诉我的事情。
>
> 这有什么大不了的？
>
> 因为它可能很重要。
>
> 想想过去的 7 天里，你收到的信息中有多少重要到值得你每隔几分钟就查看一次？
>
> 大约 1%。
>
> 那么一直查看有意义吗？
>
> 不，没有意义，对我也没有帮助。

5. 训练你生活中的人不要期待能立即得到你的回应。错失恐惧症让我们马上接电话或回短信，就像我客户的妻子在我们享用晚餐时做的那样。这会让他人产生一种期望，认为我们总是为他们随时待命。相反，我们只需要等一会儿。如果不是真的很紧急，你可以等几分钟、几小时或几天，这取决于具体情况。你也可能会收到一些你根本不应该回复的信息。如果不是紧急情况，关心你的人不应该因为你没有立即给他们打电话或回短信而生气。如果有人总是第一时间回我的电话，我会认为他们可能已经退休了，或者认为他们应该去过属于自己的生活。

在一天结束时，为了达到某些目的，我们都会错过生活中的一些东西。为了拥有美满的婚姻，你不得不错过很多潜在的约会机会；为了找到合适的工作，你不得不错过几份好工作；为了生活在最适合你的地方，你不得不错过生活在世界上其他地方的机会；为了培养脚踏实地、健康的孩子，你不得不错过所有你想要的自由。更专注于你所得到的，意识到为了拥有最好的生活，这些错过都是值得的。

保护你最有价值的资产：关系

在我（约翰）的儿子本尼还在上初中时，一个星期六，我在厨房做午饭，他在客厅学习。"嘿，爸爸，"他喊道，"人们为什么打哈欠？"

"我不知道，"我说，"你用谷歌搜一下。"

"谷歌是我的亲生父亲！"本尼回答。

这段对话引发了关于父亲的角色和期望的深入讨论。从根本上说，谷歌不能摔跤，不能看电影，不能提供关系方面的建议，也不能提供零花钱。但这个例子也指出了一个边界问题：数字沟通更加便捷，但最终还是不如面对面交流。电话、电子邮件、短信和视频建立的联系都有其地位和价值，但最终，如果我们更多地使用这种交流模式，而不是面对面的沟通，我们就无法优化亲密关系，而这种亲密关系是我们生存、茁壮成长和保持健康的必要条件。接下来将介绍为什么面对面交流胜过数字交流，以及你可以设置边界来创造更健康的互动。

亲密不是奢侈品，而是必需品

我们需要与其他人建立亲密的关系。关系是生活的燃料，为我们提供了接纳、鼓励、共情、智慧和其他相关的养分。这些养分使我们保持健康，促进我们成长。事实上，许多研究表明，生活中没有足够亲密关系的人会出现更多身体和心理问题，死亡率也更高。那些词曲作者是对的：缺爱真的可以杀死你。因此，无论如何看待数字时代，我们都需要确保我们得到了关系的支撑。关键在于：只要有机会，就对数字沟通设置一个边界，优先选择面对面交流。

亲密需要多层面的信息交换

虽然这听起来有点枯燥或专业，但这是真的：为了在令人满意、安全和脆弱的关系中保持深度联结,我们需要在多个层面上表达自我,并在这些层面上体验他人的想法。在最好的关系中,彼此可以交换关于感情、激情、想法和观点的信息。你对某人了解得越深入,就越能说你真的"了解"他。

为了达到这个目的,我们有能力通过各种言语和非言语的交流方式来进行"信息交换",比如语言、眼神交流、面部表情、手势。研究表明,在一段关系中,语言提供的信息不超过一半。

此外,亲密关系要求我们体验自己和他人之间的细微差别。当你的青少年期孩子口头同意回房间做作业,同时翻白眼的时候,她就是在告诉你,她会照你的要求去做,但提出这种要求的你是一个差劲的人。当你和团队开工作会议时,一个人给出正确答案的同时不断叹气,他可能在传达他认为这次会议是多么没必要。

因此,在多层面上进行更多的信息交换,意味着建立更加亲密的关系的可能性。你现在可能已经看到了数字世界的一些局限性。通信技术通常是有帮助的,但它永远不能成为建立关系的黄金标准。考虑一下以下交流方式的收获和损失:

- 面对面交流:在许多层面上交换可用信息。人体的所有5种感觉受体——视觉、听觉、触觉、嗅觉和味觉——都得到了激活。
- 视频交流:可以交换大多数可用信息,但仅限于画面和声音,比面对面交流更有局限性。
- 电话交流:虽然电话交流只涉及声音,但积极的一面是你可以以一种自然的方式交流，你可以听到对方的语气及其所蕴含的情绪，比如温暖、爱、幽默、焦虑、压力、愤怒。当然，消极的一面是你无法看到对方的面部表情，面部表情在一段关系中传达了大量的信息。此外，音频、音调也不像面对面交流时那样清晰和逼真。

- 电子邮件：电子邮件非常适合通过打字和点击发送来即时交流想法、计划或感受。然而，由于没有画面或声音，这是一种有限的交流方式。与短信相比，电子邮件越来越少地用于个人联系，因为它不太方便。它更多地用于商业通信，但短信在这一领域也在不断取得进展。

- 短信：用智能手机发送简短的信息十分方便。你在步行去吃午饭的路上，或在健身房锻炼时都能发短信。由于标点符号的限制，传达更复杂的思想仍然比较困难，但随着技术的进步，这种情况正在改善。

- 社交媒体（如脸书、Instagram）：这一提供文本和视频组合信息的数字世界领域，是一种与家人、朋友和你感兴趣的组织保持联系的有趣方式。视频为体验增添了极大的乐趣。

上面列出的前三项——面对面、视频和电话交流——被称为"同步通信"，剩下的几项——电子邮件、短信和社交媒体——属于"异步通信"。在同步通信中，我们的评论被即时传递和接收，没有时间延迟。日常对话就是如此，比如你在吃午餐时与某人交谈。在异步通信中，在发出和接收信息之间存在时间延迟。例如，你给某人发短信说你要迟到几分钟，他会在几秒或几分钟后做出回应，但你不会立即收到他的回复。

异步或数字通信不能替代同步通信。从面对面交流到视频交流，再从视频交流到电话交流，信息交换的质量和数量都在下降，而从这三者到数字交流的下降幅度更要大得多。我们天生就会进行直接和即时的沟通：你说 A，另一个人立即听到 A，然后回应 B，你也立即听到 B。谈话双方都觉得被对方理解了。

你可能已经体验过通过异步通信来解决关系问题有多么困难。对方产生了误解，然后事情开始不必要地愈演愈烈。出现这种情况的原因是，我们需要温度来传达一些难以言说的事实，但当你看不见对方的脸或听不到对方的声音变化时，就感觉不到这种温度。当你和你的伴侣谈论信用卡消费时，比起用电子邮件交流，通过真诚的眼神交流或富有同情心的语气，你们更有可能达成一致并解决问题。这就是为什么我建议高管尽可能避免尝试用数字交流解决文化和关系问题。面对面交流才是处理这些问题最有效的方法。

关于人类学习共情的神经学基础的最新研究表明，我们通过体验他人的情绪表达来学习。例如，当你看到你关心的人感到悲伤时，你大脑中被称为"镜像神经元"的某些细胞就会被激活，并让你产生同样的情绪。其结果是，你培养了一种能够真正与他人的痛苦和快乐产生共鸣的能力。这就是我喜欢神经科学的原因。

从消极的角度说，研究还表明，比起面对面交流，更倾向于用数字方式交流的儿童和青少年在感受他人的伤痛和痛苦方面更难产生共情，这可能在工作、家庭、友谊、爱情和婚姻中引发严重问题。

异步通信对于让我们在一个层面上保持联系方面非常优秀，但是请尽可能把它当作重要关系的支持和补充，真正重要的仍是同步通信。

我（约翰）的一位高管客户最近打电话给我，说他遇到了个人危机。他知道他和妻子之间的关系处于非常痛苦的境地，以至于无法通过电子邮件、打电话，甚至在咖啡厅见面来沟通。他们需要在一个私密空间中见面，在那里他们才能处理成年女儿因酗酒和糟糕的选择而陷入严重困境的问题。我安排了这次会面，当他们告诉我问题的本质时，我完全理解了他们为什么需要以这种方式见面。他们需要梳理他们的困境，他们的感受，他们对这个问题的不同看法，以及它如何影响了他们彼此之间的关系。有太多复杂的客观信息和情感信息需要整理，如果不坐在一起，我们可能需要更长的时间才能找到真正的问题核心和解决方案。

当然，有时数字联结是唯一的选择。我在世界各地都有朋友，他们只能通过视频通话或电子邮件与我联系；我在军队服役的朋友也是如此。这是我们必须面对的现实。但原则是：当有疑问时，就要优先选择面对面或其他同步通信的形式进行交流。

下面有一些建议可以帮助你将其付诸实践。

1. 为你的重要关系制订月计划。我们都生活在一个繁忙的世界里,"后会有期"这样的想法变得越来越难以实现。如果你可以一时兴起就给某人打电话并与之取得联系,那就太好了,但现在要做到这一点并不容易。就像你安排工作、锻炼和晚上外出一样,每个月安排一些时间给那些对你来说很重要的人——为真实的(同步的)交流安排时间。不要把重要之人交给运气,而要将你们的关系纳入日程,定期维护,才是对关系的真正承诺。

2. 成为同步通信的发起者。去餐厅吃饭时,你经常会看到一家人或一群朋友围坐在桌子旁刷手机,而不是彼此交谈,这种现象已经司空见惯。为什么他们要花时间、精力和金钱在没有联结的情况下出去聚会呢?

当我(约翰)的儿子里奇和他的大学朋友出去时,他让每个人都把手机放在一张桌子上,以确保他们有时间互相交谈,从而发起同步通信。然后他们约定,谁先没忍住去拿手机,谁就要为晚饭买单。对身无分文的大学生来说,这是一种有效的激励。关键是,大多数时候,一段关系中总得有人主动推动改变和成长。请站出来,成为那个人。

3. 使用异步通信作为补充。使用短信、电子邮件和社交媒体的方式,让人们了解你的想法,或者传达你对他们的问候。但是这些通信方式应作为同步通信的补充,而不是取代它们。

最佳边界:充实而有意义的生活

数字时代将持续下去,总的来说,它对于人们的生活、工作和关系是一种积极的发展。但要让它为你服务，而不是任由它扰乱你的生活，这需要你的努力和一些合理的规则。

此外，你所能设置的，能令你在数字世界中保持健康的最佳边界之一就是拥有充实的生活。充实的生活，是指将时间和精力投入有意义、愉快、值得参与的人际关系和活动中。这可以包括与有爱心的人进行深入而坦诚的对话，发现和表达你的激情，发掘回馈和服务他人的方法。大自然厌恶真空，当你拥有充实的生活时，留给数字世界侵入或成瘾的空间就缩小了。当我们防范任何可能窃取、伤害或摧毁我们的时间、自由和目标的东西时——包括数字入侵者，我们就会获得充实的人生。

当我（约翰）写完这一章的时候，我正在一间离家很远的酒店房间里进行写作静修。我正在笔记本电脑上打字，智能手机就在我旁边。我已经禁用了这两个电子设备的短信和电子邮件功能，我的手机被设置为只在我生活中的几个人需要我处理紧急事情时响铃。这让我能够专注于为这本书创作正确的概念、故事，以及写出准确传达它们的语句。

现在是几分钟后。我暂停了写作，发现在众多商务邮件（我之后才会处理）之外，我的妻子、孩子和几个朋友给我打了电话、发了短信或发了邮件，询问我的情况，并想与我保持联系。我非常期待在我外出时，利用数字时代与我关心的人"在一起"。

有了正确的边界和规则，你就有时间和你想要联系的人联系，以及完成你需要完成的任务。它不会占用你大量的时间和精力，结果却是非常有价值的。

注释

1. Dr. Henry Cloud, *The One-Life Solution* (New York: HarperCollins, 2008)。

第 13 章
边界与你

莎拉发出一声长叹。她在心理治疗过程中处理一些重要的边界问题已经有一段时间了。她在解决与父母、丈夫和孩子之间的责任冲突方面取得了进展。然而，今天她提出了一个新问题。

"之前我没有告诉过你这段关系，虽然我认为我应该告诉你。我和这个女人之间有极大的边界问题。她太能吃了，而且说话很难听。她靠不住，总是让我失望。她花了我的钱，却多年不还。"

"为什么你以前没有提过她呢？"我问。

"因为她就是我。"莎拉回答说。

莎拉承认了我们大多数人都有的矛盾。我们知道要对他人设置边界，我们从承担过多的责任转变为承担适量的责任，但是我们如何开始给自己设置边界呢？正如漫画家沃尔特·凯利创作的角色负鼠波戈所说的："我们遇到了敌人，他就是我们自己。"

在本章中，我们将不再关注他人的控制和操纵，而是关注我们控制自己身体的责任。本章不再检视与他人的外部边界冲突，而是检视我们自身的内部边界冲突。这可能会有点棘手。

与其采取这种防御姿态，不如谦卑地审视自己，寻求他人的反馈。倾听我们信任的人，并承认："我错了。"

失控的心灵

所有心理学研究都证实了一个关于健康、满足、快乐的人的重要事实：他们拥有自我控制的能力。我们所有人都明白，我们都在这样或那样的领域里，在自我控制与对自己保持良好边界的方面苦苦挣扎。接下来，让我们进一步探讨一些较常见的挣扎，但可以肯定的是，这一概念在许多领域都适用。

食物

特雷莎的秘密给她带来的羞耻感变得越来越难以掩饰了。她身高 1.62 米，如果稍微胖一点还不太明显，但是在过去的一年里，她的体重增加了十几千克。她痛恨发胖。她的恋爱、体力以及对自己的态度都受到了影响。

她感觉自己失去了控制。作为一名律师，她事业有成，但压力很大，当她觉得周围的一切都在崩溃时，甜食是她的安慰剂。每天 12 小时的工作意味着她长时间处于孤独状态，绝对没有什么能比当地快餐店的高热量外卖更能填补这种空虚了。"难怪人们管它叫安慰食品。"特蕾莎想。

暴饮暴食令人尤其痛苦的是，它会使人的体重如此明显地增长。一些超重的人感到极度自我厌恶，并且对自己的状况感到羞耻。和其他行为失控的人一样，超重的人有时会对自己的行为感到一种压倒性的羞耻，而这只会让他们进一步远离人际关系，回归食物的怀抱。

长期型和爆发型暴食者都有内部的自我边界问题。对暴食者来说，食物被当作一种虚假的边界。他们会利用食物来增肥，变得没那么有吸引力，从而回避亲密关系；或者会通过大吃大喝来获得虚假的亲密感。对暴食者来说，食物带来的"安慰"并不像真正的恋爱关系那么可怕，在恋爱关系中，边界是必不可少的。

金钱

汽车保险杠贴纸上经常印着这句话："别让我透支——我还有账单要付！"人们在与金钱相关的许多领域都有严重的问题，比如，冲动消费，预算随意，入不敷出，信用问题，习惯性向朋友借钱，无效的储蓄计划或没有储蓄计划，加班或做多份工作来支付所有的账单，以及反复援助那些做出不负责任的财务选择的人。

大多数人肯定都认同，我们需要控制自己的财务状况。省钱、减少开销、购买打折商品都是好方法。人们很容易把金钱问题简单地看作对更高收入的需求，然而，问题往往不在于生活的高成本，而在于奢侈生活的成本。

入不敷出是一个自我边界问题。当我们难以拒绝超额消费时，我们便冒着成为他人奴仆的风险："富人统治穷人，借款人是贷款人的奴隶。"

时间

许多人感到自己对时间的利用失去了控制。他们是"最后时刻的人"，总是在最后期限的边缘徘徊。虽然尽了最大的努力，他们还是发现生活的每一天都在离他们而去，他们就是没有足够的时间来完成任务。似乎"早"这个词并不在他们的人生字典里。这些人感到挣扎的一些领域包括：为商务会议做好准备，准时前往午餐的预约，按时完成项目，坚持定期参加学校的活动，以及按时支付账单。

这些人会在迟到15分钟后闯入会议室，气喘吁吁地道歉，抱怨着糟糕的交通状况、繁重的工作任务或孩子的紧急状况。

无法控制时间的人会给他人带来不便，无论他们是否有意。这个问题通常由以下一个或多个原因引起。

1. 全能感。这些人对自己能在给定的时间内完成任务抱有不切实际、有些夸张的期望。"没问题——我来做"是他们的座右铭。

2. 对他人的感受过度负责。他们认为过早离开聚会是对主办者的侮辱。

3. 缺乏现实的焦虑。他们太过活在当下，以至于会忽略提前为交通、停车或外出换装做计划。

4. 合理化。他们会弱化他人因他们的迟到而必须忍受的痛苦和不便。他们认为,"他们是我的朋友,会理解我的"。

时间自我边界不足的人最终不仅让他人沮丧,也会让自己沮丧。他们结束了一天的生活,却没有感觉到愿望实现对心灵的滋养。相反,他们留下了未实现的愿望、不完善的项目,并且意识到明天的计划也无法如期完成。

任务达成

作为时间边界问题的"近亲",任务达成与"圆满完成"有关。我们大部分人在爱情和工作两个方面都有目标。我们可能希望成为一名兽医或律师,可能希望在乡下拥有自己的生意或房子,也可能希望开始学习计划或锻炼养生。

对于我们的任务,我们都希望能说出"完成了"这样的话。虽然这些人可能在开始时斗志昂扬,但他们发现自己无法出色地完成任务。出于这样或那样的原因,创造性想法没有奏效;常规的行动计划陷入停滞状态;成功隐约可见,又倏然被夺走。

许多难以完成任务的人,问题可能是由如下原因引起的:

1. 抵制结构性。难以完成任务的人觉得服从计划的管束是对他们行事风格的贬低或束缚。

2. 害怕成功。难以完成任务的人过于担心成功会引起他人的嫉妒和批评。他们宁可搬起石头砸自己的脚，也不愿失去朋友。

3. 缺乏后续行动。难以完成任务的人厌恶项目中枯燥无聊的重复性工作。他们对提出想法更感兴趣，然后把它交给其他人来执行。

4. 注意力分散。难以完成任务的人在任务达成之前无法将注意力集中在任务上。他们往往未被培养出合格的专注技能。

5. 无法延迟满足。难以完成任务的人无法通过经历过程中的痛苦来体验工作完成后的满足感。他们想要直接享受快乐。他们就像孩子一样，在吃营养均衡的正餐之前想吃甜点。

6. 无法拒绝其他压力。难以完成任务的人无法拒绝其他人和其他项目，结果他们反而没有时间完成任何工作。

那些在任务达成方面存在问题的人，经常让人感觉像2岁小孩在他们最喜欢的玩具区玩耍。他们会敲一下锤子，玩玩具车，和木偶说话，然后拿起一本书，每一种活动都只进行2分钟或更短时间。我们很容易看到任务完成问题中固有的边界问题，他们还没有发展出足以让他们专注于完成任务的内在能力。

语言

在我领导的一个治疗团体中，一位男士的发言占用了很长一段时间。他说话时会跑题，会改变话题，还会在无关的细枝末节上花费太多时间。他似乎无法切入正题。其他成员要么发呆，要么打瞌睡，要么变得焦躁不安。在我准备就这位男士难以直奔主题的问题发表看法时，团体中的一位女士直截了当地说："比尔，你能挑重点说吗？"

"挑重点说"而非"东拉西扯"，意味着为我们说话时使用的单词数量和使用方式设置边界——这对许多人来说可能很困难。我们使用语言的方式会深刻地影响我们人际关系的质量。我们使用的单词可能是祝福的来源，也可能是诅咒的来源。当我们用它们来同情、认同、鼓励、对峙和劝诫他人时，它们可以成为一种祝福。当我们用它们做以下事情时，它们可能会变成一种诅咒：

- 通过不停地说话来逃避亲密关系。
- 主导谈话来控制他人。
- 说三道四。
- 言语讽刺，间接表达敌意。
- 威胁某人，直接表达敌意。
- 通过奉承获得许可。
- 沉默以待（用沉默来惩罚某人）。
- 为了看起来更好而窜改真相。
- 诱惑或操纵。

许多难以给自己设置语言边界的人并没有真正意识到自己

的问题。当朋友对他们说："有时你似乎把我的逗号理解为了句号。"他们通常真的感到很惊讶。

我认识一位女士，她非常害怕被其他人了解。因此她会不断问问题，而且语速很快，这样就不会有人把话题引向她。她只有一个问题：她需要换气才能继续说话，而呼吸为其他人说话创造了空间。然而，这位女士用一种巧妙的方法解决了她的问题：她在话语中间而不是在结尾时呼吸。这足以让人们措手不及，因此她说话很少被人打断。这是一种有效的策略，但有一个问题：她必须不断找新的人来交谈。在与她进行了几轮对话后，大家都消失了。

当我们无法克制说话，或无法对其设置边界时，我们的语言就会变成主宰者——而非我们自己。但是我们仍然要对那些语言负责。我们的语言并非我们的身体之物，就好像我们是木偶剧演员的木偶一般。它们是我们内心的产物。你说的"我不是那个意思"，也许可以更好地被翻译为"我不想让你知道我对你有那样的想法"。我们要对自己的语言负责。

性

与性行为有关的问题包括强迫性手淫、强迫性异性恋或同性恋关系、网络色情、卖淫、暴露癖、窥阴癖、猥亵电话、猥亵行为、儿童性骚扰、乱伦和强奸。

陷入失控性行为的人通常会感到深深的孤独和羞耻。这让破碎的心灵被隔离在黑暗之中，远离与他人关系的光芒，得不到帮助，也找不到解决办法。他（她）的性行为变得不受控制、不真实，受到幻想的驱动。一位男士将其描述为"非我体验"，对他来说，就好像真实的他正隔着房间观看他的性行为。另一些人可能会体验到麻木和超然，性是他们感觉活着的唯一方式。

然而，问题在于，就像大多数内部边界冲突一样，性边界的缺失会使人变成一个暴君，难以满足，贪得无厌。无论达到多少次性高潮，他们的欲望都只会加强。无法拒绝自己的欲望，会让人陷入更深的绝望。

药物滥用

药物滥用可能是内部边界问题最明显的例子，它给成瘾者的生活造成了毁灭性的破坏。离婚、失业、经济危机、健康问题和死亡都是无法在这些方面设置边界的结果。无论是什么药物，从处方药到非法药物，失去控制都会对个人和关系带来毁灭性的影响。

最可悲的是，越来越多年龄更小的孩子开始接触这些药物。成年人很难对药物成瘾，因为成年人已经具备一定的毅力，设置了一定的边界；对孩子来说，他们的边界还很脆弱，还在形成过程中，这些药物往往会影响其终生，令其衰弱。

为什么我的拒绝不起作用？

"我的'拒绝'不管用，"贾斯廷告诉我，"它在对他人设置边界时很有用，但每次我想用在自己身上时，它就失效了。我能怎么办？"

当你读到前文描述的失控领域时，你可能会有挫败感。也许你会发现自己在一个或多个领域都存在问题，并对在这些领域没有可靠或有效的边界而感到沮丧。问题出在哪里，为什么我们的拒绝不起作用？

这至少有三个原因。

1. 我们是自己最大的敌人。外部问题比内部问题更容易处理。当我们把注意力从对他人设置边界转向对自己设置边界时，我们的责任就发生了重大转变。之前，我们只是对对方负责，而非为对方负责。现在，我们的参与度更高，我们就是对方。我们要为自己负责。

当你和一个挑剔的人（对任何事都吹毛求疵的人）在一起时，你可以限制自己不去听这个人不断的批评。你可以改变话题，更换房间、社区甚至所在州。你可以离开。但如果这个挑剔的人就在你的脑海里呢？如果你就是那个有问题的人呢？如果你遇到了敌人，而敌人就是你自己呢？

2. 在最需要关系时，我们却回避关系。杰茜卡来找我治疗进食障碍。她已经30多岁了，但从青少年期就开始暴饮暴食。我问她以前是如何尝试解决这个内部边界问题的。

"我努力锻炼身体，合理饮食，"她说，"但我总是没法坚持。"

"你会和谁谈论这些话题？"我问。

"你什么意思？"杰茜卡看起来很困惑。

"当你再也无法忍受自己的进食问题时，你会告诉谁？"

杰茜卡的眼里涌出了泪水。"你的问题太多了。这是个私人问题，我就不能瞒着别人这么做吗？"

保密不是问题。当我们遇到麻烦，最需要他人的时候，我们会本能地从关系中退缩。由于我们缺乏安全感、担心丧失体面、感到羞耻以及为了维护自尊，当遇到麻烦时，我们会转向内部而不是转向外部。这才是问题。

这种退缩在我们的医院项目中很常见。受伤的人会开始和医护人员或其他患者建立依恋关系。他们头一次表达了对联结的需求。就像玫瑰在雨后绽放一般，他们开始与他人建立联结。然而，意想不到的困难总会不可避免地出现。有时，当他们的痛苦暴露出来时，他们的抑郁会暂时加重；有时，他们的创伤记忆会浮现；有时，他们与家庭成员会发生严重冲突。他们不会把这些痛苦以及可怕的感觉和问题带到他们新建立的关系中，而是躲在自己的房间里解决问题。他们花费几小时或一天的时间尽一切可能让自己重新获得控制。他们尝试积极的自我暗示来让自己感觉更好。

只有当这种解决问题的尝试失败后，他们才终于意识到他们的精神痛苦和负担需要从自己身上转移到外部。对孤立的人来说，再也没有什么比这更可怕、更不安全、更不明智的事了。这样的人只有感到非常安全，才会冒险把他们的精神和情感问题告诉他人。

无论我们的边界问题是食物、金钱、时间、任务达成、语言、性还是药物滥用，我们都不能在与世隔绝的状态中解决。如果孤立自己可以解决，我们会选择孤立自己。但越是孤立自己，我们就会挣扎得越厉害。就像未经治疗的癌症会在短时间内危及生命一样，自我边界问题会随着孤独感的增加而恶化。

3. 我们试图用意志力来解决边界问题。"我已经解决了！"皮特对他在过度消费问题上取得的改变感到兴奋。他非常担心自己失控的财务状况："我对自己发誓，我再也不会超支了！这个方法是如此简单，但如此有效！"

为了不打破皮特的幻想，我采取了观望的态度。我没有等太久。第二个星期他走进我办公室时灰心丧气，感觉毫无希望。

"我就是控制不住自己，"他哀叹道，"我出门买了运动器材，然后我和妻子买了新家具。这正是我们所需要的，而且价格合适。唯一的问题是我们负担不起。我想我没希望了。"

皮特并非毫无希望，而是他持有的理念毫无希望。他一直试图用意志力来解决他的边界问题，这可能是人们用来应对失控行为的最常见方法。

意志力这个方法很简单。不管什么问题行为，只要停止就好了。换句话说，只要说"不"就可以了。诸如"选择停下""决定拒绝""承诺不再这样做"之类的话经常出现在这种方法中。

这种方法的问题在于，它神化了人的意志力。意志力只会因关系而加强，我们无法单独做出承诺。如果我们只依靠意志力，那么一定会失败。事实上，在自我边界的斗争中，单靠意志力是没有用的。如果我们仅仅依赖意志力，那么我们注定会失败。一些看似高尚的克己做法并不能阻止失控行为。心灵中没有边界的部分在意志力的支配下会变成怨恨，然后会出现反抗的行为。特别是在说了"我永远不会"和"我永远会"这样的话之后，我们会出现报复性行为。杰茜卡对食物的放纵，皮特对消费的放纵，某人沉溺于愚蠢或诽谤的谈话，或者某人再也不拖延的决心，都不能通过意志力来治愈。

对自己设置边界

培养自我设置边界的力量和成熟度并不容易，许多障碍阻碍着我们的进步。开始对失控行为设置边界的一种方式是，将第8章中提到的边界检查清单进行修改并应用于此。

1. 迹象是什么？看看因为无法拒绝自己而造成的破坏性后果。你可能正在经历抑郁、焦虑、惊恐、愤怒、关系问题、孤立、工作问题或身心问题。所有这些迹象都可能与难以对自身行为设置边界有关。将其作为"路线图"，开始识别你遇到的特定边界问题。

2. 根源在哪里？识别你的边界问题的原因，将帮助你理解自身对该问题的影响（你是如何失败的？）、你的成长损伤，以及可能会影响该问题的重要关系。

一些可能的自我边界冲突的根源如下：

- 缺乏训练。有些人在成长过程中未学会接受限制、为自己行为的后果付出代价，或者延迟满足。例如，他们小时候可能从未经历过磨蹭的后果。

- 对破坏性的奖励。来自嗜酒成性的家庭的人可能会习得这样的认知：失控行为反而能维系关系。因为在这样的家庭中，只有当酗酒者想要喝酒时，家庭成员才会团聚。
- 扭曲的需求。有些边界问题是合理的。我们有性欲，是为了繁衍后代，也是为了享受伴侣的陪伴。而沉迷情色的人已经将这种良好的欲望转移了，他们只有在进行性行为时才会感受到自己生活的真实和鲜活。
- 对关系的恐惧。人们真的希望被爱，但他们的失控行为（例如暴饮暴食、过度工作）会让他人远离他们。有些人会用话语让他人远离自己。
- 未满足的情感渴望。在生命的最初几年里，我们都需要爱。如果得不到这份爱，我们就会在余生中渴望它。这种对爱的渴望是如此强大，以至于当在与他人的关系中找不到爱的时候，我们就会在其他地方寻找爱，比如食物、工作、性行为或消费。
- 受制于规则。许多在规则环境下长大的人不被允许自己做决定。当试图自己做决定时，他们会感到内疚。这种内疚会迫使他们以破坏性的方式做出叛逆行为。食物成瘾和强迫性消费通常是对严格规则的反应。
- 掩盖情感痛苦。那些在情感上受到伤害的人，比如在儿童期被忽视或被虐待，会通过暴饮暴食、酗酒或过度工作来掩饰他们的痛苦。他们可能会通过药物滥用来转移自己的注意力，从而掩盖自己不被爱、不被需要和孤独的真实痛苦。如果他们不再使用这些伪装手段，他们的将无法忍受这种孤独。

3. 边界冲突是什么？看看你在食物、金钱、时间、任务达成、语言、性或药物滥用方面的自我边界问题。这七个方面虽不详尽，但涵盖了很多领域。洞察你的生活中还有哪些领域失控了。

4. 谁应该负责？此时应采取这个痛苦的步骤：为你的失控行为负责。这种行为模式可以直接追溯到家庭问题、被忽视、被虐待或受到创伤。换句话说，我们的边界冲突可能不全是我们的错。然而，这是我们的责任。

5. 我需要什么？在积极与他人建立安全、信任的关系之前，试图处理你的内部边界冲突是没有用的。当缺乏精神和情感"燃料"时，你在获得洞察力或控制自己方面会受到严重阻碍。

对喜欢"自己动手"的人来说，向他人求助通常令他们沮丧。他们总想要一本解决失控行为的指导手册，就像他们会买来用于自学钢琴、疏通管道或高尔夫球的指导手册一样。他们希望能够尽快结束这个设置边界的工作。

问题是，许多有自我边界问题的人也缺乏深厚的人际关系。他们在他人身上没有"根"，也未与他人建立深厚联结，因此，他们不得不退后几步来学习与他人建立联结。与他人建立联结是一个耗时、冒险、痛苦的过程。找到合适的人或团体已经够难的了，但在加入之后，承认你需要向他人求助可能会更难。

喜欢"自己动手"的人通常会退回到使用认知或意志力的方法，仅仅因为后者不会那么缓慢或没有那么冒险。他们通常会说："与他人建立联结不是我想要的。我有失控行为，我需要缓解痛苦！"我们当然可以理解他们的困境，但他们正走向另一条"速成"死胡同。缓解症状，即试图通过处理症状来解决问题，通常会导致更多的症状。

即使我们的生活似乎井然有序，孤独也会导致精神上的脆弱。寻求与他人建立联结既不是一个选项也不是一种奢侈，而是一个关于精神和情感的生死问题。

6. 我应该如何开始？一旦识别出边界问题并承认了它，你就可以做点什么来解决问题。下面是一些练习给自己设置边界的方法。

第一，找出你真正的需求。失控的模式通常掩盖了对其他事物的需求。在处理失控行为之前，你需要处理潜在的需求。例如，冲动的暴饮暴食者可能会发现食物是一种与浪漫和性亲密保持分离和安全的方式。他们害怕面对这些感情充沛的情境，这可能会导致他们用食物作为边界。随着与异性之间的内在边界变得更加牢固，他们就可以放弃破坏性的食物边界。他们学会为真正的问题寻求帮助，而不仅仅是症状所表现出的问题。

第二，允许自己失败。解决你真正的需求并不能保证你的失控行为消失。许多希望解决自我边界问题背后真正问题的人，经常对问题反复出现感到失望。他们会想："我加入了互助团体，但我仍然在守时（或看色情片、花钱或讽刺他人等）方面有问题。这一切都是徒劳吗？"

不是的。破坏性模式的反复出现是我们成熟的证据。我们需要通过继续练习来学习。我们学习开车、游泳或外语的过程，也是我们学习更好地自我设置边界的过程。

我们需要拥抱失败，而不是试图避免失败。那些一辈子都在逃避失败的人也在逃避成熟。正在成长的人会被那些脸上带着战斗的伤疤、忧虑的皱纹和泪痕的人所吸引。比起那些从未失败过——也从未真正活过——的人的光滑面孔，前者的经验和教训更值得信赖。

第三，倾听他人的共情反馈。当无法给自己设置边界时，你需要他人以关心的方式让你知道这一点。很多时候你没有意识到自己的失败。有时候，你可能并没有真正理解，你缺乏边界给你关心的人的生活造成了多大的伤害。其他人可以为你提供他们的观点和支持。

基思在还钱方面有困难。他并非身无分文，也不是自私自利，他只是健忘。他意识不到他给借钱者带来的不适。

一天下午，一个几个月前借给他钱的朋友拜访了他的办公室。

"基思，"他的朋友说，"我已经问过你好几次借你钱的事了，我还是没有得到回应。我认为你不是有意无视我的要求的。同时，我想让你知道，你的健忘让我很难受。因为缺钱，我不得不取消了一次休假。你的健忘伤害了我，也伤害了我们的友谊。"

基思十分震惊。他没有想到，对他来说这么小的一件事，对他亲密的朋友却意味着如此大的伤害。他对朋友遭受的损失深感懊悔，立即签了一张支票。

基思的朋友以一种不谴责、不唠叨的方式帮助基思更加清楚地认识到了他的自我边界问题。他巧妙利用了基思作为亲密朋友对他的同理心，让基思真切感受到自己的行为给朋友带来的痛苦，这种出于爱的真正悔恨成了基思变得更有责任感的强大动力。当支持系统中的其他人让我们知道，我们缺乏自我边界是如何伤害他们时，这种领悟所带来的改变动力是源自爱，而不是恐惧。

互助团体可以提供同理心和明确的反馈，让人们看到自己的行为对他人的影响，从而让他们负起责任。当一个成员告诉另一个成员，"你的失控行为让我想离你远点，你那样做，我觉得我不能信任你"的时候，失控的人并没有被管教或管制。他从一位同伴那里听到了充满爱的真相，以及他的所作所为是如何帮助或伤害他所爱的人的。这种面对面交流构建了基于共情的道德，以及基于爱的自我控制。

第四，从后果中学习。学习播种与收获定律是有价值的。它告诉我们，如果没有责任心，我们就会遭受损失。强迫性暴食者有健康和社交方面的困难；过度消费者会面临破产；经常迟到的人会错过航班和重要会议，失去友谊；拖延者面临着失去晋升机会和奖金的风险。

我们需要学习为我们的不负责任承担后果甚至痛苦。不是所有的痛苦都应该被拥抱[1]；然而，当我们因缺乏爱或责任感而感受到痛苦时，痛苦就成了我们的老师。

学习如何设置更好的自我边界是一个有序的过程。首先，我们会因自身行为的破坏性而受到他人的指责。如果我们不留意他人的这些反馈，后果就会随之而来。言语先于行动，它给我们提供了一个机会，在不得不遭受痛苦之前，让我们从自身的破坏性行为中转变过来。

其次，如果我们听不到他人的反馈，承担后果就是唯一能让我们远离进一步损害的方式了。就像父母警告孩子，如果酒驾就会失去开车的特权。父母首先会发出警告："别喝酒了，这会给你带来不好的后果。"如果警告没有得到重视，开车的特权就会被取消。这种痛苦的后果能够防止一场可能的严重灾难：酒驾事故。

第五，与有爱心和支持你的人在一起。当你听到反馈并承受后果时，要与你的支持网络保持密切联系。你面对的困难太多，是无法独自承受的。你需要的是那些会爱你、支持你，但不会拯救你的人。

一般来说，有自我边界问题的人的朋友会犯两种错误之一。

一是变得挑剔，像家长一样。如果有自我边界问题的人失败了，他们的朋友会采取一种"我早告诉过你"的姿态，或者说："现在，你得到了什么教训？"这会使他们要么去找其他朋友（没有人需要两个以上的父母），要么干脆回避批评，而不是从后果中学习。

二是成为拯救者。他们屈服于自己的冲动,想把朋友从痛苦中拯救出来。他们打电话给朋友的上司,告诉上司朋友生病了,而事实上朋友只是喝醉了;他们在不应该借给朋友钱的时候借了钱给他;他们总是等迟到的朋友到了才开饭,而不是先开始用餐。

拯救自己的朋友并不是爱他们。拯救者希望通过再一次帮助失控的人摆脱困境,来获得一个充满爱和负责任的朋友。他们希望控制这个人。

保持共情,但同时拒绝成为"安全网",这种做法要好得多。比如,"我很遗憾你又丢了一份工作,但我不会再借给你钱了,除非你还清另外一笔借款。但是,我可以和你聊聊,来给你加油鼓劲儿。"这种方法向对方展示了你对于设置自我边界有多认真。真诚寻求帮助的人会重视这种方法,并接受你提供的支持;而操控者会怨恨这些边界,并迅速在其他地方寻找更容易满足他们的人。

这5个关于设置自我边界的方法是循环性的。也就是说,当你正视你真正的需求—允许自己失败—倾听他人的共情反馈—承担后果重新恢复时,每一次循环都会帮你建立更强大的内部边界。当你坚持目标并与正确的人在一起时,你将建立一种自我约束的意识,这会成为你终身性格的一部分。

如果你是受害者

为自己设置边界总是困难的。如果你的边界在儿童期被严重侵害，这会难上加难。没有遭受儿童期侵害的人无法真正理解这些人经历了什么。在所有可以忍受的侵害中，这种类型的侵害会造成严重的精神和情感损害。

受害者是指在无助状态下遭受他人剥削而受伤的人。有些侵害是语言上的，有些是身体上的；有些是关于性的，还有一些是习惯上的。所有这些都会对孩子的性格结构造成极大的损害，当孩子长大成人时，他们的精神、情感和认知都被扭曲了。然而，不管在哪一种情况下，有三个因素是不变的：无助、伤害和剥削。

侵害造成的结果包括：

- 抑郁症。
- 强迫症。
- 冲动障碍。
- 孤立。
- 无法信任他人。
- 无法形成亲密的关系。
- 无法设置边界。
- 对关系的判断力差。
- 在关系中被进一步剥削。
- 深刻的、弥漫性的不良感受。
- 羞耻。
- 内疚。
- 混乱的生活方式。

- 无意义感和无目的感。
- 无法解释的惊恐。
- 惊恐障碍。
- 脾气爆发。
- 自杀倾向和意念。

受侵害对成年幸存者的生活具有长期而深远的影响。对受害者来说，疗愈很困难，因为他们的成长过程被虐待破坏或中断。最主要的损害是受害者丧失了对他人的信任。信任，即在需要时依靠自己和他人的能力，是一种基本的精神和情感生存需要。我们需要能够相信自己对现实的感知，能够让自己在乎重要的人。

我们信任自己的能力是建立在我们认为他人值得信赖的经验基础之上的。受害者往往会失去对他人的信任，因为侵害者是他们小时候认识的人，是对他们很重要的人。当这种关系对他们造成伤害时，他们的信任感就会破裂。

虐待或骚扰的另一个破坏性影响是摧毁了受害者对心灵的所有权意识。事实上，受害者常常觉得他们是"公共财产"，即他们的资源、身体和时间应该随时为他人所用。

侵害造成的另一种损害是一种深刻而普遍的"一无是处"、错误、肮脏或可耻的感觉。无论他人如何肯定受害者的可爱和品质，他们都确信，在这一切的背后，他们的内心没有良善。由于他们所受侵害的严重性，许多受害者的边界过于宽泛。他们承担了不属于自己的"坏"。他们开始相信他们被对待的方式是他们应得的。许多受害者认为,既然他们被告知自己是坏的或邪恶的,那么这肯定是真的。

设置边界对受害者是一种帮助

本书中所阐述的设置边界工作可以极大地帮助受害者走向恢复和疗愈。然而,在许多情况下,这种需求的严重性使得受害者在没有专业帮助的情况下无法设置边界。我们强烈敦促受害者去寻找一位能指导他们设置和维持适当边界的心理咨询师。

———

正如你所看到的,我们与自己的边界问题有许多不同的起源和表现形式。可喜的是,你与自己的边界可以得到恢复和加强。我们每天都能见证这样的疗愈,也怀着极大的希望,愿你通过接受帮助、治疗和练习,设置你所需要的自我边界。

注释

1. 见约翰·汤森德的 *Hiding from Love: How to Change the Withdrawal Patterns That Isolate and Imprison You* (Grand Rapids: Zondervan, 1996) 的第 8 章 "Helpful Hiding: Dealing with Suffering"。

Boundaries
Updated
and Expanded

第三部分

建立健康的边界

第 14 章
建立边界的常见障碍

在前文中,我们已经探讨了边界的必要性及其在我们生活中的美妙价值。事实上,我们几乎可以说:没有边界的生活根本不算生活。但是设置和维持边界需要花很多功夫,需要纪律约束,最重要的是,需要有这种欲望。

边界背后的动力必须是欲望。我们都知道生活中什么是正确的事,但除非有充分的理由,否则我们很少有动力去做这件事。我们都知道需要设置和维持边界,这当然是最好的理由,但有时我们需要一个更有说服力的理由。我们需要认识到,正确之事也对我们有好处。我们通常只在痛苦的时候看到这些好处,我们的痛苦促使我们采取行动。

即使渴望更好的生活,我们也有可能因为另一个理由而不愿意设置边界:这将是一场"战争",会有小冲突和战役,会有争执,也会有损失。

精神战争的概念并不新奇。几千年来,人们常常在选择过毁灭的生活还是拥抱当前的生活之间摇摆。我们也需要为自己的疗愈而战。疗愈过程的一部分就是找回我们的边界。

但是我们必须战斗。这种战斗分为两类：外部阻抗和内部阻抗，即来自他人的阻抗和来自自身的阻抗。

外部阻抗

朱莉在人生的大部分时间里，在边界方面遇到了诸多困难。小时候，她的父亲霸道专横，而母亲总是用内疚感来控制她。她一直害怕对一些人设置边界，因为她会为自己"伤害了他们"而感到内疚。当想要为自己做决定时，她会在意他人的愤怒或不开心的情绪，任由他们的反应影响她的决定。

离开原生家庭后，她嫁给了一个非常以自我为中心的男人，他用他的愤怒控制她。在她的成年生活中，她时而被丈夫的怒火控制，时而被母亲的内疚控制，她无法给任何人设置边界。多年以后，她患上了抑郁症，最后住进了我们的一家医院。

经过几周的治疗，她开始明白，她之所以痛苦，是因为她缺乏边界。她最终决定冒一次险，对丈夫设置一些边界。

在一次与治疗师和她的丈夫的联合会谈中，她面质了自己的丈夫。她泪流满面地回到了互助团体中。

"怎么样？"一名团体成员问道。

"糟透了。边界这种东西根本没用。"她说。

"这是什么意思？"团体治疗师问她。

"我告诉我丈夫我受够了被那样对待,我不打算再忍受下去了。他就生气了,开始对我大喊大叫。如果不是治疗师在那儿,我都不知道该怎么办。他永远不会改变的。"

她是对的。治疗师在那里,她在医院里,这是好事。在学习设置边界时,她需要很多支持,因为她会遇到来自丈夫和她自己的很多阻抗。

在接下来的几个星期里,她了解到其他人会努力挑战她的边界,她需要练习反击。如果她这样做,他们改变的可能性就很大。事实上,后续发生的事情正是如此。她的丈夫终于明白,他不能总是我行我素,他需要考虑他人的需求,就像他考虑自己的需求一样。

愤怒反应

最常见的来自外界的阻抗就是愤怒。那些因他人设置边界而生气的人有性格问题。他们以自我为中心,认为世界是为他们和他们的舒适而存在的。他们把他人看作自己的延伸。

当他们听到"不"时,他们的反应和2岁孩子被剥夺某物时的反应一样:"坏妈妈!"他们觉得剥夺他们愿望的人是"坏人",他们怒气冲天。这种愤怒并非对真正冒犯的正当反应。根本没有人冒犯他们,只是某人不会再为他们做一些事情了。他们的愿望受挫,他们生气是因为他们没有学会延迟满足或尊重他人的自由。

愤怒的人有性格问题。如果你强化了这种性格问题,那它们还会在其他情况下反复发生。让他们生气的不是情境，而是他们觉得自己有权从他人那里得到什么。他们想要控制他人，结果却无法控制自己。所以当他们失去了他们渴望的对某人的控制时，他们就"失去了控制"——生气了。

你需要学习的第一件事是，对你设置边界感到生气的人才是有问题的人。如果你没有意识到这一点，你可能会认为自己有问题。坚守你的边界对其他人是有好处的，这将帮助他们学习原生家庭没有教给他们的东西——尊重他人。

第二，你必须现实地看待愤怒。愤怒只是对方内心的一种感受，它无法跳过"房间"伤害你，即无法"进入你的内心"，除非你允许它进入。远离他人的愤怒至关重要。就让怒火留在对方身上，他需要感受自己的愤怒才能变好。如果你帮助他摆脱愤怒，或者自己承受他的愤怒，这个生气的人就不会变好，你也将继续被束缚。

第三，别让愤怒成为你做某事的提示。缺乏边界的人会对他人的愤怒自动做出反应。他们拯救他人、寻求认同，或者自己也开始发怒。"不作为"中蕴藏着巨大的力量。不要让失控的人成为你改变行动的提示，就让他生气，然后自己决定你需要做什么。

第四，确保你有合适的支持系统。如果你想对一个用愤怒控制你的人设置一些边界，先和支持系统中的人谈谈，制订一个计划。想清楚你要说什么，预想生气的人会说什么，并提前想好你要做出什么反应。你甚至可以和互助团体成员一起进行角色扮演。确保你的互助团体在你和这个人对质结束之后可以立刻为你提供支持。或许互助团体中的一些人可以和你一起去。但是之后你肯定需要他们帮助你承受压力，使你不至于崩溃。

第五，别让愤怒的人惹你生气。在"以爱心讲道理"时要保持一种充满爱的姿态。当我们陷入"以眼还眼"或"以怨报怨"心态时，我们就被束缚了。如果设置了边界，我们就可以足够独立地去爱别人。

第六，要善于使用物理距离或其他限制措施来落实行为后果。一位女士的生活发生了改变，因为她意识到她可以说："我不允许别人对我大喊大叫。我会到另一个房间去，直到你决定和我好好谈论这件事，而不是口头攻击我和提高嗓门。你能够做到的时候，我再和你谈。"

采取这些严肃的步骤不需要带着愤怒情绪。你可以充满爱意地表达共情，继续交谈而不屈服或被控制。"我理解你对我不为你做这件事感到难过，对此我感到很抱歉。我能怎么帮助你？"记住，当你表达共情时，单纯改变拒绝的立场是没有用的，你不妨尝试提供其他选项。

如果你坚守你的边界，那些对你生气的人就不得不开始学习自我控制，而不是"控制他人"——这对他们来说无论如何都是具有破坏性的。当不再控制你的时候，他们会找到一种不同的方式与你建立联结。但只要他们能用愤怒控制你，他们就不会改变。

一个残酷的事实是，有时他们不会再和你说话，或者如果他们无法再控制你，他们将离开这段关系。这是真正的风险。但有时我们不得不冒这个险，坚持做正确的事，如果其他人选择了他们自己的道路，那就让他们离开。

内疚信息

一个男子打电话给他的母亲，母亲接听电话的声音很虚弱，几乎听不见。他以为她生病了，担心地问道："妈妈，你怎么了？"

"我想我的嗓子不太好了，"她回答，"自从你们离开家后，就没人给我打电话了。"

在控制他人的"武器库"中，没有什么比内疚信息更强大的了。缺乏边界的人几乎总是将针对他们的内疚信息内化成自己的声音，他们会听从那些试图让自己感觉不好、让自己产生负罪感的陈述。看看下面这些话语：

- "我为你做了那么多，你怎么能这样对我？"
- "看来你终于可以考虑一下别人，而不是光顾着自己了。"
- "如果真的爱我，你就会为我打这个电话。"
- "看起来你要足够在乎这个家才会做这件事。"
- "你怎么能这样抛弃家人？"
- "你很清楚过去你不听我的造成了怎样的后果。"
- "毕竟，在这里你从来不用动一根手指头。现在是时候轮到你干了。"
- "你知道如果我有，我会给你的。"

- "你不知道我们为你牺牲了多少。"
- "也许等我死后,你才会后悔。"

说这些话的人是想让你对自己的选择感到内疚。他们试图让你因为以下决定而自责:如何支配自己的时间和资源,长大后与父母分离,拥有与朋友或精神偶像不同的生活轨迹。我们不是必须给予任何人他们想要的东西,我们能决定和控制自己的付出。

也许每个人都能在某种程度上识别出他们听到的内疚信息。但是如果你为自己的边界感到难过,也许是因为你没有仔细观察你的家人或其他人所使用的那些情感操纵手段。下面介绍一些处理这些外部信息的小诀窍。

1. 识别内疚信息。有些人相信内疚信息,却从未考虑过它们的控制力有多强。当你以自我为中心时,你需要对指责和反馈持开放态度。但是他人给出内疚信息并不是为了你的成长和幸福,而是为了操纵和控制你。

2. 内疚信息是伪装的愤怒。内疚信息传达者无法公开承认他们对你所做之事的愤怒,可能是因为那样会暴露他们强烈的控制欲。他们更愿意关注你和你的行为,而不是他们的情绪。专注于他们的感受会让他们离责任太近。

3. 内疚信息隐藏着悲伤和受伤。这些人试图把注意力转移到你和你正在做的事情上,而不是表达和承认这些感受。我们需要认识到,内疚信息有时是个体在表达悲伤、受伤或需求。

4. 如果你感到内疚,要认识到这是你的问题,而不是他们的问题。意识到真正的问题来自你的内心，唯有如此，你才能带着爱和边界正确地处理外部事务。如果你继续责怪他人"让"你感到内疚，就等于他们仍然对你有影响力，这无异于宣告：只有他们不再施压，你才会感觉内心平静。这相当于给了他们控制你生活的权力。所以，不要再责怪他人了。

5. 不解释，不辩解。只有感到内疚的孩子才会辩解，这正中他们的下怀。你并不需要对内疚信息传达者解释，只需要说出你的选择。如果你想告诉他们你为什么做了某个决定来帮助他们理解，这也没问题。如果你想让他们不再让你感觉不好，或者消除你的内疚感，你就陷入了他们设置的内疚陷阱。

6. 坚定自信，把他们的信息理解为他们的感受。"听起来你对我的选择……很生气。""听起来你很难过，因为我不会……""我理解你对我决定做的事感到很不高兴。你这么想，我很遗憾。""我知道这让你很失望。我能在其他方面帮你什么忙？""我有别的事要做的时候，你觉得很难受，是吗？"

坚持自信的主要原则是：共情人们所感受到的痛苦，但要明确这是他们的痛苦。

记住，爱和限制是唯一清晰的边界。如果你做出了被动反应，你就丧失了边界。如果其他人有能力让你做出被动反应，他们就突破了你的边界。停止被动反应，掌握主动权，给予他们共情。"听起来你现在的生活很艰难，和我说说吧。"有时候，传递内疚信息的人只是想倾诉自己的难处。做一个倾听者，但不要把责任揽到自己身上。

还记得本节开头那个试图让儿子感到内疚的母亲吗？一个有良好边界的人会共情他的母亲："听起来你感到很孤独，妈妈。"他确保她能明白，他听出了隐藏在内疚信息之下的感受。

后果和反击

布赖恩和父亲的关系不好。布赖恩的父亲很有钱，他总是用钱控制其他人，甚至他的家人。他用切断经济援助或不被列入遗嘱来威胁他的孩子，让他们服从于他。

随着年龄的增长，布赖恩希望从父亲那里得到更多自由，但是他发现自己离不开家里提供的财富及其带来的快乐。他喜欢能带妻子去家里的度假山庄的感觉，喜欢乡村俱乐部的会员身份和十大联盟篮球比赛的门票。

但是布赖恩不喜欢父亲的控制对他情感和精神的消耗。他决定做出一些改变。他开始拒绝父亲的一些对他和他的小家来说具有破坏性的要求。当他的孩子想要做其他事情时，他谢绝了一些来自父亲的假日旅行的邀约。他的父亲对此很不高兴。

不出所料，父亲开始切断布赖恩能接触到的一些资源。他把布赖恩当作其他兄弟姐妹的反面教材。他开始给布莱恩的兄弟姐妹更多的特权，以凸显布赖恩的过错，他甚至修改了遗嘱。

这对布莱恩来说很艰难。他不得不简化生活方式，不再做一些习以为常的事情。他不得不为未来制订其他计划，因为原来他总是计划着继承父亲的遗产。简而言之，他必须面对自己选择摆脱父亲控制的后果。但有生以来第一次，他自由了。

这种情况很常见。你受到的威胁并不总是不能继承家族财富，也有可能是失去父母对上大学的经济支持，还有可能是失去母亲提供的育儿支持或父亲对生意的帮助，甚至可能失去这段关系。设置边界的后果是控制者的反击，即他们会对你设置边界的行为做出反应。

第一，弄清楚缺乏边界会给你带来什么，设置边界会让你失去什么。在布赖恩的例子中，是钱；对其他人来说，可能是一段关系。有些人的控制欲非常强，如果有人开始和他们对抗，他们就不再和这个人建立关系。当许多人不再玩原生家庭里功能失调的"游戏"时，他们就被家人切断了联系。他们的父母或"朋友"不再同他们说话。

当设置边界和获得对自己生活的控制权时，你会面临风险。在大多数情况下，结果不会很惨烈，因为一旦对方发现你是认真的，他们就会开始改变。他们发现设置边界对他们是有好处的。朋友的责备最终会成为一剂良药。

善良、诚实的人需要纪律，不管多么不情愿，他们都会对边界做出回应。还有一些人有心理学家所说的"性格障碍"：他们不想为自己的行为和生活负责。当他们的朋友和伴侣拒绝为他们承担责任时，他们就会离开。

你在计算后果的代价时，尽管它们看起来很困难或损失惨重，但还是难以与你失去"真正的自我"相比。请了解风险并做好准备。

第二，决定你是否愿意冒关系破裂的风险。你必须背负的后果对你的"真正的自我"来说真的值得吗？对一些人来说，这个代价太高了。他们宁愿继续向控制欲强的父母或朋友屈服，也不愿冒关系破裂的风险。干预专家会提醒酗酒者的家人考虑清楚，如果酗酒者不接受治疗，他们是否准备好执行事先商定的后果。没有后果的边界不是边界。在设置边界之前，你必须决定是否愿意执行后果。

第三，要勤于弥补你所失去的。在布赖恩的例子中，他必须想办法赚更多的钱；对其他人来说，可能需要为孩子制订新的托管计划、结交新朋友，或学会面对孤独。

第四，开始行动。除了设置边界和执行计划，没有其他方法可以应对他人的强权行为，以及承担我们设置边界的后果。执行计划的第一步是最难的。请放手去做吧。

第五，意识到困难的部分才刚刚开始。设置边界并不是战斗的结束，只是战斗的开始。现在是时候回到互助团体中，寻求他们对你心灵的滋养，这样你才能坚持你的立场，继续进行那些让你准备好设置边界的计划。

应对针对你设置边界的反击是很困难的，我们要付出努力。

身体阻抗

令人遗憾的是，我们不得不讲该部分内容。有些人无法与另一个人保持边界，是因为他们的身体被控制了。施虐的伴侣或恋人无法接受"不"的回答，通常，试图设置边界的女性会受到身体上的虐待。虐待老人的情况也很普遍。

这些受虐者需要帮助。出于许多原因，他们通常不敢告诉任何人已经发生或者正在发生的事情。他们试图保护伴侣在朋友中的声誉；他们害怕一旦说出来，自己会遭受更严重的对待。实际上，他们必须认识到问题的严重性，并寻求外界的帮助。问题不会消失，而且可能会变得更糟。

如果你处于这种境况之下，去找其他人来帮助你对虐待设置边界。找一位之前处理过虐待伴侣情况的心理咨询师；如果你的伴侣或朋友有暴力行为，而你受到了威胁，打电话给社区服务人员，让他们另外给你安排一个过夜的地方，不论当时是几点；如果对方不遵守其他限制，就打电话给警察和律师，对他申请限制令。为了你自己，也为了你的孩子，不要让这种情况继续下去，请寻求帮助。

他者之痛

当我们开始对所爱之人设置边界时，会发生一件非常艰难的事：他们会受伤。他们可能会觉得，曾经由你"堵住"的那些孤独、杂乱无章或财务困境的"洞口"，现在空落落的。不管是什么，他们都会感到失落。

如果你爱他们，看到他们遭受痛苦对你来说很困难。但是当你面对一个受伤的人时，记住你的边界对你来说是必要的，对他来说也是有益的。如果你过去一直让他们不用负责，现在你的边界可能会推动他们去承担责任。

责备者

责备者会表现得好像你的拒绝会要了他们的命，而且他们会带着"你怎么能这样对我"的信息做出反应。他们可能会哭泣、表达不快或发怒。记住，责备者有性格问题。如果他们的话让人听起来好像他们的痛苦是因为你没有给予他们某些东西，他们就是在指责你和索要你的东西。这与一个谦卑之人出于需要而请求是非常不同的。你可以倾听他人抱怨，并挖掘其本质；如果他们试图把他们应该承担的责任归咎于你，那就与他们对质。

苏珊的哥哥想借她的钱买一辆新车，她不得不和他对质。他们都是成年人了。她有责任心而且努力工作；而他不负责任，从来不存钱。多年来，他一直向她借钱，而她一直在帮他付账，他却很少还钱。

最后，在参加了一个关于边界的工作坊后，她看到了希望，并拒绝了哥哥最新提出的要求。他的反应就好像苏珊毁了他的生活。他说，"因为她"，他无法在事业上取得进步，除非他有一辆新车，否则他招揽不到生意；"因为她"，他开着旧车没法找到约会对象。

苏珊学会了倾听他的指责，她与他当面对质。她说，她对他的事业不顺利感到遗憾，但他的事业是他的问题。这样的回应对她和哥哥都有好处。

真正的需求

你可能需要为真正有需求的人设置边界。如果你是一个有爱心的人，拒绝需要帮助的所爱之人可能会让你心碎。但是你能给予的和不能给予的都是有限的，你需要适当地拒绝。这些都不是"不情愿或被迫"给予的情况。在这些情况下，你破碎的心想要给予，但如果你这样做了，你会精疲力竭。

了解你的边界是什么，给予你"内心决定"要给予的东西，把其他需要帮助的人送到那些能帮助他们的人那里，并对这些人的处境表达共情。他们通常需要知道，你认为他们的需求是合理的，他们确实需要帮助。这是你能为他们无法满足的痛苦和需求所做的最有爱的事情。

原谅与和解

很多人都不知道原谅与和解之间的区别。他们无法处理外部阻抗，因为他们觉得自己必须再次向对方让步，否则他们就不会被原谅。事实上，很多人害怕原谅，因为他们把原谅等同于再次放下自己的边界，给对方再次伤害他们的权力。

此处的原则是：我们总是需要去原谅，但是并不总能达成和解。原谅是我们发自内心的行为，我们免除了他人欠我们的债，他人不再欠我们了，我们也不再谴责他人。原谅是我一个人的行为。亏欠我的人不必请求我的原谅，这是我心中的恩赦。

但是，冲突双方并不总能达成和解。原谅只需要一方，但和解需要双方。

我们不会向对方敞开心扉，直到我们看到她真正承认了她的那部分问题。真正的悔改不仅仅是说"对不起"，而是做出改变。

你需要清楚地告诉对方，虽然你已经原谅了她，但你还不相信她，因为她还没有证明自己值得信任。你也没有足够的时间来观察她是否真的会改变。和解涉及双方。不要认为你已经原谅对方了，就必须和解。你可以提出和解，但能否和解取决于对方是否对自己的行为负责，并做出值得信赖的改变。

内部阻抗

我们必须拥有良好的边界，不仅是外部边界（如上一节所述），也包括内部边界，对那些想要控制我们的自我挫败或罪恶行为说"不"。接下来，让我们看看关于内部阻抗的边界。

人类需求

蕾切尔正在接受心理治疗，因为她总是挑选具有破坏性的男人作为伴侣。她会很快爱上那些英俊潇洒的男人。一开始一切都很好，他们似乎是"她一直想要的"，也能填补她内心缺失的某个部分。

她会沉浸在这种状态中一段时间，然后慢慢地在这段关系中"失去自我"，发现她屈从于自己不愿屈从的事情，做自己不愿意做的事，给予自己不想给予的东西。她爱上的男人往往非常以自我为中心，看不到她的需求，也不尊重她的边界。没过多久她就会痛苦不堪。

她找朋友聊天，朋友会告诉她早就知道的事实：那个家伙是个浑蛋，你应该叫他滚开。但她不会这么做，她被这段关系紧紧束缚着，无法离开。她缺乏边界，也无法拒绝。

当我们深入剖析蕾切尔生活中的这种模式时，我们发现，她想和这些男人在一起的动机是她想摆脱分手后的抑郁情绪。我们进一步发现，抑郁来源于蕾切尔内心一个空虚的部分，这个部分从来没有被她的父亲填满过。蕾切尔的父亲和她挑选的那些男人非常像，他们无法为她提供情绪价值，也不愿意向她表达爱。她不断用这些永远不会满足她的人，来填满本该由她父亲应该填满的空间。蕾切尔对于设置边界的内部阻抗是她儿童期未得到满足的成长需求。

我们对自己成长的家庭有特殊的需求。前文已经讨论过这些需求了，我们也撰写过大量相关文章。[1] 当有未被满足的需求时，我们需要清点一下内心中破损的地方，并且去满足这些需求，这样我们才能足够强大，为设置成年人生活的边界而战。

这些未被满足的成长需求是我们抗拒设置边界的主要原因。在良好的家庭中，父母拥有良好的边界，他们原谅和帮助孩子区分好与坏，使孩子成长为负责任的成年人。但是很多人都没有这样的经历，他们是心理上的孤儿。

未解决的哀伤与丧失

如果"未被满足的需求"阻抗与得到"好的"事有关，哀伤则与放弃"坏的"事有关。很多时候个体无法设置边界，是因为他们无法放下那个与自己紧密联结的人。蕾切尔一直在努力满足自己对获得一个关爱她的父亲的需求。但为了满足这个需求，蕾切尔不得不放弃她可能永远无法拥有的东西：父爱。这对她来说将是巨大的失落。

修复这一创伤的基本原则是：我们必须允许自己失去、哀伤，然后放手，这样才能得到。我们往往抱着"总有一天他们会爱我"的愿望，并试图让那些无法爱我们的人改变。我们必须哀悼这个愿望，放下它，这样我们的心才能向新事物敞开。

很多时候，对某人设置边界往往冒着失去你渴望已久的爱的风险。开始拒绝控制欲强的父母，就是为你无法从他们身上获得的东西感到哀伤，而不是继续努力去得到它。这种努力会让你远离哀伤，但也会让你陷入僵局。请接受他们真实的模样，并且放弃希望他们有所改变的愿望，这才是哀伤的本质。这确实令人难过。

我们常会陷入"只要……就……"的陷阱，而不是设置边界。我们会无意识地对自己说："只要我更加努力，而不是面对他苛求完美的要求，他就会喜欢我。""只要我能满足她的愿望，不惹她生气，她就会爱我。"为了得到爱而放弃边界，只是推迟了无法避免之事出现的时间：认识到这个人的真面目，接受真相带来的悲伤，然后放手，继续生活。

让我们看看，你需要采取哪些步骤来面对这种内部阻抗。

1. 承认你缺乏边界。承认你有问题。要承认，如果你被控制、操纵或虐待，问题不在于你和一个坏人在一起，你的痛苦也不是那个人的错，而在于你缺乏边界。不要责怪别人，你才是有问题的人。

2. 意识到阻抗。你可能会想，"哦，我只是需要设置一些边界"，然后你就会走上变得更好的道路。如果事情这么简单，你几年前就做了。承认你因为害怕而不想设置边界。内心的阻抗妨碍了你的自由。

3. 寻求真相。就像这个过程中的其他步骤一样，你不能在与世隔绝的情况下面对这些令人痛苦的真相。你需要他人的支持来帮助你承认内心的阻抗，他人也能给你力量去完成哀伤的过程。有效的哀伤过程只会发生在关系之中。我们需要他人的支持。

4. 识别愿望。设置边界失败的背后是对丧失的恐惧。你要弄清楚，如果选择活下去，你将不得不放弃谁的爱。你和那个人的紧密联系让你陷入困境。你陷入了自身的"情感"中，你需要放下与那个人的羁绊。

5. 放手。在你安全而支持的关系中，去面对你永远无法从这个人——或者这个人所象征的对象——那里得到的东西。这就像一场葬礼。你会经历哀伤的各个阶段：否认，讨价还价，愤怒，悲伤，接受。你可能不会完全按顺序经历这些阶段，但你会感受到所有这些情绪。这很正常。

和支持你的人在一起，谈谈你所丧失的东西。这些愿望非常深刻，面对起来可能非常痛苦，你可能需要去看专业的心理咨询师。放弃你从未拥有过的东西很困难，但最终你会通过失去它拯救自己的生活。

6. 继续生活。哀伤的最后一步是找到你想要的。如果你愿意放下过去的生活，你就会拥有一个真实的新生活。你必须积极主动地寻找对你有益的东西。

当你终于开始放弃那些你永远无法拥有的东西时，你会惊奇地发现生活发生了多么大的变化。你为了延续过去的生活做的所有尝试，耗费了大量精力，让你遭受了很多虐待和控制。放手和哀伤是通往宁静的必经之路。

对愤怒的内在恐惧

一家公司管理团队的三个合伙人与另一家公司合作，共同开展一个大项目。在谈判过程中，另一家公司的总裁对这三个人非常生气，因为他们不愿做他想让他们做的事情。

三个合伙人中有两个人失眠、焦虑，担心谈判破裂；他们不知道如果对方的总裁不再喜欢他们，他们该怎么办。最后，他们与另一个合伙人召开了一次会议，商讨策略。他们准备改变他们所有的计划来安抚那个愤怒的总裁。当这两个人告诉第三个合伙人他们"送出这家店"的计划时，第三个合伙人看着他们说："这有什么大不了的？他只是生气。议程里还有什么？"

他们都笑了，因为他们发现自己太愚蠢了。他们表现得就像一个惹家长生气的孩子，好像他们能否生存取决于这位总裁是否快乐。这两个害怕总裁生气的合伙人都来自用愤怒控制他人的家庭，而第三个合伙人从未有过这种经历，因此，后者有良好的边界意识。他们让第三个合伙人去会见那个总裁。他直面这个总裁，说如果他能够控制自己的情绪，想和他们达成合作，那很好；如果不能，他们就会找其他公司寻求合作。

这是一个很好的教训。前两个合伙人是从依赖他人的孩子的视角来看待这个总裁的。他们表现得好像总裁是世界上唯一可以依靠的人，所以他的愤怒吓坏了他们；第三个合伙人是从成年人的视角来看待这个问题的，他知道如果这个总裁不能控制自己的情绪，他们可以寻求其他合作。

问题出在前两个合伙人的内心。他们三个人对同一个愤怒的男人做出了两种不同的回应。前两个人拒绝设置边界，但第三个人没有。决定因素在于拥有边界意识的那个合伙人自身，而不在于那个愤怒的总裁。

如果愤怒之人会让你失去边界，可能是因为你的内心存在一个你仍然害怕的愤怒的人。你需要疗愈你在过去的愤怒中所经历的伤害。也就是说，你内心中受伤、害怕的部分需要得到治愈。你需要放下愤怒的父母，勇敢地面对你面前的成年人。

以下是你需要采取的步骤：

1. 意识到这是一个问题。

2. 找个人谈谈你对愤怒的无能为力。你一个人解决不了这个问题。

3. 在支持性关系中找到你恐惧的根源，开始识别这个愤怒的人代表了你内心里的谁。

4. 说出与这些过去的问题有关的伤害和感受。

5. 练习本书中描述的边界设置技巧。

6. 不要进入"自动化"模式，也不要通过战斗或变得消极被动放弃你的边界。给自己一些时间和空间，直到你能做出回应。如果你需要一些物理距离，那就让自己远离，但是不要放弃你的边界。

7. 当你准备好时，请做出回应。坚持自我控制，坚持你的决定。只需要重申你会做什么或不会做什么，如果对方生气那就让他生气。你可以告诉他你关心他，也可以问问你还能提供什么帮助，但是坚持说"不"。

8. 复盘。和支持你的人谈谈这次互动，看看你是坚持了自己的立场还是失去了自己的立场，抑或是发起了进攻。很多时候，你会觉得自己很刻薄，但事实上你并不刻薄，你可能需要对此进行现实检验。你可能认为自己坚守了边界，但实际上做出了过多的让步。去寻求他人的反馈。

9. 坚持练习。进行角色扮演，继续获得对过去的洞察和理解，并为你所丧失的而哀伤。继续在当下学习技能，一段时间之后，你会想，"我记得之前愤怒的人能够控制我，但是现在我已经处理好内心中曾让我被控制的部分了，自由的感觉真好"。记住，不要让愤怒的人控制你。

对未知的恐惧

对设置边界来说，另一个强大的内部阻抗是对未知的恐惧。被他人控制是一座安全的监狱，我们知道所有房间的位置。正如一位女士所说："我不想离开地狱。我知道这里每一条街道的名字！"

设置边界以及变得更加独立是一件可怕的事，因为这是迈向未知的一步。

改变令人畏惧。如果你感到害怕，正说明你可能走在正确的道路上——这是一条通往改变与成长的道路，知道这一点也许能给你些许慰藉。我认识的一位商人说，如果他在一天的某个时候完全不害怕，他就是没有尽最大的努力挑战自己。他在自己的事业上非常成功。

边界区分了你所熟悉的和你不想要的。它们为你提供了各种各样的新选择。当你放弃熟悉的旧环境，冒险进入新环境时，你会百感交集。

请稍微想一想，那些全新的、令人恐惧的边界成长步骤为你开辟了更大、更美好的世界。2岁时，你离开父母去探索世界；5岁时，你离开家去上学，开启了社交和学习的可能性；到了青少年期，随着新的能力和可能性的涌现，你离父母越来越远；高中毕业后，你去上大学，或者找工作，开始学会独立生活。

这些成长步骤确实很可怕。但伴随着这些恐惧，你达到了新的高度，获得了新的可能性，更深刻地认识了自己和世界。这就是边界的两面性。你可能会失去一些东西，但也会获得一种平静和自我控制的新生活。

以下是一些可能有用的建议：

1. 培养天赋。边界能够创造真正的独立性。如果不持续地培养技能和能力，我们就无法对自己的独立感到满意。上课，获取信息，接受咨询，进行更多的培训和教育，然后练习，练习，再练习。你对未来的恐惧会随着技能的提升减少。

2. 依靠互助团体。就像正在学习设置边界的小孩子需要回头和妈妈确认，寻求妈妈的鼓励一样，成年人也需要。你需要互助团体在你经历种种变化时安抚你。依靠他们，从他们身上获得力量。

3. 从他人的经历中学习。研究和经验表明，与那些正在挣扎以及经历过你所经历的事情的人相处会非常有帮助。你不仅能获得支持，还能够倾听那些曾经经历过你所经历的事情、曾经感到恐惧以及证明你终将渡过难关的人的故事。倾听他们经历过的考验，以及他们处在你的位置上时是如何做的。

4. 对自己的学习能力有信心。现在你所做的一切都需要学习。你现在能做的事情曾经都是生疏的、可怕的，这是生活的本质。但重要的是记住自己可以学习。一旦你意识到，你有能力学习新事物和处理新情况，你就不再害怕未来了。对未知事物有强烈恐惧的人，有一种想要提前"知晓一切"的强烈需要，但是在真正开始做一件事之前，没有人知道该如何做，他们都是边做边学。有些人对自己的学习能力有信心，有些人则没有。如果你能开始学习你能学习的东西，那么未来的未知事物看起来就会完全不同。

许多抑郁的人都患有"习得性无助"综合征，他们从小被灌输，无论做什么都不会对结果造成任何影响。许多陷入恶性循环的功能失调的家庭会在他们孩子的身上强化这一点。但是当你长大，看到能够影响结果的其他选择时，你就不必再陷入你在家里学到的那种无助感中。你可以学习新的联结和运作模式，这就是个人力量的本质。

5. 重新处理过去的分离。通常，当你不得不做出改变或经历损失的时候，你会发现，与情况本身应该引发的情感强度相比，你感受到的恐惧或悲伤可能更加强烈。这些强烈的情绪可能来自过去的分离或对改变的记忆。

如果过去你经历过一些严重的损失，比如由于频繁搬家而失去朋友，你可能正在触及过去没有解决的问题。

请找到一个智者，看看你现在所感受到的恐惧和痛苦是否来自过去未解决的问题，这将帮助你正确看待你的感受和感知。也许35岁的你是从一个6岁孩子的视角看世界的。重新处理过去的经历，不要让它成为未来。

6. 结构。对许多人来说，生活的变化是无法忍受的，因为它们会导致生活结构的丧失。在这样的变化中，我们经常失去内部和外部结构。内心世界中我们曾经依赖的东西已经不存在了，外部世界中那些让我们感到安全的人、地方和日程也消失了，这会让我们陷入混乱。

构建内部和外部结构对重组生活结构会有所帮助。遵循本书中的步骤来设置边界，可以促进内部结构的构建。此外，汲取新的价值观和信念，学习新的精神原则和信息，确立新的规则和计划并坚持执行，以及让他人倾听你的痛苦，都是建构生活结构的方式。但是当你做这些事的时候，你可能还需要一些强大的外部结构。

你可以每天设定时间给朋友打电话，每周安排时间和你的互助团体见面，或者加入一些定期聚会的学习小组。在混乱时期，你可能需要一些结构来为你的改变指引方向。随着你的成长，当改变不再让你不知所措的时候，你就可以开始放弃这些结构。

不原谅

正如 18 世纪诗人亚历山大·蒲柏所说："凡人皆有过，唯神能宽恕。"不原谅，是我们能做的最为自我毁灭的事情。

原谅非常难，因为这意味着放下他人"亏欠"你的东西。原谅是从过去中获得解脱，是从伤害过你的虐待者那里获得解脱。

原谅他人就像免除他人的债务。当他人侵犯了你的私人财产，他们就负了债，"亏欠"了你。你会在心灵"账簿"中记下谁欠了你什么。你的母亲操纵你，她欠你的是纠正；你的父亲控制你，他欠你的是弥补。如果你"受规则庇护"，你就有动力去向他们"讨债"。

讨债有多种形式。你可以试着取悦他们，让他们偿还亏欠你的东西。你可能认为，只要你多做一点，他们就会给你他们亏欠你的爱。你可能认为，只要你经常与他们对质，他们就会发现自己的错误并改正。你可能认为，如果你让足够多的人相信过去的你过得有多糟糕、你的父母有多糟糕，你就能在某种程度上结清这笔债务。你可以把它"发泄"到别人身上，对别人重复他们对你犯下的过错，以此来报复；也可以继续试着让他们相信他们有多糟糕。你也可以认为，只要他们能够理解，他们就能让事情变好，会偿还他们亏欠你的。

希望事情得到解决并没有错，问题是，只有一种方法可以解决——那就是原谅。以牙还牙、以眼还眼是行不通的。错误无法挽回，但可以被原谅，使错误不再具有影响力。

原谅意味着债务一笔勾销，随风而逝；意味着承认我们永远没法从那个人那里获得他亏欠我们的东西。而这正是我们不愿意的，我们会因永远不会到来的事情而哀伤：过去无法改变了。

对一些人来说，这意味着对从未拥有过的童年生活感到悲伤；对另一些人来说则是为其他失落而悲伤。但若要紧抓着"对方必须偿还"的要求不放，就等于卷入不原谅的旋涡，这是我们对自己所做的最具毁灭性的事情。

需要提醒的是，原谅与容忍更多虐待不是一回事。原谅与过去有关，和解与边界和未来有关。边界可以保护我们的"财产"，直到对方悔改并且再次得到信任。我只想与那些诚实地辜负我的人在一起，而不是与那些不诚实地否认伤害过我，也无意做得更好的人在一起。后者对我和他们而言都是毁灭性的。如果人们承认自己的过错，并在失败中学习，我们就可以一起挺过去。他们想要变得更好时，原谅会帮助我们。但是如果某人拒绝承认，或只是口头说要变得更好，而不努力做出改变或寻求帮助，我们就需要坚守边界，即使我们已经原谅了他们。

原谅给了我边界，因为它让我从伤害我的人那里获得解脱，然后我便能明智且负责地行事。如果不原谅他们，我就仍然处在和他们的破坏性关系中。

免除他人的债务吧，不要苦苦追寻一笔坏账。放手吧，去能够给予你所需要的东西的人那里获得你所需要的，这才是更好的生活。不原谅会摧毁边界，而原谅能设置边界，因为它将坏账从你的财产中剔除。

请记住最后一件事，原谅不是否认。你必须说出对方对你不利的事情，你才能原谅。说出它，表达对它的感受，然后放手。要在支持性关系的帮助下做这些。还要注意那些试图让你停留在过去，让你追寻你永远得不到的东西的阻抗。

外部关注

人们倾向于从外部世界寻找问题，这种外部视角会让你成为受害者。它会让你觉得，除非他人改变，否则你永远不会变好。这是无能为力的责备的本质。这可能会让你感觉自己在道德上优于那个人（在你自己的想法中，而不是在现实中），但这永远无法解决问题。

你可能会抗拒把自己视为那个需要改变的人，要正视这种阻抗。面对自己至关重要，因为这是设置边界的开始。责任始于内心的坦白和改变。你必须承认关于你在生活中一直保持无边界状态的事实，以及你必须有所改变。你必须审视自己，直面想把问题推到外部世界的内部阻抗。

内疚

内疚是一种很棘手的情绪，因为它并不是一种真实的感受，比如悲伤、愤怒或恐惧，而是一种内部谴责的状态。这是我们的良知发出的谴责："你那样做真是太差劲了！"

内疚主要来自我们在早期社会化过程中所受的教导，因此，我们的内疚感不是绝对正确的。当我们根本没有做错任何事情，但违反了我们被教导的一些内在标准时，内疚感就会出现。当内疚感告诉我们做错了的时候，我们必须小心，因为内疚感本身往往是错的。此外，内疚感也不是一种好的驱动力。在备受责怪的状态里很难去爱。我们需要的是感受到不被谴责，这样我们才能感受到悲伤，看到我们给他人造成的伤害，而不是我们有多糟糕。内疚会扭曲现实，让我们远离真相，远离对他人真正有益的行动。

涉及边界时尤其如此。本书一遍又一遍地强调，要设置良好的边界，为后果负责，学习成长，以及与原生家庭分离，学会说"不"。当我们这么做的时候，我们就走在正确的道路上。这些边界是爱的行动。虽然它们会带来痛苦，但对他人也是有帮助的。

但我们的良知告诉我们，当设置边界时，我们很"坏"，我们做的事很刻薄。我们正在对其设置边界的人，通常会说一些强化我们内疚感的话。如果你所成长的家庭含蓄或明确地指出你设置的边界不好，你就会明白我在说什么。当拒绝他人的请求时，你会感到内疚；当不允许他人利用你时，你会感到内疚；当离开家去创造自己的生活时，你会感到内疚；如果你不去拯救那些不负责任的人，你就会感到内疚。这样的例子不胜枚举。

内疚会阻止你做正确的事，让你陷入困境。许多人没有良好的边界，因为他们害怕违背他们脑海中的内在父母。你可以采取几个步骤来避免这种内疚，但必须先认识到一点：内疚是你的问题。许多没有边界的人会抱怨"当我说'不'的时候，某人会让我感到内疚"，就好像对方对他们有某种影响力。这种幻想来自你的童年，那时你的父母在你心中似乎举足轻重。

没有人有权力"让你感到内疚"。你内心的一部分认同了这个内疚信息，因为它挖掘出了你的情感大脑中强大的与父母有关的信息。这是你的问题，这在你的边界之内，你必须掌控它。

- 承认内疚。
- 依靠支持系统。
- 审视内疚信息的来源。
- 意识到你的愤怒。
- 原谅控制者。
- 在练习情境中对支持你的朋友设置边界，然后逐渐拓展到更加困难的情境中。这将帮助你获得力量，以及当你重建良知时获得所需的支持的"声音"。
- 为你的良知获取新信息。阅读像本书这样的书就可以带给你新信息，它们将帮助你搭建头脑中新的指导结构，用以取代旧的"声音"。
- 获得内疚感。这听起来可能很可笑，但你需要违抗内化的"父母式良知"。你必须做一些正确的事，即使它会让你感到内疚。不要再让内疚掌控你。设置边界，然后与你新的支持者在一起，让他们帮你摆脱内疚感。

- 待在你的互助团体中。仅仅通过重新训练你的思维是无法摆脱内疚感的。你需要与他人建立新的联结来将新的"声音"内化。
- 不要对哀伤感到惊讶。这会让人感到悲伤,但要让他人在这个过程中爱你。哀悼者可以得到安慰。

被抛弃的恐惧:孤立地表态

还记得第 4 章中所说的,边界出现在依恋之后吗?婴儿在学习边界之前必须建立安全感,这样分离对他们来说就不会产生恐惧,而会成为新鲜和兴奋的探索。建立了良好联结的孩子自然会开始设置边界,并且与他人适当保持距离。他们的内心有足够的爱,可以承担设置边界的后果,走向独立。

但是如果个体没有稳固的情感联结,设置边界就太过可怕了。许多人待在破坏性关系中,因为他们害怕被抛弃,担心如果捍卫自己的权益,他们将被这个世界孤立。他们宁愿没有边界但拥有一些联结,也不愿拥有边界却承受孤独。

边界不是凭空建立起来的,它们必须通过与安全的人建立稳固的情感联结来加强,否则就会失败。如果你在对你所爱的人设置边界之后,又有良好的互助团体可以依靠,那你就不会孤单。

人们往往在顺从和孤立之间摇摆不定,但不论哪个都是不健康的,也无法长久维持。

在我们的临床项目中,这样的案例屡见不鲜。处于破坏性关系中的患者，往往因缺乏情感支持系统而无法设置边界。但是，当他们在治疗中获得充分的理解和支持时，他们觉得自己有能力去做那些他们从未做过的困难之事。

如果这件事很容易，你早就做完了

当你开始设置边界时，你就会遭遇困难——既有来自外部的，也有来自内部的。这个世界，甚至你自身都会抵制你，迫使你以错误的方式行事。

但错误的方式是无法成功的。做正确的事困难重重，需要极大的勇气，付出大量的努力，还要进行许多斗争。

遇到阻抗通常是一个好迹象，表明你正在做你需要做的事情。这是值得的。这些阻抗肯定会出现。我向你保证，如果没有出现阻抗，你可能早就设置好边界了。但当它们出现时，要以正确的视角来看待它们，在正确的道路上前行，寻找最美好的未来。

第 15 章
建立边界的 11 个步骤

琼手握茶杯坐在桌旁，惊讶不已。这是一种陌生但愉快的感觉。她的思绪回到了早晨发生的事情上。

她 8 岁的儿子布赖恩像往常一样，以恶作剧开启了这一天。他闷闷不乐，噘着嘴走到餐桌前，大声宣布："我不去上学，也没人能强迫我去！"

通常情况下，琼要么试图说服布赖恩去上学，要么沮丧地对他大发脾气。然而，今天早上不一样。琼只是说："你说得对，亲爱的。没人能强迫你去上学，那必须是你选择去做的事。但是，如果你选择不去上学，你就是选择整天待在你的房间里，不能看电视，不能玩电子游戏。但这得由你自己决定，就像上周那样。"

布赖恩在发脾气前犹豫了一下。他想起了上次他拒绝摆放餐具，妈妈让他待在自己的房间里，他因此错过了晚餐。最后，他说："好吧，我去上学，但是我没必要喜欢上学！"

"当然了,"琼表示赞同,"你没必要喜欢很多事情,比如上学。但我确信你的选择是正确的。"她帮助布赖恩穿上夹克,然后看着他走向屋外的拼车上车点。

大约 10 分钟后,琼接到了丈夫亚伦的电话,他在更早的时候已经开车去上班了。"亲爱的,"他说,"我刚刚发现我下班后有个会。上一次我没赶上吃晚饭的时候,回家已经没有什么饭了,你觉得今天可以给我留些吃的吗?"

琼笑了。"上次你没有打电话告诉我。我真的很感谢你这次提前告诉我。我先让孩子们吃,然后我等你一起吃饭。"

"我的儿子成功去上学了,即使很不乐意。我的丈夫打电话告诉我他的行程有变化。我难道不是在做梦吗?"

琼不是在做梦。她有生以来第一次体验到在生活中设置并维持清晰边界的好处。这一切让她付出了大量艰辛的努力,承担了诸多风险。但这是值得的。她站起身来,开始准备去工作。

琼目睹了她设置边界在生活中明显的结果。一切都改变了。但是她是如何从 A 点(无边界)到达 B 点(成熟的边界)的呢?我们能测量我们的边界发展吗?

这是可以做到的。具体而有序的变化预示着成熟边界的出现。了解这一点是有帮助的。下面的 11 个步骤可以帮助你衡量你的成长——看看你处于哪个发展阶段。你可以把本章当作你下一步成长的指南。

第 1 步：怨恨——早期预警信号

兰迪从来没有对他最好的朋友威尔的挖苦感到过恼火。怨恨对他来说是一种全新的感觉。他总是很容易成为他人的笑柄，而"善良的兰迪"总是能从容应对。

但是，当威尔走到他面前，当着几个旁观者的面对他说："是你买的衣服小了，还是你长胖了？"兰迪却没有一笑置之。他什么也没对威尔说，这句话却深深地烙印在他心里。他感到既尴尬又受伤。他无法摆脱这种感受，就像他这么多年来一直做的那样。

"我以前从来不会这样，"兰迪心想，"为什么这次我会有这种感觉？也许我太敏感了。"

你开始设置边界的第一个迹象是对生活中微妙和不那么微妙的侵犯感到怨恨、沮丧或愤怒。就像雷达显示有导弹靠近一样，你的愤怒能够提醒你注意生活中的边界被侵犯。

兰迪的原生家庭在很大程度上会回避冲突和分歧。争论被顺从取代。当兰迪 30 多岁时，他为一直以来的进食障碍寻求治疗。令他惊讶的是，治疗师没有和他讨论饮食和锻炼计划，而是问他对于他生活中控制欲很强的人的反应是什么。

最开始兰迪想不出一个控制欲强的人。但经过一番思考，他想起了威尔。威尔戏弄兰迪，在朋友面前羞辱兰迪，不把兰迪当回事，甚至还利用兰迪。

那些记忆不仅仅是兰迪脑海中的往昔片段，它们还携带着伤害、愤怒和怨恨，并在兰迪生活中埋下了设置边界的种子。

那些在被侵犯、被操纵或被控制时不会生气的人确实有缺陷。他们没有"警示灯"来提醒他们注意边界问题。当你受到攻击时，这盏灯在正常工作的情况下会迅速亮起。愤怒就像你心中熊熊燃起的火焰，让你知道有一个问题需要去面对。

无法生气通常是一个信号，暗示我们害怕说真话所带来的分离。我们担心向对方说出自己的不满会破坏这段关系。但是，如果承认真相永远是我们的朋友，我们通常就是在给予自己生气一个理由。

因此，在你说出任何对抗性话语时，甚至在你设置第一个边界前，请先审视你的内心。问问你自己："当我被他人控制时，我是否允许自己感到愤怒？我是否意识到自己被侵犯？我能听到我心中的预警吗？"如果答案是肯定的，你就处在正确的轨道上；如果是否定的，这就是找个安全的地方说出真相的好时机。当你能更诚实地面对差异和分歧时，你就更能允许你的愤怒来帮助你。

第 2 步：改变品味——吸引边界爱好者

距离塔米和斯科特更换教会已经过去整整 12 个月了。他们回忆起前一年的经历。

他们几年前结婚，并且一直去之前的教堂做礼拜。教会成员形成了一个教义正确且活跃的团契①，但有一个问题，就是教会成员对出席教会活动的态度。他们非常重视每一次聚会中成员的出席，从偶尔的敬拜和赞美音乐会到周中礼拜以及每周的小组查经。

塔米和斯科特错过几次聚会之后，冲突便出现了。他们回忆起老朋友从外地来拜访他们的那个晚上。塔米打电话给她的小组领导者贾尼丝，他们会缺席今晚的聚会。

"我认为你们不够信守承诺，塔米，"贾尼丝说，"如果我们对你来说真的很重要，你就会来的。但是你只在意自己的事。"

塔米很生气，也很受伤。她只是想和朋友共度一晚，贾尼丝却这么说。正是因为她所在的小组无法理解"不"这个字眼，这对夫妇后来换到了另一个教会。

现在，一年过去了，她和斯科特对自己的决定感到满意。虽然他们现在所在的团契也很活跃，也鼓励大家积极参与，但当成员因为这样或那样的原因缺席时，没有人会挑三拣四、评头论足。

"你觉得这个对比怎么样？"斯科特对塔米说，"昨天我打电话给马克——我们现在小组的领导者，我刚从洛杉矶乘坐夜间航班回来。我告诉他，我累极了，不确定是否要赶去参加小组活动。你猜他和我说了什么？'那你给我打电话做什么？'他说，'快上床睡一会儿吧！'他对我的这种理解让我很想去参加下

---

① 意为交往、分享、建立关系，特指上帝与信徒之间、信徒彼此之间的密切关系。——编者注

一次聚会。"

塔米和斯科特一度认为前一个教会的态度是正确的,他们甚至没有意识到他人能够理解他们的拒绝。现在,一年过去了,他们无法想象自己回到那种情况会怎样。

设置边界能力不成熟的人常常发现自己身边围绕着"边界破坏者"。他们可能是家人、同事、伴侣或朋友。对他们来说,边界混乱似乎很正常,所以他们并没有意识到它对自己和他人造成的伤害。

但是,当边界受损的个体开始设置边界时,变化就会产生。他们开始被那些能倾听他们的拒绝而不评判的人所吸引。这些人不会让他们受伤,不会把问题个人化,不会以操纵或控制的方式超越他们的边界。他们只会说:"好的,我们会想你的,下次见。"

这种转变的原因就隐藏在我们的本质中——去爱,去有意义地接近他人。当我们找到一种可以自由设置边界的关系时,奇妙的事情就会发生。除了有说"不"的自由,我们还拥有对别人说"是"的自由,这是一种全心全意、毫无矛盾、心怀感激的自由。我们被边界爱好者所吸引,因为在他们身边,我们可以做一个诚实、真实和有爱心的人。

对边界受损的人来说,能够明确拒绝他人的人有时显得无礼且冷漠。但是当他们的边界变得更加稳固后,这些无礼且冷漠的人就会变成体贴、率真、诚实的人。

我们需要与边界爱好者建立深刻而有意义的依恋关系。边界无法凭空建立。当我们与这些人建立联结,寻求他们的支持和理解时,我们就有力量去进行艰难的边界设置工作。

第3步:加入边界大家庭

随着我们的偏好发生变化,从边界模糊到边界明确,我们开始与边界清晰的人建立密切而有意义的联结。我们开始在当前关系的边界中获得成长,寻找新的依恋对象,或两者皆有。这是边界发展的关键阶段。

为什么加入边界大家庭如此重要?主要原因是,与任何精神训练一样,边界无法凭空建立。我们需要那些有同样价值观的人来鼓励我们,和我们一起练习,和我们在一起。这就是韦恩的发现。

韦恩简直不敢相信这种变化。在过去的几个月里,他开始意识到自己在工作中缺乏边界。其他员工按时下班回家,他却经常被要求留下来加班。他想反抗他的上司,让上司知道他会对工作设置更加严格、更加现实的边界。但每次他走近上司时,焦虑都会使他说不出话来。

韦恩对设置成熟的工作边界感到绝望。也正是在这个时候,他加入了一个互助团体。他与团体成员的关系逐渐加深,开始信任团体里的成员。最后,当他能够在工作中保持情感上"与他们在一起"时,他找到上司来解决加班冲突。正是团体的安全和支持给了韦恩在工作中说出真相所需的力量。

正是对那些相信我们的人的情感记忆,让我们保持坚定的边界。为什么呢？因为我们知道我们在某个地方有一个精神和情感上的家。不管别人的批评有多刻薄，或者与我们发生冲突的人的排斥有多严重，我们都不孤单。这会极大地改变我们的边界设置过程。

第 4 步：珍惜我们的财富

当你在支持你的人身边获得安全感之后，你的价值观也会开始改变。你会明白对自己负责是健康的，也会开始明白为其他成年人负责是有害的。

当人们长时间被当作物品对待时，他们就会把自己看作他人的财产。他们不重视自我管理，因为他们与自己的关系，就如同他们与重要他人的关系一样。许多人一遍又一遍地被告知，滋养和维护他们的心灵是自私的，是错误的。一段时间之后，他们会对此深信不疑。在那时，他们完全不重视照顾自己的情感、天赋、想法、态度、行为、身体以及自己拥有的资源。

我们学会去爱人，因为我们被爱着。只有先得到外部的爱，我们才能在内部发展爱。同理，如果我们不被爱着，我们就无法去爱。也就是说，当我们的心灵没有被他人重视或珍惜时，我们就无法重视或珍惜它们。

这是关键的一步。我们对于自己基本的感觉，对于自己真实的感知，来源于我们最重要、最主要的关系。这就是为什么许多在儿时不被爱的人，会在成年后被体贴的人所吸引，然而，无论人们多么努力地向他们展示他们是值得被爱的，他们也无法摆脱那种根深蒂固的觉得自己毫无价值、不讨人喜欢的感觉。

海伦的父亲在她很小的时候性侵了她。这次性侵给她造成了巨大的心理创伤，但她试图保守这个秘密，不让家人感到不安。但是，在十几岁的时候，她无意中开始用非言语的方式"说出"家庭问题的真相——在年纪很小的时候她就开始性滥交。

成年后，海伦在心理治疗中回顾了她动荡的青少年期。"我甚至不记得那些男孩的脸。我只知道有人想从我这里得到什么，我觉得我有责任把它给他们——没别的原因，只是因为他们想要！我觉得在这件事上我没有发言权。"

海伦没有被最应该重视和珍惜她的人珍爱，结果，她也不珍惜自己。她为任何提出要求的人提供性服务。她没有意识到她的身体和感情是有极大价值的"珍珠"，她应该保护它，让它得到成长。

当我们开始重视身心健康、自我复原以及自我成长时，转变就会发生。照顾好自己变得重要起来。

一天，史蒂夫兴奋地向我走来。他并不是一个容易情绪激动的人，因此我知道一定发生了什么重要的事。他向我表达了他阅读《圣经》某个段落后的感受。

"我的内心发生了一些变化，"他说，"多年来，我读到这段话时一直感到内疚，我以为这是在谴责我。"

我回答说："但是你现在注意到了别的东西？"

"是的，"史蒂夫说，"我明白，我也需要像关心别人一样关心自己。"

史蒂夫意识到了一个重要的观点。多年来，许多人被教导说，保护自己的精神和情感财产是自私的，但是，如果你内心中没有接收到爱，你也无法爱他人。

你有与史蒂夫相同的体验吗？寻求帮助，以及学习自我保护和设置边界对你而言重要吗？如果你认为它们不重要，那么通过艰辛的努力来设置良好的边界就会很困难，甚至是不可能的。你可能需要花一些时间与对良好的边界有成熟理解的人在一起，以他们为榜样。

当我们"守护"我们的心（我们的财富之家），就是在守护我们的财富。我们要珍视自己的财富，保护好它们。我们不会去保护我们不珍视的东西。银行周围的安保要比垃圾场严密得多！

列出你的"财富"清单：时间、金钱、情感和信念。你希望他人如何对待它们？你希望他人不要用什么方式对待它们？

第5步：练习婴儿式拒绝

谢琳有生以来第一次对另一名团体成员设置边界。大家默默地祈祷，等着看她能否成为一个诚实的人。

我让谢琳向一名团体成员提一件在过去几次团体治疗中让她不愉快的事。虽然她很害怕，但还是同意试一试。起初她什么也没说，显然是在鼓足勇气。然后，她慢慢地转向坐在她旁边的一位女士，说道："卡罗琳，我不知道该怎么说，但我要说的是，你总是抢占团体中最好的位置,这让我很烦恼。"说完后,她迅速低下头,等待反驳。

卡罗琳没有反驳她,至少不像谢琳预想的那样。

"我一直在等你说点什么,"卡罗琳解释道,"我知道你表现得对我很疏远,但我不知道为什么。知道这些对我很有帮助,我现在觉得和你更亲近了。你鼓起勇气跟我说出了心里话。谁知道——我甚至可能和你抢位置呢!"

这听起来是不是微不足道?当然不是。考虑到谢琳的家庭背景:谢琳有一位令她对自己的边界感到内疚的母亲,以及一位在她反抗时暴怒的父亲,这对她来说是一次真正的冒险。对谢琳来说,设置边界是不可能的,直到焦虑和抑郁使她的生活失去控制。这就是为什么谢琳开始边界工作的最佳地点是在治疗团体中。

在设置情感边界方面的成长,必须始终以考量你过去所受伤害的节奏来推进,否则,你可能在拥有足够牢固的边界之前就会遭遇重大失败。

"这种边界教学不起作用。"弗兰克在一次心理治疗中抱怨道。

"为什么呢?"我问。

"当意识到我无法对他人设置良好的边界后,我当天就给父亲打了电话,告诉了他原因。你能相信他做了什么吗?他挂了我的电话!太棒了,真是太棒了。对我来说,设置边界只会让事情变得更糟,而不是更好。"

弗兰克就像一个过于急切的孩子,新自行车上还没有装辅助轮就迫不及待地想骑。在几次跌倒和膝盖破皮之后，他开始意识到自己可能在训练中跳过了一些步骤。

有一些好的方法可以帮助你完成这一步。问问你的互助团体或你的好朋友，你是否可以与他们一起进行设置边界练习。他们对你说出真相的回应，会展示他们真正的价值。他们可能因为你能够反对和面质他们而热情地为你加油，也可能抵制你。不管怎样，你都会学到一些东西。良好的支持性关系会珍惜各方的拒绝。真正的亲密关系只建立在持不同意见的自由之上。开始和那些会尊重你的拒绝，并因你的拒绝而爱你的人练习说"不"吧。

第 6 步：因内疚而欣喜

这听起来很奇怪，但正在成为一个有边界的人的迹象，往往是有一种自我谴责的感觉，人们会感到自己设置边界的行为违反了一些重要规则。当开始说出什么是他们的责任、什么不是他们的责任时，许多人会体验到强烈的自我谴责。为什么会这样？让我们从奴役与自由的角度来寻找答案。

边界受损的个体就如同奴隶。他们很难自己做出基于其自身价值的决定，但他们往往反映了周围人的愿望。即使他们周围有支持他们的边界爱好者，他们也会在设置边界方面遇到困难。

软弱的良知，或者过度活跃的严厉的内心评判者是罪魁祸首。虽然我们需要内心评判者来帮助我们分辨是非，但许多人都有一种极度自我谴责（且不准确）的良知。他们觉得自己越界了,但其实没有。

由于这种过度活跃的评判,边界受损的个体往往很难设置边界。诸如,"你是不是太苛刻了?""你怎么能不参加聚会呢?这是多么自私的想法!",这样的声音此起彼伏。

你可以想象,挣扎中的人在设置了一两个限制,即使是很小的边界时,会造成多大的混乱。当不切实际的要求被违背时,良知就会开始"超速运转"。这种来自诚实边界的反抗,是对其进行父母般控制的良知的威胁。良知不断攻击人的心灵,希望这个人再次屈服于那些不切实际的"应该做"和"不应该做"的事情。

有趣的是,激活敌对的良知很可能是精神成长的一个迹象,一个你可能在抗议束缚的信号。如果良知保持沉默,不提供如"你怎么能这样"的内疚信息,那可能意味着你仍然受制于内在父母。这就是为什么我们鼓励你因内疚感而欣喜,这意味着你在前进。

第 7 步:练习成人式拒绝

花 1 分钟思考一下这个问题:谁是你的第一"边界克星"?谁是你生命中最重要的人,而你却无法对其设置边界?你可能会想到不止一个人。在这一步,你将处理那些极其复杂、矛盾重重、令人恐惧的关系。理顺这些关系是成为一个有边界的人的主要目标。

事实上,这个步骤被放在第 7 位而不是第 2 位,就是为了确保自己已进行了细致入微的准备和充分的实践。对重要的人设置关键边界，是长期努力和心智成熟的结果。

重要的是，不要混淆我们的目标。那些曾经边界受损的人往往认为，目标是在那些重要的领域设置边界，让生活再次稳定下来。他们可能就是为了"我能拒绝妈妈"或"我可以对伴侣喝酒设置边界"那一天而活。虽然这些对抗非常重要，但它们不是学习边界的终极目标。

我们真正的目标是成熟，即有能力成功地去爱，成功地工作。设置边界是成熟的一个重要部分。如果没有边界，我们就不能真正地去爱，我们的爱就是出于顺从或内疚。如果没有边界，我们工作的效率就不高，我们会忙于跟进他人的日程，变得三心二意、反复无常。我们的目标是拥有有边界的性格结构，并在适当的时候为自己和他人设置边界。拥有内部边界，就会有外部边界：心里怎样想，就会成为怎样的人。

构建边界清晰、诚实和以目标为导向的性格结构，是达成这一目标的关键所在。到这时，你已经通过大量的努力和练习，为那些令人恐惧的重要的拒绝做好了充分准备。

有时，重要的拒绝会引发突如其来的危机。对你来说重要的人会生气、受伤或变得具有攻击性。真相会暴露关系中的分歧。这些冲突和分歧早已存在，边界只是让它们浮现出来。

请认真地列出你的重要关系。现在，考虑一下在这些关系中哪些"特别宝藏"受到了侵犯；为了保护这些宝藏，你又需要设置哪些具体的边界？

第 8 步：因无内疚感而欣喜

在第 6 步中，你需要明白，踏入边界世界的第一步，会受到过度活跃和软弱的良知的强烈抵制。然而，在坚持不懈的努力和良好的支持下，内疚感会减弱，我们变得能够更加问心无愧地把握真理的奥秘。

现在你可以实施这一步了，因为你已经在精神和情感上改变了效忠的对象——从顺从内心那个苛责的"内在父母"，转变为回应关于爱、责任和原谅的价值观。通过无数次与理解这些价值观的人的关系体验，你已经将这些价值观内化了。除了批判性的良知，你的心灵还有自我评判的空间。你的心灵在关于关爱、真诚的人的情感记忆中得到滋养。

伊夫琳发现，当她面对丈夫的批评时，内心有些不一样了。"就是这样，保罗，"她并没有提高自己的嗓门说话，"如果你在 10 秒内还不能用礼貌的语气跟我说话，我今晚就去阿什莉家了。你自己选吧，我不是在虚张声势。"

正准备发动另一次言语攻击的保罗闭上了嘴，他也感觉到伊夫琳这次是认真的。他在沙发上坐下，等待她的下一步行动。

令伊夫琳吃惊的是，在设置了边界之后，她并没有感到自责。通常她会对自己说，"你没有给保罗足够的机会""你不能再这么敏感了""但是他工作很努力，和孩子们相处得也很好"。

她的互助团体起了作用，她的练习得到了回报，她的良知也开始成熟了。

第 9 步：爱他人的边界

一名来访者问我（约翰）："有没有什么方法能让我对我妻子设置边界，但是她不对我设置边界？"虽然我钦佩他的坦率，但答案显然是否定的。如果我们期望他人尊重我们的边界，我们也需要尊重他人的边界，原因如下。

第一，尊重他人的边界挑战着我们的自私和全能感。当我们关心、保护他人的财富，我们就是在对抗以自我为中心的思想。我们会变得更加以他人为中心。

第二，尊重他人的边界能加强我们关爱他人的能力。爱他人令人愉悦的部分并不难，但当我们遭遇他人的抵抗、对抗或疏离时，就是另一回事了。我们可能会发现自己处于冲突之中，或者没有从对方那里得到我们想要的东西。

当能够爱和尊重他人的边界时，我们就完成了两件事。首先，我们真诚地关爱他人，因为帮助他人拒绝我们，我们是得不到任何好处的，只会帮助他（她）更好地剥夺我们本来可能获得的东西。其次，我们学会了共情。它告诉我们，我们需要像我们所愿意被对待的那样对待他人。我们应该为他人的拒绝而斗争，就像我们应该为自己的拒绝而斗争一样，即使要付出一些代价。

第 10 步：自由地拒绝与同意

"我爱你，彼得。"考特妮与男友一起吃晚餐时对男友说。

这是一个重要时刻，彼得刚刚向考特妮求婚了。她很喜欢他，他们似乎在很多方面都很合得来。但只有一个问题：他们才约会了几个星期。彼得一时冲动的求婚让考特妮感到有些不安。

"虽然我爱你，"她继续说，"但在订婚之前，我还需要更多时间和你相处。因为我不能答应你，所以我只能说'不'。"

考特妮展现了成熟的边界。她不确定，所以她拒绝了。设置边界能力不成熟的人则恰恰相反。当他们不确定的时候，他们会说"是"。然后，当与其他人达成约定后，他们才意识到自己不再想置身于那种特殊情境之中，但为时已晚。

我曾在儿童之家做过一段时间的宿舍管理员。在和几个好动的青少年同住一屋的工作培训中，一位经验丰富的专业人士告诉我们："有两种方法可以让你和孩子们建立关系。第一，你可以对任何事情说'是'。但之后，当开始对他们设置边界时，他们会怨恨你、反抗你。第二，你可以一开始就设置清晰且严格的边界。等他们习惯了你的风格，你就可以放松一点了。他们会永远爱你。"

显然，第二种方法效果更好。这不仅让孩子们明确了我的边界，也教会了我自由地说"不"。这个原则是这一尺度的核心：拒绝与同意享有同等的自由。换句话说，当你能自由地对一个请求说"不"，就像你能自由地说"是"一样，你就走在边界成熟的道路上了。对于使用哪个词，你内心没有任何的冲突和犹豫。

想一想，上一次有人向你索要东西的时候发生了什么。也许对方索要的是你的一些时间，你不确定自己是否该给予。假设向你索要的人不是自私的人，或者想要操纵或控制你的人。通情达理的人有时也会提出合理的要求。

对方向你索要一些你不确定自己是否可以爽快给予的东西时，接下来的事便关乎这一特殊的边界。你可能会做出如下选择中的一种：一是你不确定，但你同意了；二是你不确定，但你拒绝了。

哪一种选择更成熟？在大多数情况下是第二种。为什么呢？因为基于自身资源去付出比承诺那些我们可能无法兑现的事情更加负责。我们需要计算我们努力的代价。假设你想要建一座塔，你难道不先估算一下费用，看看你是否有足够的钱来建成它吗？因为如果你建了地基，但无法盖完，每一个路过的人都会讥笑你。

边界受损的个体做出承诺后可能出现如下情况：一是他们怨声载道地履行承诺，二是他们无法兑现承诺。

被内疚感驱使或顺从地承担责任，可能会让人非常内耗、痛苦和不便。你需要吸取的教训是，在完成精神和情感的成本估算前不要承诺太多。

第 11 步：成熟的边界——价值驱动的目标设定

本将手中的笔放在桌上，满意地看向妻子玛丽亚。他们刚刚花了一天的时间，回顾了过去一年的点点滴滴，并共同制订了新一年的计划。这个习惯是他们过去几年里逐渐养成的,这让他们觉得生活有了方向,也有了意义。

在还没有开始共同制定目标之前,他们的生活一度混乱不堪。本行事专制又冲动。由于他花钱大手大脚,他们几乎没什么积蓄。虽然玛丽亚很擅长理财,但她总是顺从别人,从不与别人起正面冲突。因此,本花得越多,她就越退缩,反而把心思都放在了志愿服务上。

终于,在婚姻咨询师的帮助下,经过大量的设置边界工作,玛丽亚开始对本失控的行为加以限制。她变得更加坦诚,更少责备,怨恨也少了许多。本也开始对家庭有了更多的责任感。虽然玛丽亚曾多次严厉地指出他的不负责任,但他对妻子的感情却变得更加深厚。

本微笑着对玛丽亚说:"亲爱的,这一年与去年相比简直是天壤之别。我们存下了一些钱,实现了一些财务目标。我们之间更加坦诚,也更爱彼此了。而且,你也不必再为镇上每个需要志愿者的组织奔波了。"

玛丽亚回应道:"嗯,我现在不需要那么做了。有你在身边,还有孩子们、教堂的支持团体以及我们参与的工作,这些就足够了。我希望我们能继续成长和改变,让明年变得更好。"

本和玛丽亚尝到了多年努力的成果。他们日渐成熟的边界设置能力给他们在各个方面都带来了回报。毕竟,学习设置边界最终是让我们自由地保护、培育和发展我们的生命。设置边界是成熟、积极、主动的行为,是我们掌控生活的表现。

拥有成熟边界的人不会紧张混乱、匆忙、焦急，也不会失去控制。他们有明确的生活方向，朝着个人目标稳步前进。他们会提前计划。

他们明智的边界所带来的回报，是生活中的愿望得到满足的喜悦。

但是，对于一个有着成熟边界的人，生活中是否会出现阻碍呢？是否有考验、难题，以及诱导你偏离正轨的人出现呢？这是一定的。生活是艰难的。在我们设置边界和完成目标的道路上，存在各种各样的阻抗。

但是拥有成熟边界的人明白这一点，他们会为此留有空间，包容它们。他们也明白，如果需要，他们可以自由地说"不"。拒绝不是攻击，也不是要惩罚他人，而是为了保护和开发我们这一生的时间、天赋与我们拥有的"财富"。

第 16 章

有边界的一日

还记得第 1 章中提到的谢莉吗？她跌跌撞撞地度过了杂乱无章、失去控制的一天。想象一下，谢莉读完了本书，她决定用本书勾勒出的清晰边界重新组织她的生活。现在在生活里，她拥有了自由、自控力与亲密感。接下来，让我们一窥她拥有边界的生活。

上午 6：00

铃声大作。谢莉伸手关掉了闹钟。"我敢打赌不定闹钟也行，"她心想，"我已经醒来 5 分钟了。"长久以来，拥有七八小时的睡眠对谢莉来说只是一种幻想——她一直觉得有了家庭之后这是不现实的。

但是现在，这种幻想成了现实。她和沃尔特为孩子们设置了更好的时间边界，孩子们更早上床睡觉了。她和沃尔特甚至还能在睡觉前一起放松几分钟。

但是，睡眠达标并非毫无代价。就像那天晚上，谢莉的母亲又一次出其不意地到访。而这一天，谢莉得和儿子托德一起完成一个科学展览项目。

这是谢莉说过的最艰难的话。"妈妈，我很想陪你，但现在真的不是时候。我需要帮助托德完成他的太阳系项目，他需要我全身心的关注。如果你愿意，可以进来看看，或者我明天给你打电话，我们约个时间见面。"

谢莉母亲的反应并不好，她的殉道者综合征彻底发作了："我就知道，亲爱的。谁会愿意和一个孤独的老太太待在一起？我还是回家自己待着吧，反正我每个晚上都是这样过的。"

从前，谢莉可能会在这些具有控制力的"罪责"攻击下崩溃。但在她和互助团体进行了大量练习后，她学会了应对母亲意外的造访。谢莉现在不再感到内疚了。母亲第二天早上就会没事的，谢莉也能度过一个愉快的夜晚。

上午 7：15

埃米和托德吃完早餐，把盘子放到水槽里冲洗，然后放进洗碗机。分担家务已成为所有家庭成员的习惯。当然，孩子们和沃尔特一开始是反对的，但后来谢莉不再准备早餐了，直到有人帮忙清理。奇迹发生在了孩子们和沃尔特身上。他们心中亮起了一盏灯，他们明白，"如果我不干活，就没饭吃"。

更令人满意的是，孩子们准时到达学校，甚至还能提前几分钟。而且孩子们整理了床铺，完成了家庭作业，打包好了午餐。简直令人难以置信。

当然,这个转变的过程也充满了艰辛。一开始,谢莉打电话给一起拼车上学的其他孩子的父母,让他们最多等她的孩子一分钟,如果一分钟后孩子们还没到,他们就直接离开。他们照做了。埃米和托德没能赶上车时,会指责谢莉背叛并羞辱了他们。"你根本不关心我们的感受!"对一个试图设置边界的深爱自己孩子的母亲来说,这句话真的很伤人。

但是,在对生活的热情和互助团体的帮助下,谢莉坚持了自己的边界。在经历了几次走路上学和迟到之后,孩子们开始给自己定起床闹钟了。

上午 7∶30

谢莉在洗手间化好了妆。多年来一直对着汽车后视镜画眼线的谢莉还有些不习惯,但她很享受不用在开车时处理多项任务的轻松(和安全)。她到达公司时,离上班时间还有几分钟。

上午 8∶45

谢莉已成为麦卡利斯特公司的人力资源副总裁(她因卓越的领导能力而得到晋升)。当她走进公司会议室时,她瞥了一眼手表,会议就要开始了——她将主持会议。

她扫视了一下会议室,注意到有 3 个关键人物还没到场。她记下了这 3 位同事,以便之后和他们交流。也许他们有边界问题,她能为他们提供帮助。

谢莉微微一笑。她回忆起不久前的那些日子，如果工作中有人能帮她解决同样的问题，她会很感激的。接着她准时开始开会。

上午 11：59

谢莉的分机响了，她拿起电话，说："谢莉·菲利普斯。"她等待对方回答。

"谢莉，谢天谢地你在！如果你在吃午饭，我真不知道我该怎么办！"毫无疑问，这是洛伊丝·汤普森的声音。这通电话对洛伊丝来说不太寻常。自从谢莉开始处理她们关系中的不平衡之后，她就很少给谢莉打电话了。

谢莉在与洛伊丝喝咖啡时当面问她："洛伊丝，似乎当你感到受伤时总是想要找我谈心，这没问题。但是每当我痛苦时，你要么没空，要么分心，要么不感兴趣。"

洛伊丝反驳说这根本不是事实。"我是你真正的朋友，谢莉。"她说。

"我想我们很快就会知道真相。我需要知道，我们的友谊是建立在我为你做的事情之上的，还是建立在真正的友谊之上的。我也想让你知道，我对我们的关系设置了一些边界。首先，我不能总是为你放下一切，洛伊丝。我爱你，但我不能为你的痛苦承担责任。其次，有时我真的很痛苦——我会打电话给你，寻求支持。我真的不知道你是否了解我，以及了解我的痛苦。因此我们都需要弄清楚。"

在接下来的几个月里，谢莉弄清楚了关于这段友谊的很多事情。她发现，当她无法在洛伊丝反复陷入危机时安慰她时，洛伊丝就会退缩、受伤。她发现当洛伊丝过得不错时，她就会忽略谢莉，也从来不会打电话问谢莉过得怎么样。而且谢莉发现，当她带着困惑给洛伊丝打电话时，洛伊丝只顾谈论自己的事情。

令人难过的是，儿时建立的情感联结从未真正发展为相互依恋的关系。洛伊丝就是无法走出她的"自我中心"，去理解谢莉的世界。

回到这通电话上。谢莉回答说："洛伊丝，我很高兴你打来电话。但是我正要出门，我过会儿给你回电话好吗？"

"但我现在需要和你谈谈。"对方闷闷不乐地回答。

"洛伊丝，你过会儿再打来我可以和你聊，现在不是时候。"

她们互相道别然后挂了电话。也许洛伊丝会再打电话来，也许不会。更有可能洛伊丝的其他朋友都很忙，谢莉的名字只是洛伊丝通话名单里的一个。"我很遗憾，洛伊丝和我在一起时不开心，"谢莉心想，"但是她不得不面对这一点。试图为洛伊丝的感受负责，就是试图拥有我不应该拥有的东西。"她带着这样的想法，去吃午饭了。

下午4：00

谢莉的下午过得相当平静。她正要离开办公室时，她的直接下属杰夫·莫兰拦住了她。

谢莉没有停下脚步,她边走边对他说:"嗨,杰夫——你能给我留言吗?我需要在 30 秒内离开。"杰夫一脸沮丧地离开去写留言了。

过去几个月的变化真是太大了。谢莉曾经的上司变成了她的直接下属,这是她没有预料到的。然而,当谢莉开始在工作中设置边界,不再替杰夫做事时,杰夫的工作效率显著下降。杰夫的不负责任以及无法坚持到底的问题显现了出来。他的上级也第一次意识到他是问题所在。

他们发现谢莉是人力资源部的幕后干将,是推动工作进展的人,而杰夫把大部分功劳都揽在了自己身上。

谢莉设置的边界发挥了作用:边界揭露了杰夫的不负责任,让大家知道了真正的问题在哪里。杰夫也开始改变。

起初,他又生气又伤心。他曾威胁要离开公司,但最后事情解决了。杰夫开始变得有责任感、有效率了。他开始努力工作。被降职使他醒悟过来——他意识到,原来他一直在仰仗其他人。

谢莉和杰夫仍然有他们的问题。他很难接受她的拒绝。对谢莉来说,忍受这种怨恨很困难,但是她绝对不想再回到过去那种没有边界的生活了。

下午 4∶30

与托德的四年级老师的会面进展得很顺利。一方面,沃尔特和谢莉一起参加了会面。知道沃尔特持支持态度,谢莉感觉自己得到了很大助力。但更重要的是，谢莉和沃尔特在家里对托德所做的艰辛的边界工作开始见效。

"菲利普斯太太，"老师说，"我承认，在咨询了托德的三年级老师拉塞尔后，我对托德有一些保留意见。但你的儿子对边界的回应能力有了极大的提高。"

沃尔特和谢莉相视一笑。"相信我，"沃尔特说，"没有什么魔法公式。托德讨厌做作业，不愿意顺从我们，也不乐意承担家务，但持续的表扬和惩罚措施似乎起了作用。"

老师表示同意。"确实是这样。并不是说托德非常乖巧顺从——他总是说出自己的想法，我认为这对他这个年龄的孩子来说很好。但如果想让他好好表现不会太费劲。到目前为止，他这个学年的表现都不错。感谢你们作为父母的支持。"

下午5：15

当谢莉在下午的交通高峰期被堵在路上时，她心中生出一股奇怪的感激之情："我可以利用这段时间来为我和家人制订周末计划。"

下午6：30

埃米准时走进了家庭活动室。"母女时间到，妈妈，"她说，"我们到外面去吧。"

离开家，她们开始绕着街区散步。这段时间主要是谢莉听埃米谈论学校、书籍和朋友——所有她渴望能和女儿讨论的事情。这段时间总是太过短暂。

但过去并非如此。因为埃米的封闭倾向，埃米和她的家人曾见过一位心理治疗师，这位治疗师发现托德的不当行为占据了全家人的注意力。埃米不是一个爱抱怨的孩子，因此谢莉和沃尔特对她的关注比较少。渐渐地，她变得越来越孤僻。在家里，没有人能为她提供她需要的关注。她的卧室成了她的整个世界。

注意到这个问题后，谢莉和沃尔特付出了特别的努力，鼓励埃米谈论她的问题——即使这些问题不像托德的问题那样紧迫。

一段时间之后，就像花儿在阳光下绽放一样，埃米又开始和父母互动了。她开始像一个正常的小女孩那样与人交流。谢莉和沃尔特为托德所做的边界工作也成了埃米疗愈过程的一部分。

晚上7：00

晚餐吃到一半时，谢莉的手机响了，但她不知道。她把手机调成静音，放在了另一个房间里。当她稍后查看手机时，她听到了这条语音留言。"谢莉，我是菲莉丝。你能为下个月的静修会出点力吗？"

把手机调成静音是为了避免晚餐被打扰。家庭的边界是"在晚餐结束之前把手机关机收好"。一家人的晚餐时光因此更加丰富。

谢莉在心里记下晚些时候给菲莉丝回电话，并婉拒了她的请求。因为那段时间她和沃尔特要共度周末，这会帮助他们保持甜蜜与和谐。

有趣的是，当谢莉刚开始设置边界时，为了整理她混乱的生活，她对参与教会活动的积极性降低了。然而，现在她更渴望参与这些活动。"我曾经被安慰，现在我要去抚慰别人。"她暗自思忖。但她意识到，她可能永远无法像菲莉丝希望的那样为她做事，谢莉已跳出了那个圈子。

晚上7：45

孩子们和沃尔特自觉地清理了餐桌。他们不希望第二天没有晚餐，就像他们不希望没有早餐一样。

晚上9：30

孩子们已经完成了家庭作业，躺到了床上。他们甚至在睡觉前玩了一会儿。沃尔特和谢莉端着一杯咖啡坐在一起。他们平和地谈论着彼此的一天。他们因蠢事开怀大笑，对失败深感同情，为周末制订计划，也讨论孩子们的事。他们注视着彼此的眼睛，为对方在身边而深感欣喜。

这是来之不易的奇迹中的奇迹。谢莉不仅接受了心理治疗，同时加入了一个互助团体。她花了很长时间才摆脱了"用爱来化解沃尔特的怒火"的模式。在准备好直面丈夫之前，她需要在安全的人际关系中反复练习如何设置自己的边界。

那是一段可怕的时光。沃尔特不知道该怎么对待这个会设置边界的妻子，她会对他说："这样你就能提前知道，你在公共场合批评我会让我受伤，也会将我推开。如果你继续这么做，我就会当场指出来，然后打车回家。我不想再活在谎言中了。从现在起，我会保护好自己。"

谢莉不再为沃尔特的发怒和孤僻负责，她会说："如果你不愿意和我谈论你的苦恼，我就回避。如果你想谈谈，我就在朋友那里。"这是一个艰难的适应过程，因为沃尔特已经习惯了谢莉一觉察到他的不快就会安慰他，并且为她的不完美道歉。

谢莉会直面他的情感疏离："你是我最亲密的人。我爱你，我想把你放在心里的第一位。但如果你不愿意花时间经营这份关系，我会把时间花在互助团体、朋友或孩子身上。但我不会再陪你在书房里看电视了。从现在起，你得自己用微波炉加热爆米花。"

他受到了威胁，他感到闷闷不乐，他变得回避退缩。

但谢莉坚持自己的立场。在朋友、治疗师和互助团体的帮助下，她经受住了沃尔特的咆哮。他开始体会到没有她在身边是什么感觉。

他很想她。

沃尔特第一次真正意识到他对谢莉的依赖。他多么需要她，她在自己身边的时候有多有趣。他开始慢慢地重新爱上自己的妻子——这次是一个有边界的妻子。

她也改变了。谢莉不再扮演沃尔特的受害者了。她发现自己变得很少责备他，也不那么怨恨他了。她的边界帮助她构建了一个完满的生活，沃尔特也不必像她希望的那样完美。

这不是一段理想的婚姻，但现在这段婚姻更坚固了，就像屹立于风暴中的锚。他们更像一个团队，彼此相爱，共同承担责任。他们不害怕冲突，他们原谅彼此的错误，尊重彼此的边界。

晚上10：15

躺在床上，依偎在沃尔特身边，谢莉回想起过去几个月的边界工作。她为她获得的第二次机会感到温暖和感激。

———— ————

值得高兴的是，谢莉在边界方面的成长，你也可以做到。我们在本书中介绍的原则适用于每一个人。我们的边界都需要增强，而且在我们的一生中，边界越发重要。多年来，令我们备受鼓舞的是，如此多人应用了边界原则，在各种领域的斗争中取得了成功。最终，生活与关系中的边界将为我们带来巨大的回报。

致谢

1992 年版

斯科特·博林德和布鲁斯·赖斯坎普从一开始便捕捉到这本书的创作灵感。他们在密歇根湖安排了一次静修,在那里我们将这一构想传达给了 Zondervan 出版公司的员工。

桑迪·范德·扎查特为本书的编辑过程提供了指导,洛里·沃尔布格对原稿进行了调整,令其成为一本更优美、更精确、更容易阅读和理解的书。丹·鲁尼恩对稿件进行了删减,令本书的篇幅更加合理。

戴夫·安德森将本书制作成了视频课程。

从签约到成书,西利·耶茨在整个过程中给予了我们鼓励和支持。

2017 年版

Zondervan 出版公司的出版人戴维·莫里斯为本书的修订

版提出了更新颖的构想，并且全力推动了其出版工作。

桑迪·范德·扎查特再次为本书的编辑过程提供了指导，克里斯蒂娜·安德森巧妙地帮助我们提高了本书的内容流畅性。

在本书初版出版的 25 年之后，我们非常感谢一路走来通过会议、广播、电视节目、电子邮件、信件、电话，以及社交媒体遇到的许多人，他们告诉了我们《过犹不及》如何影响了他们的生活。感谢你们抽出时间与我们分享你们的故事，并且鼓励我们对这本书进行修订更新。